青少年阅读丛书

一定要知道的《论语》智慧

李世高　编著

吉林人民出版社

图书在版编目(CIP)数据

一定要知道的《论语》智慧 / 李世高编著 . -- 长春
: 吉林人民出版社, 2012.4
 (青少年阅读丛书)
 ISBN 978-7-206-08763-9

Ⅰ.①一… Ⅱ.①李… Ⅲ.①儒家②《论语》–青年
读物③《论语》–少年读物 Ⅳ.①B222.2-49

中国版本图书馆CIP数据核字(2012)第071323号

一定要知道的《论语》智慧

YIDING YAO ZHIDAO DE LUNYU ZHIHUI

编　　著:李世高
责任编辑:门雄甲　　　　　　　　封面设计:七　洱
吉林人民出版社出版 发行(长春市人民大街7548号　邮政编码:130022)
印　　刷:北京市一鑫印务有限公司
开　　本:670mm×950mm　　1/16
印　　张:13　　　　　　　字　　数:150千字
标准书号:ISBN978-7-206-08763-9
版　　次:2012年7月第1版　　印　　次:2023年6月第3次印刷
定　　价:45.00元

如发现印装质量问题,影响阅读,请与出版社联系调换。

目录
CONTENT
2

工作篇

交往篇

教育篇

亲情篇

品德篇

学习篇

跟随圣人来提升自我素质

学而时习之

《论语》的开篇，就是"学而时习之，不亦说乎？"让人被一种快乐的情绪感染。一开始就讲学习，讲学习的快乐，从这里我们可以知道孔子对于学习的重视，同时也把整个的《论语》注入了一种快乐的基调。学习是快乐的，这是孔子的学习心得，是他学习的状态，也是他的学习经验。孔子很喜悦地把他的这种经验告诉了学生，也告诉了后来的人们。从快乐的角度去看《论语》，读起来就不会感到厌烦；从快乐的角度去看学习，我们对于学习也不会感到厌倦。

学习了知识，并经常去练习和运用，这是让人快乐的事情。孔子认为如果学到了一些知识，是马上就可以用来实践的，在平时就可以派上用场，在实践中得到效果，我们学习时能不觉得快乐吗？由此一定会对这些知识充满了兴趣。

孔子把学习看作是喜悦的事，有很深刻的道理在里面。学习本是人类的天性，是每个人一生下来就具备的能力。人性中就包含了学习这一本质，学习本身就是实现人类本性的一种途径。人类学习的这种天性，体现在古今中外许许多多的人物身上。而喜欢学习的人，并把学习当作一种快乐和喜悦的人，往往会成就一番事业。我们可以从王羲之身上看到这种学习和实践的精神。

● 感悟故事

王羲之

东晋书法家王羲之从小酷爱书法，13岁那年，王羲之偶然发现他父亲藏有一本《说笔》的书法书，便拿来阅读。他父亲发现了，担心他年幼不能保密家传，答应待他长大之后再传授。王羲之于是跪下请求父亲允许他现在阅读，他父亲很受感动，最终答应了他的要求。

王羲之练习书法很刻苦，甚至连吃饭、走路都在琢磨书法，真是到了无时无刻都在练习的地步，没有纸笔，他就在自己身上划写，久而久之，衣服都被划破了。

一次，王羲之练字忘了吃饭，家人看到他这么投入，就把饭送到书房。他竟不假思索地用馍馍蘸着墨吃起来，还觉得津津有味。当家人发现时，已是满嘴墨黑了。王羲之常临池书写，就池洗砚，时间长了，池水都变成黑色了，别人就把池子称为"墨池"。现在绍兴兰亭、浙江永嘉西谷山、庐山归宗寺等地都有被称为"墨池"的名胜。

王羲之的书法技艺和刻苦精神很受世人赞许，他的婚事就是和他练习书法有关的。王羲之的叔父王导是东晋的宰相，与当朝太傅郗鉴是好朋友，郗鉴有一位如花似玉、才貌出众的女儿。郗鉴早闻王家的子弟个个风流倜傥，一日跟王导说想在王导的儿子和侄儿中为女儿选一位满意的女婿，王导当即表示同意，并由他挑选。

王导回到家中将此事告诉了诸位儿侄，儿侄们久闻郗家小姐德贤貌美，都想娶她。郗家来人选婿时，诸侄儿都忙着更冠易服精心打扮，只有王羲之没有什么反应，也不问此事，仍躺在东厢房床上专心琢磨书法艺术。

于是郗家派人来到王家考察，看过王导诸儿侄之后，回去向郗鉴回禀说："王家诸儿郎都不错，只是在选婿时有些拘谨不自然，只有东厢房那位公子躺在床上毫不介意，只顾用手在席上比划什么。"

郗鉴听后，高兴地说："东床那位公子，必定是在书法上学有成就的王羲之，此子内含不露，潜心学业，正是我意中的女婿。"于是把女儿嫁给了王羲之。王导的其他儿侄十分羡慕，称他为"东床快婿"，从此"东床"也就成了女婿的美称了。

王羲之通过几十年来锲而不舍地刻苦练习，终于使自己的书法艺术达到了超逸绝伦的高峰，他学书少从叔父，后又跟卫夫人学书，所以能够见识汉魏以来众多名家书法。草书学张芝，正书学钟繇，笔势开放俊明，结构严谨，被后人誉为"书圣"。

● 现代小启示

王羲之之所以成为一代书圣，正是来源于他的这种好学的精神，同时来源于这种勤于实践的精神。王羲之正是从书法中找到了自己的快乐，这是他勤于练习书法的一种动力，他甚至连吃饭、走路都不放过。如果王羲之不去练习和实践，不把书法作为自己的一件快乐的事情去做，也成不了一代书圣。

当然，像孔子说的那样，要学而时习之，才是快乐的。我们现在的学校，就是让学生坐在教室里死记硬背，学生也快乐不起来，就是缺少了实践的这一个重要的环节。学了知识不去实践，只在那里抄抄写写，考考背背读读，会有快乐吗？现在的人特别是学生大多不想学习，是因为他们感受不到学习的快乐，因此对于学习没有兴趣，找不到学习的快乐究竟在哪里。我们来看，孔子是把"学"和"习"结合在一起的，也许是我们现在只学不习，所以大家觉得学习没有意思吧。

困而学之

孔子说："生而知之的人，是最好不过的了，学而知之的人，比生而知之的人要差一些。困而学之的人，又要差一些，困而不学，这种人就是太差了！"天生就有学问的人，那是天才，当然是再好不过的。

虽然生而知之的人是最好不过的，但是世界上是少有的，孔子都不认为自己是生而知之的人。他说："我不是生而知之的人，是喜欢古代的文化道德而敏捷地去学习的人。"孔子虽然说自己的德行是天生的，但是他认为自己的学问和知识却不是天生的，是自己后天学来的。这里有孔子的谦虚态度在里面，孔子知道自己需要去学习，或者有困惑，因此努力了。他也说："述而不作"，同样也表达了他自己的知识完全是从古代和别人那里学来的。

每个人生活在世界上，不能没有困惑，却很少有生而知之的，只能算是困而知之的人，更好一些的人最多也是学而知之的人，我们必须要通过学习去解决这些困惑。

其实不管是生而知之，学而知之，还是困而知之，只要掌握了知识，其结果是一样的。假如一个人困而不学，自己有了困惑而不知道去学习，这样的人就太差了！明朝的大学者罗汝芳，他有困惑，但他很积极地去拜师寻求解决的途径，他的"救心火"的故事就是困而学之的一个典型的范例。

● 感悟故事

罗汝芳

罗汝芳，明中后期著名哲学家、诗人，泰州学派的代表人物。他是嘉靖进士，历任太湖知县、宁国知府，官至参政。罗汝芳十五岁时有志于道学，道学是指宋明以后发展起来的新儒学，也就是现在所说的宋明理学。

罗汝芳少年时读学者薛文清语录，语录中说："万起万灭之私，乱吾心久矣，今当一切失去，以全吾澄然湛然之体。"薛文清认为，自己那些产生于心中纷繁杂乱的自私念头起起落落，成千上万，扰乱自己的内心已经很久了。所以现在一定要把这些自私念头去掉，以恢复自己本来澄然湛然的清净本心的面貌。罗汝芳看到这些，很有感悟，决定按书上说的去做，于是闭关于家乡的临田寺，放了水镜在自己几案上，对着镜子默然而坐，想要使心与水镜一样的明净。但这种消除杂念的办法不能奏效，反而久而久之引起自己的"心火病"。这个"心火病"就是心中焦躁不已，坐立不安，"心火病"其实就是生理和心理上发生失调。罗汝芳原来想要达到寻求清净心态，反而患上了心火病，后来读王阳明《传习录》才有所转好。

二十六岁时，罗汝芳一次经过一个僧寺，看见榜上有"急救心火"字样，以为是名医招贴，于是拜访。原来那是颜山农聚众讲学，颜山农本来是思想家王阳明门人徐樾弟子，后又从学于王阳明的弟子王艮，所以颜山农称王艮为师，称阳明为祖师或道祖，俨然是心斋的直传弟子。

罗汝芳和大家一起听王艮讲了很久，心里很欢喜，高兴地说："此真能救我心火"。第二天清晨五鼓，即往纳拜称弟子。于是把颜山农的学问全部学到手了，由此大悟儒家体会仁义之道的学问。

罗汝芳三十四岁时听说跟从他学习举业的弟子胡宗正深于易学，于是拜胡宗正为师，三个月后就把胡宗正的学问全部学来了。

罗汝芳一生的成就，主要体现在理学思想方面，罗汝芳认为："大道只在自身"。人的目视、耳听、饮茶、吃饭、早起、夜寐、相对、问答，以至弹子的转动，肌肤的痛感，无一不是这个"道"的作用和表现。

● 现代小启示

人来到这个世界上不能没有困惑，有困惑就要寻求解决，走出困惑的途径就是学习。孔子说："困而学之"，指出了这一条途径。罗汝芳著的《困知录》，这个名字也就是取于《论语》中孔子"困而学之"的话。罗汝芳自己在学习和生活中碰到了困惑，因为心理上的困惑，造成了生理上的心火，导致身体上的疾病，他决定要解决这些困惑，最终通过跟颜山农学习理学，解决了自己的问题。

罗汝芳的这种"心火病"情况肯定不是个例，不管在明代还是现代同样存在。只不过是我们现在称为"心理问题"或者"心理疾病"，要去咨询心理医生，给你来一个所谓的科学的诊断，吃吃西药，到头来心理疾病还是心理疾病，不会有什么作用。通过学习，可以让人明白事理，可以让人豁然通达，可以让人走出困惑忧郁，像罗汝芳那样，来解决我们的困惑。

敏而好学

孔子认为自己的知识是靠天资聪明而又好学而得来的，他说："我非生而知之者，好古，敏以求之者也。"说他不是天生就有知识的，是因为喜欢历代流传下来的文化，勤奋地学习而得来的。孔子小时候家里很穷，学习的条件肯定不是很好，但是他对于知识十分渴求，总是勤奋地去学习和掌握知识，这种能力使他成为了一个学识渊博的学问家。

孔了曾经称赞卫国的大大孔文子"敏而好学"，认为敏而好学这就是孔文子为什么被谥号为"文"的原因。孔子也说："十室之邑，必有忠信如丘者焉，不如丘之好学也。"认为自己的忠信别人是能够赶得上的，道德并不会比别人强多少，而好学的精神就不是那么容易赶得上了。这一点孔子很自信，认为自己的好学精神是一般的人所不能比的。

有一个规律，凡是在社会上有所成就的人，都喜欢学习，这一点不管是在中国还是在外国，都是一样的。俄国的文学家车尔尼雪夫斯基就是一个敏而好学的典型。

● 感悟故事

车尔尼雪夫斯基

车尔尼雪夫斯基是俄国哲学家、作家和批评家，人本主义的代表人物。他的父亲是一位牧师，虽然平民出身，但很有学问。他们家里有个藏书丰富的图书室，小车尔尼雪夫斯基一有空就喜欢到图书室来看书。

七岁的时候，车尔尼雪夫斯基读书就很入迷，有时甚至一边吃饭，一边看书。有一天早晨，他妈妈看到车尔尼雪夫斯基好长时间没从厨房里出来，心想这孩子到底吃了些什么？于是，悄悄地走到厨房门前，看到他正在那里为一篇小说中人物的悲惨遭遇而哭泣流泪，根本就不想吃饭。妈妈喊来了他的父亲，拿了很多他平时喜欢读的书哄他，他才擦擦眼泪吃饭。

那时，车尔尼雪夫斯基最喜欢俄国大诗人普希金和莱蒙托夫的诗歌，喜欢英国作家狄更斯和法国女作家乔治·桑的小说，还读了许多社会科学方面的书籍。由于他的聪明好学和坚持不懈地努力，在十岁时，就已达到了当时十五岁中学生的水平。

车尔尼雪夫斯基十四岁的时候，以优异的成绩考取了萨拉托夫的教会中学，但是那里的教师多是一些不学无术的人，除了讲些老掉牙的教材内容之外，不能给学生提供任何新鲜有用的知识，车尔尼雪夫斯基对此十分不满。

有一次，老师布置写作文，车尔尼雪夫斯基不受老师的限制，很快写出了一篇关于读书和学习方法的文章。他在文章中说："知识就像一座有无数宝藏的大山，越往深处发掘，越能得到更多的东西。尤其是青少年，更应该在知识的园地里不屈不挠地耕耘。"这篇文章使得学生们争相传阅，像在他的心灵里点燃了旺盛的求知之火。

在十六岁时，车尔尼雪夫斯基已经通晓七种语言，大量阅读了俄国民主主义者别林斯基和赫尔岑的文章，到第二年，他中学毕业后考入彼得堡大学文史系学习。

在大学读书的几年中，车尔尼雪夫斯基更加勤奋，读书常常是通宵达旦，忘记了睡觉。因此被老师和同学戏谑地称为"伏尔加河边的读书迷"。"读书迷"名不虚传，车尔尼雪夫斯基最终成为了著名的文学家。

● 现代小启示

车尔尼雪夫斯基的学习，也是靠自己的勤奋得来的，他同样展现出了孔子一样的敏而好学的精神。我们现在的人虽然拥有比以往的任何时代都优越的学习环境，但大多都是思想贫乏，腹中空空的人，岂不可悲可叹。车尔尼雪夫斯基之所以有伟大的成就，和他敏而好学的精神有着密切的联系。

孔子对任何仁和圣都说不敢，但对于自己的好学精神却十分自信和自豪。虽然大家也有学习的天性，但能像孔子这样一直好学不倦的不多，能在人生中从小保持到老的人更少之又少，好学就是孔子能够成为圣人的一个特性吧。

日知其所亡

孔子很好学，这是他自己都感到自豪的。在《论语》中有几次谈到好学，孔子认为，向那些有道德的人请教来纠正自己，也可以说是好学。在他的学生中孔子最认可颜回的好学，当然孔子有一个很高的标准，其他的弟子其实也是好学的，只是没有达到孔子和颜回的那种高标准罢了。

弟子子夏对于好学也有自己的理解，他说："日知其所亡，月无忘其所能，可谓好学也已矣。"就是说，每日都能学到自己不会的知识，每月都能不忘记自己所学到的技能，这也可以说是好学的了，经过这样的日积月累，才能和知识就会提高。

这种好学的精神一直在中国社会中传承下来，明末清初的顾炎武就是这样一位好学的大学者。在中国的学术史上，有一本著名的书叫《日知录》，书名就是取之于《论语》，即是从子夏说的："日知其所亡"这句话里面出来的，《日知录》就是顾炎武的代表作品。

● 感悟故事

顾炎武

顾炎武被称作是清朝"开国儒师"、"清学开山"始祖，他写了一部著名的著作《日知录》。顾炎武曾把写这部书比作"采铜于山"。他说，当今的人写书，就像当今的人铸钱。古人采铜于山，今人则买旧钱作废铜铸钱。铸出的钱，既粗恶，又把古人的传世之宝毁坏，岂不两失？

他这种研究学问的态度和方法是对明朝空疏学风的反动，对有清一代学风的转变与形成具有重要的作用。梁启超说："论清学开山之祖，舍亭林没有第二人。"现在，人们仍然常常用顾炎武"采铜于山"的比喻做学问，说明历史研究要重视第一手资料，可见其影响之深远。

《日知录》内容丰富，贯通古今，三十二卷《日知录》有条目1 019条，长短不拘，最长者《苏淞二府田赋之重》有5 000多字；最短者《召杀》仅有9字，这与作者立志学术创新有密切的联系。

《日知录》的内容大体可划为八类，即经义、史学、官方、吏治、财赋、典礼、舆地、艺文。《四库全书总目》则分作十五类，即经义、政事、世风、礼制、科举、艺文、名义、古事真妄、史法、注书、杂事、兵及外国事、天象术数、地理、杂考证，这两种划分都有其价值。

顾炎武的这本《日知录》是"稽古有得，随时札记，久而类次成书"的著作。他对这本书的价值很自信，他说"比乃刻《日知录》二本，虽未敢必其垂后，而近代二百年来未有此书，则确乎可信也"。

《日知录》具有很高的思想价值，顾炎武在《日知录》里提出了亡国和亡天下的区别："有亡国，有亡天下。亡国与亡天下奚辨？曰：易姓改号，谓之亡国。仁义充塞，而至于率兽食人，人将相食，谓之亡天下。又同时区分了"保国"与"保天下"，他又说："是故知保天下，然后知保其国。保国者，其君其臣，肉食者谋之；保天下者，匹夫之贱与有责焉耳矣。"这两段话结合在一起，被后人归纳为一句名言："天下兴亡，匹夫有责"。

从孔子的观点来讲，学习是人的一种天性，换句话来说，其实我们每个人都喜欢学习，也都想掌握更多更好的知识。但常常又不是这样，真正喜欢学习的人不是很多，这是因为我们把这种天性给湮灭掉了。日知其所无，也体现了一种对学习的持之以恒的精神。

顾炎武这种勤奋好学的精神为后世所推崇，《日知录》的名称就是取于子夏的话，以此可知，孔子和子夏好学的思想在中国社会中形成了一种传统，一直流传下来，传到了明末清初顾炎武的身上，也传到了现代。当然，顾炎武的"天下兴亡匹夫有责"的精神也是来源于儒家思想。

疑思问

弟子向孔子学习，大多采取了问答的方式，《论语》也记载了很多弟子向孔子问学的内容。弟子有什么疑问就向孔子请教，这种方式让孔子的弟子大都学有所成。喜欢提问题也是孔子的一种学习方式。

孔子说："疑思问"，有什么疑虑就要想到去问别人，向别人请教来寻求解答。孔子本人喜欢向别人学习，比如他到周朝的首都洛邑去问礼，并且向老子问学。孔子已有很博学的知识，在当时已很出名，但是他到鲁国的太庙中，看到每一件事都要问别人，向别人请教，好似自己很无知。有人感到不可理解，就说："谁说鄹人的儿子知礼啊，到太庙里去，每件事都要问。"孔子本来以知礼而闻名的，他想要恢复的就是周朝的礼制。但到太庙里，孔子居然还要每件事都问别人，这就不能不让别人感到奇怪了。

孔子却说："这就是礼啊。"不管自己有多么高深的学问，自己不懂的东西同样要谦虚地向别人请教，并且认为向别人请教就是一种礼节。凡是像孔子这样有学问有成就的人都喜欢提问，我们知道进化论的奠基人达尔文，一生取得很高的成就，这跟他喜欢提问的习惯是分不开的。

● 感悟故事

达尔文

达尔文是进化论的奠基人，他从小就很爱思考，曾经整日思考一个问题：自然界的奇花异树，人类万物究竟是怎么产生的？它们为什么会千变万化？彼此之间有什么联系？这些问题在脑海里越来越深刻，逐渐使他对神创论和物种不变论产生了怀疑。

达尔文小的时候，一次跟妈妈到花园里为小树培土，妈妈说："泥土是个宝，小树有了泥土才能生长。你别小看这泥土，是它长出了青草，喂肥了牛和羊，我们才能有奶喝，才有肉吃；是它长出了小麦和棉花，我们才能有饭吃，才能有衣穿。泥土太宝贵了！"

达尔文感到了泥土的神奇，问："妈妈，那泥土能不能长出小狗来呀？"

"不能呀！"妈妈笑着说，"小狗是狗妈妈生的，不是泥土里长出来的。"

听了妈妈的话，有一个疑问在小达尔文的脑海中产生了，他又问："我是妈妈生的，妈妈是姥姥生的，对吗？""对呀！所有的人都是自己的妈妈生的。""那最早的妈妈又是谁生的？""是上帝！""那上帝是谁生的呢？"达尔文有一种打破砂锅璺（问）到底的精神，这可把妈妈难住了，妈妈答不上来了。她只好对达尔文说："孩子，世界上有好多事情对我们来说都是个谜，你像小树一样快快长大吧，这些谜等待你们去解开呢！"

有一次，达尔文在一个古代城堡散步，像往常一样陷入了沉思。他心不在焉地迈动着缓慢的脚步，突然一脚踩空，从城垛上跌了下来，这时候，达尔文的神智非常清醒，头脑还在思考。他回忆说："在这场突如其来的跌下来的一刹那间，在我头脑中闪过念头的数目却是惊人的多。这一切，好像和生理学家们提出的每个念头需要可观时间的说法是不相符的。"这场虚惊竟成了他一次难得的实验了。

达尔文以博物学家的身份，参加了英国派遣的环球航行，做了五年的科学考察。在动植物和地质方面进行了大量的观察和采集，经过综合探讨，形成了生物进化的概念，并于1859年出版了震惊当时学术界的《物种起源》。

● 现代小启示

孔子的学识渊博，跟他喜欢问有很大的关系。达尔文的成就也离不开他的这种好问的精神。达尔文对于自然的兴趣来源于他心中的疑问，他想解决心中的疑问，就会带着问题去请教别人，然后才能解决问题。孔子还讲不耻下问，主张向知识才能不如自己的人来请教，这可不是一般人能做到的呀。

我们现在的学校教育，似乎不提倡提问题，而是很死板地根据课本来教学，这无疑扼杀了学生提问的积极性，以至于大都养成了不问的习惯。学习是根据老师提供了所谓的标准答案，只要把这些标准答案记下来就可以考高分，至于心中的那些疑问是没有地方去问的，就是问了也没有人给你回答。久而久之，学生只要带着耳朵到学校去就好，没有了自己的独立思考，习惯成自然，学生会变得没有创造力了，这样很难培养出真正的人才来。

三月不知肉味

孔子精通音律，对于音乐十分喜爱，他不仅学习文化知识十分投入，学习音乐也很投入。孔子三十五岁时到了齐国，《孔子家语》中说："与齐太师语乐，闻韶音，学之，三月不知肉味。"就是说孔子向齐太师学习古代大舜时期的韶乐。

《论语》上记载："子在齐闻韶，三月不知肉味。曰：'不图为乐之至于斯也！'"孔子在齐国学习韶乐，陶醉在音乐之中，三个月中吃饭的时候不知道肉的味道了！孔子还说，想不到学习和欣赏音乐竟能达到这种境界！

《韶》是古代一种音乐的名称，相传是大舜时期做的音乐，舜是孔子所尊崇的古代圣王，舜制作的韶乐里面包含了很深刻的道德信息，孔子听了韶乐以后，吃饭的时候都不知道自己在吃饭，欣赏韶乐到了忘我的境界。说明韶乐的魅力十分吸引人，孔子的学习态度则是十分的投入。

孔子专注地学习音乐，以至于长时间不能辨别出肉的味道，他的这种对于学习的投入和勤奋，不是每个人都能做到的。汉代的一代大儒董仲舒也有类似的情况，董仲舒有三年不窥园的著名故事，与三月不知肉味有同工异曲之妙。

● 感悟故事

董仲舒

董仲舒是著名的哲学家、经学家。公元前134年，汉武帝下诏征求治国方略，董仲舒上书《举贤良对策》给汉武帝，其中系统地提出了"天人感应"、"大一统"学说和"罢黜百家，独尊儒术"的主张。董仲舒认为，"道之大原出于天"，自然和人事都受制于天命，因此反映天命的政治秩序和政治思想都应该是统一的。

董仲舒为学异常勤奋，数十年如一日。《史记》中说他专心学业，"盖三年不窥园，其精如此！"王充《论衡儒增》中也说："儒书言董仲舒读《春秋》，专精一思，志不在他，三年不窥园菜。"

董仲舒自幼天资聪颖，少年时酷爱学习，读起书来常常忘记吃饭和睡觉。其父董太公看在眼里急在心上，为了让孩子能歇歇，他决定在宅后修筑一个花园，让孩子有机会到花园散散心歇歇脑子。

第一年，董太公一边派人到南方学习，看人家的花园是怎样建的，一边准备砖瓦木料。头一年动工，园里阳光明媚、绿草如茵、鸟语花香、蜂飞蝶舞。姐姐多次邀请董仲舒到园中玩，他手捧竹简，只是摇头，继续看竹简，学孔子的《春秋》，背老师布置的《诗经》。

第二年，小花园建起了假山，邻居、亲戚的孩子纷纷爬到假山上玩。小伙伴们叫他，他动也不动低着头，在竹简上刻写诗文，头都顾不上抬一抬。

第三年，后花园建成了，亲戚朋友携儿带女前来观看，都夸董家花园建得精致。父母叫仲舒去玩，他只是点点头，仍埋头学习。中秋节晚上，董仲舒全家在花园中边吃月饼边赏月，可就是不见董仲舒的踪影，原来董仲舒趁家人在赏月之机，又找先生研讨诗文去了。

功夫不负有心人，董仲舒学通五经，义兼百家，并且长于议论，擅长写文章。随着年龄的增长，董仲舒的求知欲愈见强烈，遍读了儒家、道家、阴阳家、法家等各家书籍，他沉迷于圣经贤传之中，简直到了如痴如狂的地步，终于成为令人敬仰的儒学大师。

● 现代小启示

孔子学习韶乐，"三月不知肉味"肯定不是虚言，这是一种学习状态。只有像孔子这样全心的把精力放到学习上，被所学的知识吸引，才能达到这种状态，也只有像董仲舒那样完全沉入到学习中去，才能达到这种境界。

董仲舒三年不窥园，这是一种专注学习的表现，孔子和董仲舒为我们做出了榜样。我们如果想在学业上有所进步和成就，就要做到孔子和董仲舒的这种状态，何愁不成？我们如果在学习中老是被外界的环境所影响，看到有什么好玩的东西，扔下学习就去玩，看到哪里有美丽的风景，不顾学习，就去欣赏，这样肯定是学无所成的。

不得其门而入

叔孙武叔是鲁国的大夫，这人可能与孔子的关系一直不好，他经常在别人面前毁谤孔子。一次，他居然向别人说："子贡要比仲尼更贤能"。子服景伯也在场，把这一番话告诉了子贡。

子贡听了感到不高兴，也觉得很可笑，就说："比如拿围墙来说吧，我的围墙只有刚刚达到齐肩高，而老师家的围墙却有好几仞高。不能找到门进去，就看不见里面宗庙的富丽堂皇和里面房屋的众多，能够找到门的人很少啊。叔孙武叔那么讲，不也是很合乎情理的吗？"子贡认为叔孙武叔不了解孔子，就像想知道别人家里面的摆设，却找不到门进去一样。

孔子的学问，的确不是每个人都可以学到的，正如子贡说的那样，不得其门而入，就不能学到孔子的学问，搞不清孔子的学问究竟是什么。

当然，不仅是孔子的学问，其实其他的学问也是一样的，需要找到门进去，才能真正学到里面的知识，这通常需要老师的指点才能找到门径，十九世纪法国文学家莫泊桑，就是拜大文豪福楼拜为师，得到了福楼拜的指导，找到了写作的门径，因此在文学上取得了很高的成就。

● 感悟故事

莫泊桑

莫泊桑是19世纪后半期法国优秀的批判现实主义作家，出生后不久，他的父母就分居了。莫泊桑跟着母亲生活，他们住在海边的一座别墅里，母亲非常爱自己的儿子，并对他抱有很高的期望。

母亲教他读拉丁文，启发鼓励他写诗。母亲觉得仅仅靠自己教育儿子是远远不够的，想要儿子成才，必须给他找一位好老师，这样也可以弥补因为没有给儿子一个幸福家庭的愧疚。因此，她想办法让莫泊桑跟当时的大文豪福楼拜学习文学。

自从莫泊桑拜师福楼拜之后，每逢星期日就带着新习作，从巴黎长途奔波到鲁昂近郊的福楼拜的住处，聆听福楼拜对他前一周习作的点评。福楼拜对他的要求非常严格，首先要求他敏锐透彻地观察事物。莫泊桑遵从师教，逐渐善于发现别人没有发现过和没有写过的特点。

福楼拜对莫泊桑说："你去巴黎第九大街，在第二个十字路口向左拐，看看路右边的第一个人是谁？"莫泊桑来到路口，远远看到一座老妇人的雕塑，就回来告诉老师："是一个老太婆。"老师摇摇头说："你看到的别人也能看到，你再去瞧瞧是一位什么样的老太婆。"

莫泊桑又来到路口，这次走得更近了，回来说："那个老太婆很脏，满脸灰尘，头发乱得像鸡窝。"福楼拜听后微笑说："有进步，但你看到的东西别人还是可以看到，你应该用你的第三只眼睛去看，看到别人没有看到东西。"

莫泊桑再次来到路口，看得非常认真，回来后说："老师，我看到了那个老太婆的鼻子是世界上最蹩脚的木匠随便拿了一块木头削了一块安在她脸上的。"福楼拜听后高兴地说："你今天的作业完成得很好，可以得满分了。"

有一次莫泊桑带了新写的作品，准备向老师福楼拜请教。他在福楼拜的书桌看见一厚叠纸，吃惊地发现这些稿纸上只有第一行写有铅笔字，其余九行都是空白的。他十分不解，就向老师问道："您这样写是不是太浪费稿纸了？"福楼拜笑了笑说："这是我的习惯，一张十行的稿纸，只写一行，其余九行是留着修改用的。"莫泊桑听了之后，觉得羞愧，匆匆向老师告辞，回家修改新作去了。

1880年，莫泊桑的成名作《羊脂球》发表了，它使莫泊桑一鸣惊人，读者称他是文坛上的一颗新星，从此，他一跃登上了法国文坛。

● 现代小启示

子贡在孔子门下学习多年，他能够了解孔子的学问有多渊博和高深。因为他知道要进入孔子学问的门在哪里，这不是人人都能做到的。像叔孙武叔这种人就永远也不会懂孔子的学问，因为他不仅不知道孔子学问的门在哪里，就是知道了他也肯定不会去学的。

莫泊桑通过跟福楼拜学习，很快地掌握了写作的技巧，他写文章写小说，如果没有福楼拜的指导，恐怕也是找不到门的，那就不会成为后来很有成就的文学家了。他能够成为著名的小说家、文学家，福楼拜给他的指路无疑起到了关键的作用。

当仁不让于师

在孔子的学问和思想中，仁是最为重要的核心观念，孔子甚至把仁当做一切行为的原则，同时把仁当做一切行为出发点和目的。对于孔子来讲，仁就是真理，仁在任何情况之下都不能违背，仁就是判断一切事物的标准。如果觉得违背了仁的原则，即使是传道授业解惑的老师说的话，也是不能接受的。

孔子说："当仁不让于师"。意思是在面对仁的时候，即使是自己的老师，学生也不必跟老师谦让。孔子教导自己的弟子，从来没有自诩他说的话就是绝对正确的，也没有认为自己说的话弟子们必须听，孔子也没因为自己广博的知识而自以为是。弟子们在这种自由宽松的氛围下能够养成一种学习的习惯，在他们的心中没有权威，所以能够养成独立思考的习惯。

这种当仁不让的精神，在中国的文化中是一种十分优秀的传统，也是全人类一种普遍性格。古希腊的哲学家亚里士多德说过"吾爱吾师，吾更爱真理"，其实质和"当仁不让"是一样的。

● 感悟故事

亚里士多德

亚里士多德是世界上伟大的哲学家、科学家和教育家，于公元前366年被送到雅典的柏拉图学园学习，一直住在学园。从17岁开始入师门，跟随柏拉图达20年之久，直至老师柏拉图去世。

在雅典的柏拉图学园中，亚里士多德表现得很出色，柏拉图称他是"学园之灵"。但亚里士多德可不是个只崇拜权威，在学术上唯唯诺诺而没有自己想法的人。他同大谈玄理的老师不同，他努力地收集各种图书资料，勤奋钻研，甚至为自己建立了一个图书室，有记载说，柏拉图曾讽刺他是一个书呆子。

亚里士多德对老师是很崇敬的，他曾写了一首诗赞美柏拉图："在众人之中，他是唯一的，也是最初的，这样的人啊，如今已无处寻觅！"

然而在追求真理的过程中，亚里士多德非常勇敢、坚决地批评老师的错误和缺点，在哲学思想的内容和方法上都同柏拉图存在着严重的分歧。于是有些人就指责他背叛了老师，亚里士多德对此回敬了一句流传至今的名言："吾爱吾师，吾更爱真理！"

亚里士多德毫不留情地批评了老师学说的基础——"理念论"，提出了"实体说"。亚里士多德指出，当柏拉图用理念来解释事物的本质和运动时，不但不能解决问题，反而使问题变得更复杂。老师柏拉图认为，具体事物只是理念的"摹本"和"影子"，具体的个别的事物是不真实的，只有他们的理念才是真实的，要认识某一事物，就得先认识事物的理念。

而在亚里士多德看来，具体的个别的东西才是真实的。在我们日常看到的人和马之外，还要假定另外存在一个比人和马更真实的人和马的"理念"，是毫无用处的。他用他的师爷做例子讽刺老师道：不管"苏格拉底"这个理念是否存在，一个像苏格拉底的具体的人是会产生出来的。

亚里士多德的思想对人类产生了深远的影响，他创立了形式逻辑学，丰富和发展了哲学的各个分支学科，对科学做出了巨大的贡献。

　　亚里士多德是柏拉图最得意的学生，他跟随柏拉图二十年之久，从柏拉图那里学到了很多知识，对于柏拉图是很尊敬的。但他不是那种唯唯诺诺的人，他把自己不同的观点勇敢地表达出来，就是和老师不同的观点，他也同样不隐瞒，不忌讳。如果孔子知道了的话，也会肯定赞同的。只不过这种观念是以作为学生的亚里士多德提出来，而作为老师的孔子提出来，似乎具有更加深刻而积极的意义。

　　孔子有三千弟子，而他并没有要求弟子们全都要听他的，而是教导弟子要以仁作为知识的基础和标准。从这一点看来，孔子很有民主作风，当然是要以仁为基础和标准。亚里士多德则是把仁换成了真理，其实是一个意思。孟子讲"尽信书不如无书"，所以说，我们尽信老师不如无老师。这就是孔子和亚里士多德告诉我们的道理。孔子的目的就是要让学生保持独立思考的能力。孔子和亚里士多德都不提倡迷信权威，而是以真理作为知识的原则，这对于我们同样具有深刻的现实意义。

学而不思则罔

　　孔子在学习中，不仅强调学习和实践要结合起来，同时也强调学和思并重。他说："学而不思则罔，思而不学则殆。"意思是如果一个人只知道去学习知识而自己不能去思考，人就会变得迷惘，就无法真正地吸收所学的知识。如果只是思考而不去学习知识，则是想不通的，就会让思想停在那里无法进步了！

　　我们学习书本知识的同时，也要有自己的思考，因为通过自己的思考，知识才能真正的吸收，变成自己的东西。又要在自己思考的同时学习书本的知识，因为只有学习才有思考的原材料，还可以借鉴他人的思想成果，这样思学并重，才能真正地学到知识。

　　孔子提倡学和思结合的思想，作为一种学习的方法，一直为后人所效仿，宋朝的张载就是这样的一个人。

● 感悟故事

张　载

　　张载是北宋著名的哲学家，他一生勤奋钻研学问，努力探索宇宙、社会人生的奥秘。张载生长在西北地区，当时宋朝和北方的少数民族的矛盾严重，经常有军事冲突，因此他喜欢谈论军事，研究兵法。他去拜见当时任陕西经略安抚副使、主持西北防务的范仲淹，得到了范仲淹的热情赞扬，认为张载可成大器，并且劝他说："儒家自有名教，何事于兵。"意思是说你作为儒生，不需去研究军事，而勉励他去读《中庸》，在儒学上下功夫。

听从了范仲淹的劝告，张载回家刻苦攻读《中庸》，但是仍感到不满意，于是遍读佛学、道家的书。还是觉得这些书籍不能实现自己的宏伟抱负，又回到儒家学说上来，经过十多年的攻读，终于悟出了儒、佛、道互补，互相联系的道理，逐渐建立起自己的学说体系。

张载经常整日讲学读书，他的弟子记述说："终日危坐一室，左右简牍，俯而读，仰而思，有得则识之，或中夜起座取烛以书。其志道精思，未始须臾息，亦未始须臾忘也。"就是说张载喜欢一整天严肃恭敬地坐在一间房室内，左右都摆满了各种书籍简牍，一边读一边思考，俯下身子低着头阅读，放下书抬起头思考。有心得就用笔记下来，有时半夜起来点起蜡烛把自己的心得写下来。他对于有志于道，对于学问的追求以及深入地思考，从来没有停止过，也从来没有忘记过。

张载写下了大量著作，对自己一生的学术成就进行了总结，并亲自带领学生进行恢复古礼和井田制两项实践。为了训诫学者，他作《砭愚》《订顽》《训辞》（即《东铭》《西铭》），书于大门两侧。张载提倡"民胞物与"思想。他在《西铭》中说："乾称父，坤称母。民，吾同胞；物，无与也。"乾坤是天地的代称，天地是万物人和的父母，天、地、人三者混合，都是处在同一个宇宙之中，三者都是"气"聚而成的物，同时通过"气"而形成一个不可分的整体，因此天地之性，就是人之性，因此人类是我的同胞，万物是我的朋友，万物与人的本性是一致的。

张载有四句著名的话："为天地立心，为生民立命，为往圣继绝学，为万世开太平。"这四句话被当代哲学家冯友兰概括为"横渠四句"。

● 现代小启示

张载勤奋学习儒家的经典和其他书籍，他不是那种仅仅只知道学习的书呆子，而是通过学习来吸收过去的思想营养，自己进行了深入的思考和研究，并且形成了自己的一套思想体系。张载俯而读，仰而思，完全实践了孔子所说的思学结合的理念。

我们自己也深有体会，如果仅仅是学习书本的知识，而不去思考，就理解不了知识所包含的内容，消化不了所学的知识，无法转化成为自己的东西。如果仅仅是在那里思考，但不去学习，就不会有思考的材料，因此不会思考出有价值的东西来。

何常师之有

孔子曾经到周朝的首都洛邑问礼，向当时的藏室史老子问学。孔子也跟师襄学习音乐，在齐国跟齐国的太师学习韶乐。孔子周游列国时到郯国，在城北十里铺遇到晋国的学者程琰本，相互切磋学问，民间还流传了孔子向小孩请教的故事，这就是孔子师项橐的事，正是孔子这种谦虚好学的精神，让他拥有了广博的知识。

卫国公孙朝有人对孔子的博学感到很奇怪，因为孔子的学问实在是太厉害了，超出一般人很多。他就问孔子的弟子子贡说："仲尼是从哪里学来的？"子贡回答："文王武王的道，现在还没有消失。在人们的身上所体现出来，贤能的人能知道它的大旨，不贤能的人也能认识它一些小小的方面。所以人人身上都有一些文武之道的成分。"

子贡又说："夫子焉不学，而亦何常师之有？"意思是说我们的老师有什么不学的？为什么一定要有常师呢？子贡认为孔子是学无常师的，虽然孔子的学问的根本在于文王和武王的道，他的这些高深的知识其实就是从大家的身上学来的。所以后来有人总结说"圣人学与众人"，就是说圣人也是从人民大众中学来的，孔子是学无常师的。

这种何常师之有的学习态度，在中国文化中也是一种传统。中国近代著名的画家徐悲鸿，和孔子一样学无常师，他的作品熔古今中外技法于一炉，显示了极高的艺术技巧和广博的艺术修养。

● 感悟故事

徐悲鸿

徐悲鸿9岁起正式从父习画，他每日要在午饭后临摹晚清名家吴友如的画作一幅，并且学习调色、设色等绘画技能。

后来他考入法国天主教会主办的震旦大学，其间认识了著名的油画家周湘、岭南画派的代表人物高奇峰、高剑父，在画作上得到了他们的赞许和指点，增强了绘画创作的信心。

他还结识了维新派领袖康有为，在其影响下确立了自己的创作思路。在康氏"鄙薄四王，推崇宋法"的艺术观念影响下，他对只重笔墨不求新意的"四王"加以贬薄，认为只有唐代吴道子、阎立本、李思训，五代黄筌，北宋李成、范宽等人的写实绘画才具精深之妙。

徐悲鸿后来获得赴日本东京研究美术的资助，饱览了公私收藏的大量珍品佳作，深切地感受到日本画家能够会心于造物，在创作上写实求真，但在创作上缺少中国文人画的笔情墨韵，无蕴藉朴茂之风。

二十四岁时徐悲鸿又到法国学习绘画。抵欧之初，他参观了英国的大英博物馆、国家画廊、皇家学院的展览会以及法国的卢浮宫美术馆，目睹了大量文艺复兴时期以来的优秀作品。徐悲鸿深深感到自己过去所作的中国画是"体物不精而手放佚，动不中绳，如无缰之马难以控制。"

他刻苦钻研画学，并考入巴黎美术学校，受教于弗拉芒格先生，开始接受正规的西方绘画教育。弗拉芒格擅长于历史题材的人物画，其画作不尚细节的刻画而注重色彩的和谐搭配与互衬，对徐悲鸿日后油画风格的形成有着巨大的影响。

由于北洋政府一度中断学费，徐悲鸿被迫转至消费水平较低的德国柏林，在那里，徐悲鸿仍然不放过每一个学习的机会。他求教于画家康普，到博物馆临摹著名画家伦勃朗的画作，并且常去动物园画狮子、老虎、马等各种动物，以提高自己的写生能力。

当徐悲鸿重新获得留学经费后，便立即从德国返回法国继续学习。徐悲鸿在旅欧的最后阶段还先后走访了比利时首都布鲁塞尔，意大利的米兰、佛罗伦萨、罗马及瑞士等地。

徐悲鸿凭着他的天才智慧、好学的精神和毕生的努力，遍学名师，成为中国画坛上少有的能够全面掌握东西方绘画技法的艺术大师。

● 现代小启示

孔子喜欢向人问学，学无常师。徐悲鸿也曾经跟很多的老师学习，四处拜师，也万里迢迢地到欧洲去学习，和孔子的好学是一样的。我们现在想学习知识比孔子和徐悲鸿要方便多了，各种知识，只要你想学习，就有条件学习得到。转益多师，更能增加我们的知识面，提高我们的能力。

孔子有渊博的知识，一个重要的因素就在于他学无常师。徐悲鸿能够成为一代大师，也在于他转益多师。其实在孔子当时，还没有像现在有专门固定的老师来教的，自己想学习，自己去找老师，这种学无常师的学习精神，是孔子博学的基础，也是徐悲鸿之所以成为绘画大师的原因。

修养篇

如何成为一个真正的君子

君子不重则不威

在中国几千年的历史文化中，君子是对具有高尚人格的称谓，也是一个人格标准。在孔子看来，君子具有更为重要的社会意义，在《论语》中君子的观念出现的次数很多。

君子具备很多种优秀的品格，其中一个重要的素质就是庄重。孔子说："君子不重则不威。"如果作为一名君子，不庄重即不会体现出威严来，这种庄重是可以通过我们的语言、动作、表情体现出来，这种庄重也可以从内心表现出来，让人有一种肃然起敬的力量。

孔子在这里告诉我们做人要庄重，心中保持一种恭敬的姿态，做事要稳重，不能马虎，这样人才能体现出本然的威严，才能把事情做好。如果不庄重，学习知识也不会牢固地掌握。宋朝程颐十分注重自己的修养，他为人很庄重，做事严谨，实践了孔子所说的君子不威则不重的人生境界。

● 感悟故事

程 颐

程颐字正叔，人称伊川先生，北宋洛阳人。宋朝的元丰八年，程颐受司马光等人的推荐，先任汝州团练推官、西京国子监教授。元佑元年三月，程颐应诏到京师，任秘书省校书郎，后又任崇政殿说书。这个崇政殿说书，其实就是给皇帝讲课。

当时是年幼的赵煦做皇帝，即哲宗皇帝，程颐给哲宗皇帝当老师。赵煦当时还是一个小孩，只有十岁，其实就是要程颐来辅导学习以及教做人的道理。

程颐上书小皇帝赵煦，提出了三条要求：其一：皇上正值盛年，应选择道德高尚之人，陈说道义，以涵养气质，薰陶德性；其二：宫中内侍人员，应选择老成厚重之人，不使皇上接触侈靡之物，浅俗之言；其三：应使讲官坐讲，以培养皇上尊儒重道之心。程颐并且申明，如上述三条可行，则就职，否则恕不从命。程颐的目的就是想要按照儒家圣人的标准来培养小皇帝赵煦，结果三条一一照准，程颐便做了宋哲宗的老师。

程颐用儒家的思想教导小皇帝赵煦。一日讲完课以后，还没有退下来的时候，小皇帝看到旁边有柳树的枝条，因为还是小孩，有一些顽皮，便折了一些来玩。程颐看到了，即严肃地跟小皇帝说："这是春天刚刚发出来的新枝，不可无故摧折"。程颐训诫小皇帝要爱护自然，要对天地万物恭敬。

历史上给皇帝讲课的老师都是站着讲，皇帝坐着听，而从程颐开始，变成老师坐着讲了。程颐给小皇帝讲课，十分严肃认真，态度非常的恭敬。每当讲课的前一天，都要沐浴、更衣、潜思存诚，希望这样能感动教化小皇帝。而在讲解课文的时候，常常于文义之中挖掘阐发，反复推理，以求启发赵煦。由于程颐学识渊博，往往从片言中生发大义，因而使闻者叹服，连小皇帝赵煦也点头称赞。

程颐历官汝州团练推官、西京国子监教授。元祐元年任秘书省校书郎，授崇政殿说书，是著名的理学家和教育家，与其胞兄程颢共创"洛学"，为宋明理学奠定了基础。

● 现代小启示

程颐在教育哲宗的时候，就是表现了这种君子的修养。我们现在也经常讲要自重，自重和孔子的"君子不威则不重"的意思是一致的。自重的观念在我们现在的生活中也是普遍存在的，自重也是我们生活中很重要的素质，一个人如果真正做到了自重，那就具备了君子的很重要的修养。

这种庄重不是人人都具有的，这要经过一个自我修养的过程。其实我们在生活中也可以体会到这种庄重的重要和作用。大家大概也有这样的体验，假如一个人在别人面前表现得很轻浮不庄重，那么他是肯定不会受到尊重的。因为自身的轻浮，就会让人看出缺乏修养，没有什么能力，自然就不会敬重你了。可见庄重不仅在我们的道德修养中很重要，在平时的生活交往中也要自重自爱，多加注意自己的表现。

克己复礼为仁

颜回跟孔子学习了很长时间，自己也很用功，在学习方面也可以说是同学之中最为出众的了，可是还是把握不住老师学问的核心：仁。所以一次颜回向孔子请教什么是仁，孔子也知道颜回有很高深的学问，也就从比较深刻的层面去指导颜回。

孔子说："克己复礼为仁"。意思是克己复礼就是仁，通过克制自己不良的欲望，不符合礼节道德的行为，就可以达到我们想要的仁。孔子同时也指出了克己复礼的重要性，一旦人们都能做到克己复礼，那么天下就能变成仁德的社会了。这是要每个人从自己做起，不是取决于别人的。孔子的意思大概是说大家都想要社会变成仁德的社会，却总是指望别人来实行仁德，自己却不去做，这怎么行啊？

颜回当然明白老师说的意思，于是又问具体要从哪里做起，有哪些要去行动的内容。孔子说："非礼勿视；非礼勿听；非礼勿言；非礼勿动。"就是从平时自己的视听言动做起，克制不合理的习惯和欲望，来达到自己的仁德。颜回一听老师的教诲，就领会了这段话的深刻含义，于是说："我虽然不灵敏，请让我按照这句话去做吧。"颜回想必在克己复礼这方面做得很好，要不别人怎么都很称赞他的德行呢？近代的李叔同，也是从自身克己复礼做起，来修养自己的德行的。

● 感悟故事

李叔同

李叔同是中国近代的文化大师，他集诗、词、书画、篆刻、音乐、戏剧、文学于一身，在多个领域，开中国现代文化艺术之先河。他是第一个向中国传播西方音乐的先驱者，他创作的《送别歌》："长亭外，古道边，芳草碧连天……"历经几十年传唱经久不衰，成为经典名曲。他还先后培养出了丰子恺、刘质平等一些文化名人。

李叔同曾经说："于做事，必克己谨严，要做到极致。于生活，应戒绝奢华，一切从简。"又说："事当快意处须转，言到快意处须住。以虚养心，以德养身，以仁义养天下万物，以道养天下万世。"体现了他处世和修己的谨严风格。

他手书门联曰："草藉不除，时觉眼前生意满；庵门常掩，勿忘世上苦人多"。1942年秋病重，书二偈与诗友告别，偈云："君子之交，其淡如水。执象而求，咫尺千里。问余何适？廓尔亡言。花枝春满，天心月圆。"这是他一生高深学养和高尚人格的写照。

● 现代小启示

克己复礼这个词看起来很复杂，其实就是我们今天常讲的自律。李叔同一生求索，通过自律实践生命的觉悟，完成了自己高尚的道德人格修养，得到了世人的敬佩。他也为红尘中迷失的芸芸众生，指出了一条超越低俗物欲的光明人生大道。

我们的克己复礼，同样可以从自律做起，体现到我们的社会生活之中去，克制自己不对的行为，告诫自己不要做损人利己违反道德的事情。比如经商不坑蒙欺骗，做官不贪污腐败，就是克己复礼，这样于人于己都有益处。

孔子把克己复礼作为一种价值取向，具有很深刻的意义：从这里开始出发，可以达到似乎遥不可及的仁德。然而这种高深的学问又是从我们平时的一举一动做起，体现在我们的注视、听闻、语言、动作之中。只有做到了自己的视听、言动符合于礼的规范，才能达到仁德的境界。

温良恭俭让

一个叫子禽的人问同学子贡："老师每到一个国家都能知道该国的政事。是他自己向别人求教的呢，还是别人主动告诉他的呢？"子贡回答说："他老人家是用温、善、恭、俭、谦的这五种方式得来的。"温良恭俭让体现出了孔子高尚的修养。

孔子用温和、善良、恭敬、节俭、礼让的态度去对待别人，别人自然会愿意把政事告诉他，一个人真正做到了温良恭俭让，有谁会不喜欢和他交往呢？这是孔子与众不同的方法，他每到一个国家，别人喜欢把自己国家的事情跟他讲，这是一般的人很难做到的。

当然，要做到孔子的这种高度是不容易的，温良恭俭让也是一种很高的境界，我们也可以说这是中国人修养的榜样，是孔子心中的那种君子的人格形象。虽然达到这种修养的高度不简单，然而，受到儒家文化的熏陶，在我们历史上也不乏其人。比如说中国近代的教育家蔡元培，就是大家所公认的温良恭俭让的君子，蔡元培是人们所尊崇的近代著名人物，他的成功与其人格魅力是不可分割的，他就具有典型的儒家君子的"温良恭俭让"的特征，也被誉为"完人"。

● 感悟故事

蔡元培

蔡元培于清朝光绪十五年为举人，十六年会试贡士。十八年补殿试为进士，授翰林院庶吉士，二十年补翰林院编修。甲午战争后，开始接触西学，同情当时的维新。

他数度留学德国和法国考察，研究哲学、文学、美学、心理学和文化史，为他致力于改革以前的教育奠定思想理论基础。

民国元年，蔡元培任南京临时政府教育总长，主张采用西方教育制度，废止祀孔读经，实行男女同校等改革措施，确立起我国资产阶级民主教育体制。二次革命失败后，携眷赴法，与李石曾等创办留法勤工俭学会。

民国五年冬回国任北京大学校长，支持新文化运动，提倡学术研究，主张"思想自由，兼容并包"，实行教授治校。蔡元培在北京大学提倡改革，其力度之大，见效之快，显然是其人格因素起了很大的作用。几乎所有关于他在北京大学改革的文献，无不体现出对蔡元培本人充满了景仰之情，都是一些赞誉之词，他甚至被誉为"完人"。

哲学家冯友兰曾赞美蔡元培的人格，说他是当之无愧的君子，即具有温良恭俭让这种孔子般气质的君子，还说："他所以得到学生们的爱戴，完全是人格的感召。道学家们讲究'气象'，如程颐说程颢：'纯粹如真金，温润如良玉，宽而有制，和而不流。视其色，其接物也如春阳之温；听其言，其入人也如时雨之润。胸怀洞然，彻视无间；测其蕴，则好呼若沧溟之无际；极其德，美言盖不足以形容'。这几句话，对于蔡元培完全适用。"

蔡元培曾任教育总长、北京大学校长、中央研究院院长等职。他去世之后，教育部的诔词中有"当中西文化交接之际，先生应运而生，集中西文化于一身。其量足以容之！其德足以化之！其学足以当之！其才足以择之！呜呼！此先生所以成一代大师欤？"毛泽东说蔡元培堪称是"学界泰斗、人世楷模"。

● 现代小启示

一个伟大的人物，必定有其超越常人的修养。孔子如此，蔡元培也是如此。从我们现在的角度来说，温良恭俭让也是一个人有修养的表现。现代的社会，人们对于君子的欢迎和古代是一致的，同样需要有这种人物。大家肯定都喜欢和温良恭俭让的人交往，不喜欢和暴燥、恶劣、无礼、骄奢、争斗的人打交道。

其实，我们生活中更需要这种温良恭俭让的君子。生活无非就是衣食住行之类、做做文章之类，这是社会的常态，所以我们的生活需要君子的这种温良恭俭让。比如你请客很暴力无礼，恐怕客人早就逃之夭夭了。

不贰过，不迁怒

"不贰过，不迁怒"这是孔子赞扬颜回的话，这六个字看起来很简单，做起来可真不容易啊！在孔子的三千弟子中，只有颜回做到了这一点。这需要相当高的修养，不是我们一般人可以做到的。

颜回注重自己的德行修养，他犯了一次错误，总是努力不要去犯同样的错误，也做到了没有再犯同样的错误。他在心情不好的时候，又从来没有把自己的怒气发到别人身上。孔子对于颜回这个学生十分喜爱，就是在颜回去世之后孔子还经常提起颜回，怀念着颜回。

颜回的德行排在孔子众多弟子中的首位，这就表明颜回的修养不是一般人可以达到的。颜回的同学曾子曾经说："自己的能力很高，却像没有一样；自己的知识很多，却很谦虚。"后来解释《论语》的人都认为曾子这是在说颜回。颜回不仅很有德行才华，而且很谦虚。他的道德修养得到了大家的普遍认可和尊崇，在孔门诸弟子中，孔子对他称赞最多，不仅赞其"好学"，而且还以"仁人"相许，这是很高的评价了。

后人对颜回也十分尊崇，自汉朝以颜回配享孔子、祀以太牢，三国魏正始年间将此举定为制度以来，历代封赠有加，无不尊奉为颜子，这里有一个关于颜回的民间小故事。

● 感悟故事

颜　回

一天，颜回到集市去办事，看见一家布店前围满了人，他去询问才知道是买布的人跟卖布的人发生了纠纷。买布的人大声地说道："三八就是二十三，你为何要我二十四个钱？"颜回走到买布的跟前，恭敬施一礼说："这位兄弟，三八是二十四，怎么会是二十三呢？是你算错了啊，不要吵啦。"

买布的人不服气，指着颜回的鼻子道："是谁请你出来评理的？你算老几？要评理只有找孔夫子，错与不错只有他说了才算！"颜回说："好啊，孔夫子若评你错了怎么办？"买布的说："哼！评我错了输上我的头。要是你错了呢？"颜回说："要是评我错了，输上我的帽子。"

二人打着赌就这样定下来了，两人找到了孔子。孔子问明了情况，就对颜回笑了笑说："三八就是二十三哪！颜回啊，是你输啦，把帽子取下来给人家吧！"颜回听到孔子评他错了，就老老实实摘下帽子给了买布的，那人接过帽子，就得意地走了。而对孔子的评判，颜回表面上服从了，心里却怎么也想不通。他认为孔子已是老糊涂，于是不想再跟孔子学习了。

想了一个晚上，第二天，颜回借故说家中有事情，要请假回去。孔子当然明白颜回的心事，也不去挑破，就点头准了他的假。颜回临走前，去跟孔子告别，孔子要他办完事马上回来，并且嘱咐颜回两句话："千年古树莫存身，杀人不明勿动手。"颜回应了一声"记住了"，动身就往家走。

走在路上突然刮起了大风，雷鸣电闪，眼看要下大雨了！颜回赶紧钻进路边一棵大树的空树干里避雨。他猛然间想起孔子"千年古树莫存身"的话，心想，毕竟师徒一场，就再听他一次话吧。于是从空树干中走了出来。在颜回刚离开不远，一个炸雷啪的把那棵古树劈个粉碎。颜回不觉大吃一惊：这老夫子的第一句话应验了！难道我真的还会杀人吗？

等到颜回赶到家里已经是深夜了，他不想去惊动家人，于是用随身佩带的宝剑，拨开了妻子房间的门。颜回走到床前一摸，啊呀呀，南头睡了个人，北头也睡个人，他顿时怒从心头起，举剑正要砍的时候，又想起老师的第二句话"杀人不明勿动手"，于是他点灯一看，一头睡的是妻子，一头睡的是自己的妹妹。

天亮了颜回马上返了回去，看见了孔子就说："老师，是您那两句话救了我呀！还有我的妻子和我妹妹三个人哪！您在事前怎么会知道要发生的事呢？"孔子笑了笑说："昨天天气很燥热，因此估计会有雷雨，就提醒你'千年古树莫存身'。而你又是带着气走的，身上还带着宝剑，因此我告诫你'杀人不明勿动手'。"

颜回说："老师真是料事如神啊，学生十分佩服！"孔子开导颜回说："我知道你请假回家有事是假，以为我老糊涂了，不愿再跟我学习。你想一想，我要是说三八二十三是对的，是你输了，不过输个帽子；我要是说三八二十四是对的，是他输了，那可是一条人命啊！你说是帽子重要还是人命重要呢？"颜回顿时恍然大悟："老师您重大义而轻小是非，学生还以为是老师因年高而欠清醒呢，学生真是惭愧万分！"

● 现代小启示

这个故事很生动地表现了孔子高明的智慧和颜回的朴实好学，颜回看到老师明显说错了，也没有当面大声的反驳，虽然有些不高兴，这也是自然常情。后来虽然想把自己的怒气发到妻子身上，但还是听从老师的话，没有造成大错。从故事本身所包含的内容来讲，也正好考验颜回的"不贰过，不迁怒"的这种修养。

试问自己，能否在生活中做到不犯同样的错误，不无故向别人发火呢？我们很难有颜回的这种克制能力。虽然我们自己也想尽量不犯错误，也不想向别人发泄怒气，但是总做不到，贰过迁怒，大概在我们平时是经常的事。要达到颜回的这种高度是不容易的，我们可以努力向他这个榜样学习，来提高自己的修养。

吾日三省吾身

曾子是孔子著名的弟子，也是继承孔子学说最为正统的弟子之一。他以孝行著名，并且很注重自己的道德修养，在平时的生活中，曾子喜欢每天不断反省自己。

曾子说："我每天都要多次反省自己的行为：给别人谋划做事而没有尽力吗？和朋友交往而不守信吗？老师的传授而没有去练习吗？"曾子反省的内容是看自己做人和做事是否适当，这些事情对于曾子来说肯定是最为重要的，通过这样的反省来纠正自己在一天里面的行为，这样就能不断提高自己的能力和修养。

清代著名学者曾国藩是曾家的后人，他不仅做出了一番为时人所尊崇的宏伟政治事业，也是一位具有影响的儒家人物。曾国藩的作品广泛地流传于世，他的一些治家、修身的方法都为人们所尊崇，他注重反省的方式也为人们所熟知，想必就是从他的祖辈曾子那里学来的反省功夫吧。

● 感悟故事

曾国藩

曾国藩是清朝军事家、理学家、政治家。1834年，曾国藩到湖南最高学府长沙岳麓书院学习，师从欧阳厚钧，接受了系统的儒家教育，并深受湖南学风的熏陶。当年即考中举人，于是在冬季启程赴北京，准备参加来年的会试，不料在会试中落榜，只好回到家乡继续读书。

回乡后，曾国藩发愤苦读史书，足不出户近一年，这就为以后走上仕途和研究学术打下了基础。1838年初，曾国藩再次赴北京赶考，这次他终于如愿以偿，中第三十八名进士。朝考得一等第二名，改为庶吉士，诏入翰林院庶常馆深造。1840年庶吉士散馆，他是二等第十九名，得授翰林院检讨，从此曾国藩开始了他长达十二年的京官生涯。

在北京，曾国藩认识了唐鉴，这次的相识对曾国藩的一生行事、修身、做学问影响极大。曾国藩曾向唐鉴请教读书、修身的妙诀。唐鉴告诉他，读书应当以《朱子全集》为宗，修身的最好办法是用记日记的方法来自我检讨。

曾国藩起而效尤，写日记成了改过迁善的依据，其《日记》有如此的记载："凡事之须逐日检点者，一日姑待后来补救，则难矣！况进德修业之事乎！"曾国藩认为凡日间过恶，如身过、心过、口过皆记出，终身不间断，以作为反省切身的准则，并且规定自己应立即纠正缺点，否则日后补救将更为困难。

此后，曾国藩经常跟唐鉴一起研究学问，推究兴衰治乱，学习程朱理学。他还把自己的日记拿给唐鉴检查，找出检讨不深刻的地方，深挖病根。

曾国藩认为"反省改过"最难，贤与不肖当以有无"改过的勇气"来判断。曾国藩每天以日课册记一言一行、一事一物，作为反省自己的准则，以求无愧疚于心，逐渐减少自我的过错，使自己行为举止慢慢趋于谨慎自谦，这就是曾国藩过人之处。

● 现代小启示

曾子从做事、交往、学习三方面来反省自己，可以说是反省得十分彻底，目的就是要改善自己的行为，提高自己的修养。曾国藩在近代影响很大，从清朝的人物来说，包括在军事、政治、文化方面的影响，几乎无人能出其右。所谓以修身为本，曾国藩的这些事业其实就是建立在他修身的基础之上的，而曾国藩的修身，就是建立在其反省的功夫之上的。

其实我们每个人都有自我反省的经验，虽然也经常反省，但结果是自己的错误到头来并没有改变多少，修养也没有提高多少。问题是我们对于自己的反省不够深刻，也许是没有像曾子那样找准要反省的内容，同时也需要像曾国藩那样下一些反省的功夫。

君子不器

孔子说："君子不器"，意思是说作为一名君子，不要像某种器物一样只有一种用途，而要具备各方面的才能，也就是我们现在所说的通才，君子也应该是一个通才，在某种意义上来说，孔子自己就是一个通才。

其实孔子本人就是多才多艺，对于文学、艺术、驾车、音乐、射箭、礼制甚至是兵法，无不精通。孔子由于从小失去了父亲，因此青少年时代干过很多种职业，比如管理农场，当仓管员，也学了很多种技艺，所以孔子自己的实践能力和动手能力是很强的。

当时鲁国的一个高官太宰就说："难道夫子是圣人吗？为什么他有

这么多的才能呢?"听到这些赞扬自己的话,孔子也总要谦虚一番。孔子说:"太宰哪里知道我啊,我从小生活很贫贱,所以多能做一些小事情,我这个君子多能吗? 不多啊!"

有一次,子贡问孔子自己是怎么样的人,目的是想了解老师对自己有什么评价。孔子说:"你,就好比一个器具啊。"子贡又问:"什么器具啊?"孔子说:"是瑚琏。"瑚琏是当时祭祀时用来盛粮食的器物,十分的贵重。以子贡之才能,孔子也只是认为他为重要的人才,还没有达到君子不器的高度。

但是以瑚琏这种贵重的器物相许,也是相当高的评价了。在中国的历史上,要真正达到孔子这样通才的人真的不多,也许接近孔子这样多才多艺的人有不少,其中魏晋时期的嵇康可以算是一个,嵇康在文学、音乐、绘画、哲学、书法上都是造诣不凡,同时具有高尚的人格。

● 感悟故事

嵇　康

嵇康是魏晋时期"竹林七贤"之一,是著名的文学家、思想家、音乐家,是魏晋玄学的代表人物。他身长七尺八寸,风姿特秀。见到他的人说:"萧萧肃肃,爽朗清举。"意思是说嵇康庄重而又清爽,挺拔俊朗。

嵇康娶了长乐亭主为妻,长乐亭主是曹操曾孙女,曹林之孙女。司马家族想取代曹魏政权,把嵇康看作是一个障碍,在钟会的怂恿下借故把嵇康关入了监狱。

嵇康入狱后,立刻激起社会舆论的不满,许多当时的名士纷纷要求与嵇康一同入狱,经劝后众人也就作罢了,但最后嵇康和吕安被判处了死刑。行刑当日,京城的三千名太学生集体请愿,请求赦免嵇康,并要求让嵇康到太学做老师,这些要求并没有被同意。

临刑前,嵇康神色不变,如同平常一般。他顾看了日影,离行刑尚有一段时间,便向兄长要来平时爱用的琴,在刑场上抚了一曲《广陵散》。听者无不动容,曲毕,嵇康把琴放下,叹息说:"以前袁孝尼曾经想跟我学《广陵散》,我每次都说以后再说吧!《广陵散》从今天绝了啊"说完后,嵇康从容地就刑,当时年仅四十。

嵇康擅长文学,更精通音律,他善于言谈玄理,为当时的人所敬佩。同时嵇康还擅长书法,对于绘画也有很高的造诣。他志趣高远,性情率真自然。嵇康撰写了从上古以来高士的传记并且表达了十分钦慕的感情,是想把这些高士作为自己的朋友。如孟子所说的:"尚友古人"。嵇康有高尚的情操,备具君子之风,几乎达到了孔子所说的"君子不器"的高度。

● 现代小启示

像孔子这样多才多艺的人不多，而又要具有君子品格的人物更是少之又少。今天，人们多称孔子为教育家、思想家和政治家，其实还应该加一个艺术家。嵇康也是我们喜爱的历史人物，他的境界也是我们一般人很难达到的，达到孔子君子不器的高度肯定是不容易的，所以说，我们也只能是虽不能至，心向往之了。

君子不器，现在来说就是一个德、智、体、美、劳全面发展的人才。现代社会的专业分工越来越细，人们的知识面和技能越来越狭窄和单一，更忽略了对于自己的各种才艺的修养，现在的人至多只是一种器物而已，全面的人才越来越少，现在是必须重视通识教育的时候了。

磨而不磷

孔子有十分强烈的用世之心，这一点毋庸置疑，所以总是想找一个地方来实现自己的政治主张。佛肸是晋国大夫范氏的家臣，他占据中牟城来抗拒晋国的权臣赵简子。佛肸想召孔子去治理中牟，也就是现在的一种完全的地方自治，孔子觉得是自己施展政治抱负的一个大好机会，于是打算前往。

子路是一个很直率的人，就跟老师说："从前我听先生您说过：'亲自做坏事的人那里，君子是不去的。'现在佛肸占据中牟反叛，你到那里去，这是干什么啊？"孔子说："是的，我说过这样的话。不是说真正坚硬的东西磨也磨不损吗？不是说本质洁白的东西染也染不黑吗？我难道是个葫芦吗？怎么能只是挂在那里而不去吃啊？"孔子认为自己的意志是坚强和纯粹的，不会因为外界的一些不良的人和事而受到影响的。

孔子在这里表露心里急于实践自己政治抱负的想法。一方面是顾不上那么多了，一方面是坚信自己不会被那些坏的事情所污染和同化。认为自己是为了实现仁道而到那里去，自己是"磨而不磷、涅而不缁"的。通过这一件事，体现出了孔子对于自己道德修养的自信，也体现了孔子坚定的信仰。

对于自己的道德品格的这种坚守和自信，成为了中国后代人们的一个榜样。宋代的理学家周敦颐，他写的《爱莲说》中的一句"出淤泥而不染"，其中一定有孔子思想的影响在里面，这也是周敦颐人生修养的一个真切的表达和写照。

● 感悟故事

周敦颐

周敦颐是北宋大儒，思想家、理学家、哲学家。公元1017年生于道州营道县，就是现在的湖南道县。成长于衡州，晚年定居庐山莲花峰下，以家乡营道之水名"濂溪"命名堂前的小溪和书堂，故人称濂溪先生。

周敦颐性情朴实，清高而脱俗。他曾经自述说："芋蔬可卒岁，绢布是衣食，饱暖大富贵，康宁无价金，吾乐盖易足，廉名朝暮箴"。

他从小信古好义，潜心研读儒家经典，"以名节自砥砺"。平生不慕钱财，爱谈名理，他认为"君子以道充为贵，身安为富"。他虽在各地做官，但俸禄甚微，官职不高，来到九江时他还把自己的积蓄给了故里宗族。

周敦颐曾于知南康军时，在府署东侧挖水池种莲，名为爱莲池。池宽十余丈，中间有一石台，台上有六角亭，两侧有"之"字桥。他在盛夏时常漫步池畔，欣赏着缕缕清香、随风飘逸的莲花，随时口诵《爱莲说》，自此莲池也名震遐迩。

他酷爱雅丽端庄、清幽玉洁的莲花，写出了著名的《爱莲说》，从古至今，一直为世人所喜爱和尊崇。其中说："予独爱莲之出淤泥而不染，濯清涟而不妖，中通外直，不蔓不枝，香远益清，亭亭净植，可远观而不可亵玩焉。"正好是他品德修养的写照。

黄庭坚赞美他"人品甚高，胸中洒落，如光风霁月"，但当时并没有多少人了解他的道学思想，只有南安通判程太中知道他的理学造诣很深，并将两个儿子——程颢、程颐送到他的门下学习，后二程均成为著名的理学家。周敦颐被后来的人视为宋明理学的开山之祖，对于中国文化和社会影响十分的深远。

● 现代小启示

不管是古代，还是现代，都有很多像孔子和周敦颐这样很重视自己道德修养的人。特别是在乱世，更能体现出一个人的道德修养和人格，所以常言说得好："乱世出忠臣"。

现代的社会，相对于古代来说更加复杂，也有更多不良的诱惑。我们都要在社会这个大染缸里生活，而大家对于现在的社会风气和道德状况，不满意和持批评态度的占了大部分。如果我们自己的道德修养是货真价实的，能够像孔子一样"磨而不磷、涅而不缁"，像周敦颐一样

"出污泥而不染"，即使在不好的社会环境中，对于我们自己来讲又有什么关系呢？

望之俨然即之也温

子贡曾经说孔子对于其他别国政事的了解是通过一种与众不同的方式而得来的，这种方式就是"温良恭俭让"，这是孔子修养和性格的体现，而孔子的性格表现也有庄严威风的一面。

《论语》上说："子温而厉，威而不猛，恭而安"。是说孔子这个人的性格温和而且严厉，威风但是不凶猛，恭敬而且安详。孔子这就达到了中庸的状态，也是极高的修养境界。假如仅仅是温和的话，那么也同时是软弱，假如仅仅是很威严的话，那么会陷入凶狠，假如仅仅是恭敬的话，那么也就是拘谨。而孔子刚好做到了平衡，这种高度是很难企及的。

孔子的另一个弟子子夏也说："君子有三变：望之俨然，即之也温，听其言也厉。"也是子夏对于孔子的这种极高修养的感觉。子夏所说的君子，其实就是指孔子，是说孔子这个人外表看上去很威严庄重，而接近时，交往时，孔子又是很温和，让人感到很舒服。但是去听孔子说话，他的语气则很严厉，不和你说那些不痛不痒的话，都是很重很实在的。孔子的这种境界，很少有人可以达到，而释迦牟尼和孔子是很相似的。

● 现代小启示

孔子的这种修养不是一般人能够达到的，他们给我们树立了榜样。孔子，身上具有一种"道"的尊严。这种尊严以他们的道德修养为基础。

我们作为普通人当然离圣人的境界很远，然而圣人的境界是可以学到的。比如孔子的这种庄重和温和，在我们生活中也是应该做到的。如果一个人不庄重，或者不温和，总会让人感觉不舒服，甚至引起一些不必要的矛盾，从而给自己和别人带来不必要的不和谐因素，所以通过体会孔子的这种榜样力量，我们可以生活得更好。

心态篇

从容面对自己的生活

君子坦荡荡

在孔子看来，作为一名君子，心中是坦荡而光明的。他说："君子坦荡荡，小人长戚戚"。君子光明磊落，不忧不惧，所以心胸宽广坦荡；但是小人总是患得患失，忙于算计，又每每庸人自扰，疑心他人算计自己，所以总是陷于忧惧之中，心绪不宁。君子的心态是从容正大的，心胸是广阔的，小人的心态急躁忧惧，心胸是偏狭的。由此影响到行为处世和生活上，收到的效果也是截然不同的，其实孔子这句话也是"夫子自道"。

孔子本人就是一个光明磊落心胸坦荡的人，他平时表现得恭敬而安详，待人也很温和。孔子在平时闲居生活，是温和而恭谨的，他在上朝时，表现得很和乐，会见客人的时候也很愉快，这就来源于孔子的这种君子修养——坦荡荡的品格。

孔子心中没有阴暗的东西，他曾经说："内省不疚，何忧何惧？"自己反省自己的内心，没有什么可以愧疚的，没有什么对不起别人的，为什么还要去忧愁和害怕呢？君子应有这种坦荡的心态，东晋诗人陶渊明也同样具有这种坦荡荡的品格。

● 感悟故事

陶渊明

东晋诗人陶渊明少年时期就有很高的抱负，他怀着儒家的那种大济天下苍生的愿望。陶渊明写诗说"猛志逸四海，骞翮思远翥"。好男儿志在四方，他想在社会中干出一番轰轰烈烈的伟大事业。他陆续做过一些官职，但由于淡泊功名，为官清正，不愿与腐败官场同流合污，而现实的政治却十分黑暗，陶渊明万分的厌恶。

陶渊明在朋友的劝说下在彭泽做县令，到任八十一天，浔阳郡派遣督邮来检查公务，这个督邮以凶狠贪婪闻名远近，喜欢以巡视为名向辖县索要贿赂，每次都是满载而归，否则栽赃陷害。县里的县吏跟陶渊明说："当束带迎之。"就是要穿戴整齐备好礼品、恭恭敬敬地去迎接督邮。陶渊明叹息说："我岂能为五斗米向乡里小儿折腰。"不愿意去巴结讨好这种小人，由此挂冠而去，辞职归乡。他写了篇著名的《归去来兮辞》形容自己的心情是倦鸟知归，"云无心以出岫，鸟倦飞而知还"。轻快而又欣喜的"舟遥遥以轻飏，风飘飘而吹衣"、"木欣欣以向荣，泉涓涓而始流"。

陶渊明辞官归里，过着躬耕自给的生活。夫人翟氏，与他志同道合，安贫乐贱，真是夫耕于前，妻锄于后。他写了不少著名的田园诗："种豆南山下，草盛豆苗稀。晨兴理荒秽，带月荷锄归。""方宅十余亩，草屋八九间。榆柳荫后檐，桃李罗堂前。"陶渊明爱菊，"采菊东篱下，悠然见南山"至今脍炙人口。他性嗜酒，饮必醉，朋友来访，无论贵贱，只要家中有酒，必与同饮。他先醉，便对朋友说："我醉欲眠卿可去"。

陶渊明归隐生活并不宽裕，有时经济上还很拮据，甚至陷入贫困。他也从不讳言自己在物质生活方面的寒碜与窘迫，他的诗文中经常见到"举家食粥酒常赊"、"弱年逢家贫，老至更常饥"这样颇为凄怆的诗句。陶渊明并不为意，而是表现得十分的旷达。他在一篇自传性质的文章《五柳先生传》中说："不戚戚于贫贱，不汲汲于富贵"。孔子说："君子坦荡荡，小人长戚戚"。陶渊明就是表现了一个君子的坦荡情怀，即使艰难一些，也不会为放弃做官而后悔，他不会因为生活上的贫贱而去忧愁悲哀，而是坦荡荡地过自己的生活。

● 现代小启示

陶渊明坦荡旷达的性格，就是他辞官归隐的根本原因。他看不惯那些做作虚伪的官场，也鄙视那种贪污腐败的官场小人。虽然隐居的生活贫困，但他是乐在其中，因为远离了那种污秽的地方，回归了那种率真自然的生活。他有一些孔子所说的同样为他所推崇的"君子固穷"的品格，同时更重要的是发端于他的"不慕荣利"，是其"不屑不洁"。在这安然无怨和泰然自若之中，陶渊明彻底摆脱了"心为形役"的扭曲生活，达到了君子坦荡荡的境界。

孔子的生活态度是轻松的，他没有什么心理负担，也不会得什么精神病、抑郁症，因为他是坦荡荡的，他不会总是担心、害怕、忧愁啊。他的为人处世，光明磊落，忠恕待人，敏捷做事，己所不欲勿施于人。如果我们做到孔子所做到的这些忠恕等，也可以拥有这种坦荡荡的心态。

不义富且贵，于我如浮云

孔子勤奋地著述和教学，辛辛苦苦地游历诸侯，目的是想推行他的仁道，他并不是为了自己可以得到荣华富贵，高官显爵。孔子只是想行道，来实现他服务于人民的伟大抱负，他所向往的是曾皙所描述的那种自由自在的生活。

虽然说是食不厌精，但孔子其实对于事物的要求并不高。他说："吃一些简单的饭菜，仅仅喝一些凉水，挽着胳膊用来当枕头，我的快乐也就是在其中了。不义富且贵，于我如浮云。"孔子认为那些因为不义，不是正当手段得来的财富和地位，对于自己就像是天边的浮云一样没有任何意义。

孔子并不是唾弃富贵，他同样赞赏富贵，天下哪有不想要富贵的人呢？孔子说过，就是帮别人驾车，当一名驭手，只要能得到富有，他都愿意干。这就是说，孔子不要的是那种因为不义而得来的财富和地位，孔子觉得自己粗茶淡饭也会感到快乐，这是由他的心态来决定的。对于孔子，不管是富贵还是贫贱，他都会感到很快乐。因为快乐不是由财富和地位决定的，我们可以从达摩克利斯之剑的故事来理解这一点。

● 感悟故事

达摩克利斯

古希腊有一个人叫达摩克利斯，他是当时西西里东部的叙拉古国王迪奥尼修斯的大臣。他非常羡慕国王狄奥尼修斯所拥有的荣华富贵，国王非常富有，住在一座豪华的宫殿里，那里有很多华丽贵重的东西。

迪奥尼修斯有一大群仆人侍候，随时准备听从他的吩咐。达摩克利斯觉得国王十分的威风，是世界上最为快乐幸福的人了。

有一天，达摩克利斯对国王说："你该多么幸福啊！人们想得到的东西，你这儿样样俱全。"国王说："也许你是愿意和我换换位子吧。"

"不，不是这样，国王！"达摩克利斯说："但是我想，我只要能够享受一天你这种荣华富贵和花天酒地的生活，任何更大的幸福我都不想要了。""那好吧。" 国王迪奥尼修斯说："我可以让你享受享受一下你想要的荣华富贵。"

第二天，达摩克利斯被带进了宫殿，国王迪奥尼修斯为了满足达摩克利斯的愿望，把宫殿交托给他，并赋予他有完全的权力来实现自己的任何愿望，所有的仆人都遵照命令，把他当作主人看待。

达摩克利斯穿上了王袍，戴上金制的王冠，他坐在宴会厅的桌前，面前摆着山珍海味，供他享乐的一样不缺。这里有名贵的美酒，美丽的花朵，稀有的香料和悦耳的音乐，达摩克利斯靠在柔软的垫子上，觉得自己是世界上最幸福的人。

可是当他举起酒杯，正要喝酒时，猛然发现天花板上倒悬着一把锋利的宝剑，在他的头上摇晃着，达摩克利斯身体僵住了，那东西的尖刃几乎碰着他的头。这把锋利的剑只用一根马鬃悬吊在天花板上，达摩克利斯这时想的是如果马鬃断了怎么办？马鬃不足以长时间地承受宝剑的重量，那随时都会有断的危险！

达摩克利斯嘴角的笑容消失了，他的脸色如死灰，两手颤抖。他不想再吃什么东西，再喝一口酒，无心再欣赏音乐了，他心中渴望马上离开这座宫殿，到别处去，无论去哪儿都行。

国王说："怎么了？""那把剑！那把剑！"达摩克利斯嚷道。他已经吓得魂不附体，动也不敢动了。"是的，"迪奥尼修斯说，"我知道你头上有一把剑，而且随时都可能掉下来。可是那为什么使你惊慌不安呢？我头上一直有一把剑，我时时刻刻都在提心吊胆，担心有什么事情会使我丢命。我天天看见，它一直悬在我的头上，说不定什么时候什么人或物就会斩断那根细线。或许哪个大臣垂涎我的权力想杀死我，或许有人散布谣言让百姓反对我，或许邻国的国王会派兵夺取我的王位，或许我的决策失误使我不得不退位，如果你想做国王，享受这种荣华富贵，你就必须冒各种风险。"

达摩克利斯说："是的，我知道了，除了财富和荣誉之外，你还有很多忧虑。请您回到您的宝座上去吧，现在我知道我错了，你并不像表面上那样幸福。我还是回到山里那穷苦的小村舍的老家去吧。"从此，他再也不向往富贵生活，在以后的岁月，达摩克利斯快乐地过着自己的生活。

● 现代小启示

孔子心态很好，他觉得吃些简单的饭菜，仅仅喝一些凉水，挽着胳膊当枕头，就很快乐。他认为那种用非法手段得来的财富和地位，是没有一点意义的，那种生活不值得去过，还不如简简单单的生活快乐。达摩克利斯想过国王那样的富贵生活，这是每个人都拥有的愿望。但他发现国王其实处在危险和焦虑之中，生活不是想象中的那种生活，过得并不幸福快乐。何况是采取不义手段而得来的地位和财富，那就更让人提心吊胆了。

达摩克利斯经历了这次事件之后，也许明白了同样的道理，快乐地去过自己简单而贫困的生活。我们追求富贵，这是每个人心中的愿望，也是很正常的，就连孔子也同样有追求富贵的愿望。但是通过不义的手段而弄来的财富，是不可取的，小则伤天害理，大则危害社会国家。轻则侵害别人的利益，重则犯罪乃至于赔上性命。我们不如选择那种虽然贫困，但是轻松快乐的生活。

过则勿惮改

改过在孔子的学说中是很重要的部分，他说："过而勿惮改"。犯了错误，不要害怕去改掉。孔子认为，如果犯了错误，改掉了，那也就好了，如果犯了错误，而不去改，这就是真正的错误了。

弟子们可以说是在孔子教导之下，形成了一种改过的习惯。比如颜回就是一个改过的典型，他能做到不贰过。子路也是勇于改过的，相传子路听到别人指出自己的过错，他不但不生气，反而很欢喜，因为他心里不害怕去改掉自己的错误，也就是说，他对于改正自己错误的态度是积极的。

也许孔子看出世人害怕去改正错误的这种人性弱点，才说出了这句话。在很多时候，我们大概不是不想去改正自己的错误，而是害怕去改正自己的错误。错误也不是不能改，而是有了害怕改正的心态，所以想改的错误改不掉，结果陷入更大的错误。勇于改过是一种良好的心态，不害怕改过的这种精神在中国文化的传统中，很早就形成了。商代太甲改过的例子，在历史上有着深刻的影响。

● 感悟故事

太 甲

商太宗太甲，是汤武王嫡长孙，是商朝第四位国王。伊尹助商汤灭夏立下了不朽功勋，商朝建立后，商汤以伊尹为卿士，料理商朝政务。商汤的长子太丁死在商汤之前，所以商汤死后，按照兄终弟及制，由太丁的弟弟外丙、仲壬先后继任商王。但是，外丙、仲壬继位不久就死去，伊尹只好立太丁长子太甲为王。商初连丧三王，政治出现危机，伊尹受商汤重托，深感任重道远，他把振兴商朝的希望寄托在太甲身上。

太甲在位初年，任用伊尹为相，商朝比较强盛。然而太甲为王三年，不修德政，昏暗暴虐，破坏了商汤法制。由于太甲从小失去了父亲，缺少严格的教育，性情十分顽劣，慢慢开始不遵守先祖商汤制定的法度，开始按照自己的性子办事。并且对伊尹的劝诫也是十分地反感，对伊尹充满了敌意，怀疑伊尹要篡夺他的王位。同时以残暴的手段对付人民，强征暴虐甚至滥杀无辜，激起了人民的不满。

伊尹十分忧虑。他一再提醒太甲要对自己的行为多加约束，但是没有效果。为使太甲成为有作为的君主，伊尹采取断然措施：在商汤墓所在地，桐这个地方建了一座宫室，称为"桐宫"，他把太甲送入桐宫反省。桐宫因为地处商汤墓地，气氛庄严肃穆，除了守墓人，一般人不得进入。

伊尹专为太甲写了教材：《伊训》《肆命》《徂后》。其中，《伊训》是伊尹对他的告诫，《肆命》是教他怎样当政，《徂后》是商汤的法律制度。《伊训》中说：敢有在宫中跳舞，在房间里面纵情唱歌的，这是腐败不正之风；敢于沉湎于财货和美色，无休止的田猎，这是淫荡之风；敢于侮辱圣人之言，违背忠言疏远有德的老人，和那种无礼没有教养的青年混在一起，这是坏乱之风。上述三风十种错误，卿士有一于身，家必丧；邦君有一于身，国必亡！伊尹以此来训诫太甲。

太甲在桐宫读着伊尹写给他的文章，面对祖父之墓，来缅怀祖父功绩。对照自己的恶性劣行，日日想，夜夜思，终于意识到自己错误的根源和被放逐的原因。他从迷途中觉醒过来，他一边读书，一边打扫陵墓，日久天长，逐渐变成了另外一个人：行动谨慎、言语谦逊、思想沉稳、勤劳不息。他在桐宫闭门思过期间，伊尹代他行政，日理万机，还不断了解他的情况，抽空来桐宫看望。

三年后，伊尹见太甲真心悔过，十分高兴。伊尹觉得太甲已经悔过自新，重新做人，放逐太甲的目的已经达到，于是亲自到桐宫迎接，恢复太甲王位，带领文武大臣，携带王服，冠冕，迎接他回到亳都，还政于他。

从此，太甲以自己过去的失足为鉴，早朝晏罢，勤修德政，以身作则。于是诸侯归服，百姓安宁。伊尹见太甲改过自新，更加高兴，特地写了一篇《太甲训》的文章来赞扬他，称他为太宗，自己退而为臣。太甲将天下治理得井井有条，商朝也逐渐繁荣起来。

● 现代小启示

孔子说："过而不改，是谓过矣"。他认为犯了过错，改过来还好，因为每个人都不可避免地犯错误。但是，自己知道犯了错，却不去改正，就是真正的过错了！太甲改过自新的故事在历史上很有名，太甲不仅仅把商朝带入了一个辉煌的时期，成就了一番中兴的事业，更重要的是他敢于改过的精神，对于后世更有借鉴意义。

我们每个人都想改掉自己的错误，为什么没有去改呢？就是因为有顾忌，或者自制力不强，或拉不下面子，或者关系到自己私人的利益，如此等等，所以自己害怕去改过。孔子早就看出了这种顾虑，所以鼓励人们要敢于改正自己的错误。

狂者进取

孔子提倡中庸之道，这个中庸之道是一种至高的境界，是常人无法达到的。而孔子认为，中庸在社会中也很难做得到，并且认为在当时的人们不行中庸之道很久了。

他说："不得中行而与之，必也狂狷乎。狂者进取，狷者有所不为也。"意思是现在找不到奉行中庸之道的人和他交往，那么就要与狂者来交往了。狂者有理想，敢作敢为，狷者有节操，对有些事是不肯干的，保持自己的清高。

孔子认为行中庸之道的人实在难找，其实也是找不到的，能和一些狂狷之士来交往也不错。其实不管是在古代还是在现代，都有很多的狂狷之士，比如古代的伯夷、叔齐、柳下惠等等。而我们现代有一位文化才子叶公超，也可以算是一个狂者进取的人。

● 感悟故事

叶公超

在叶公超的思想中，儒家"修身、齐家、治国、平天下"的观念占据了主导地位。叶公超骨子里始终浸润的是文人的气息、才子的脾气，要让世人忘记他作为文人的前半生是不容易的。单是他在清华、北大当教授期间，他就将自己作为一个自由知识分子的可爱处和可贵处展现得淋漓尽致。

这是骨子里的文人气，他的同代人不用"gentleman"来描述他，虽然他在"绅士"的故乡剑桥大学拿过学位，又长期悠游于最重礼仪的外交界。更贴切的形容是"名士"———雅到与王室、首相相提并论者，乃名士；俗到与顽童骂架者，亦名士。

有学生在回忆文章中所言，叶公超让人"忘不掉他的脾气"，还有人说他"一天的脾气有四季，春夏秋冬，你拿不准去见他时会遇到哪一季，全凭运气，可能早上去看好好的，下午就被骂了出来。

尽管叶公超经常上课迟到，选修他的课的学生还真不少。叶公超的学生艾山说："最初上叶老师的课，真是上得满头雾水。他到了课堂，并非有板有眼地从翻译原理、原则及实施方法说起，总是天马行空，随兴所至，高谈阔论。最精彩处是眨着眼帘把中外翻译家误译、错译、欠通处随手拈来，挖苦不留余地。"

他的学生赵萝蕤也说："作为老师，我猜他不怎么备课……他只是凭自己的才学信口开河，说到哪里是哪里。反正他的文艺理论知识多得很，用十辆卡车也装不完的。""如果说叶老师什么地方有点令人不自在，也许是他那种自然而然的'少爷'风度，当然决非'纨绔子弟'的那一种。"

叶公超教外文，把那些看起来很平淡的外文字母讲解得妙趣横生，课堂上的幽默信手拈来。据说一次谈到服饰，他说："西装袖子的纽扣，现在用来做装饰，其起源乃防止大家大吃大喝后，用袖子揩嘴巴。洋人打领带更是妙不可言，便利于让人牵着脖子走，而且要面对着牵他的人，表示由衷地臣服。"

叶公超一生的举止言行，都没有丢掉那股知识分子的傲气。如今他逝世几十年了，他的一位学生说："他已长眠地下，他的桃李芬芳遍满五洲，每一个弟子都是他的活纪念碑。"

● 现代小启示

孔子认为中庸之道是至高的道，在人类社会是不可能完全达到的。因此在社会中要找到真正做到中庸的人很难，想要找这种人去交朋友也是很难做到的。所以能找到有些狂的性格和狷的性格的人来交往，也是很好的。孔子认为"吾党之小子狂简"，他的弟子就是具有狂狷性格的人。

叶公超也是一个狂者，他养成了一种可贵的名士风度，对于他人是很不容易做到的。从现代的角度来说，同样可以把人分为狂者和狷者两种类型。当然这是包含有一定道德修养的人，因为狂者表现出来是事业心很强，狷者对于一些不合道义的事情是不会去干的，这两种人在现在仍然是很多的。

富而无骄

《论语》中有两次提到富而无骄，一次是子贡问孔子："贫而无谄，富而无骄，何如？"意思是贫穷但是不谄媚，富有但是不骄纵，怎么样？孔子回答："这样是好的，但是不如虽然贫穷却依然很快乐，富有却很讲究礼节。"

另一次是孔子自己的感慨："贫而无怨难，富而无骄易。"意思是说一个人贫穷了，生活很不好，要做到没有抱怨是很难的，而富有的人要做到不骄纵是容易的。这也是孔子对于当时社会情况的观察而得出的一个结论。一个人富裕了，通常会产生骄人的心态，孔子及时针对这种状况而提出来的。

在中国的古代社会中，"富而无骄"大概是人们普遍认可的传统。中国历史上出现了一些经济繁荣时期，富人也不少，而骄横的事例并不是很多，这肯定和孔子的这些阐述和思想有联系的。陈嘉庚是近代著名的爱国华侨，他成为富翁之后想到的不是自己要怎么去享受，而是为祖国、为社会做贡献，我们从他的身上就可以看到这种孔子所说的富而有礼的优秀品质。

● 感悟故事

陈嘉庚

清同治十三年九月十二日，陈嘉庚出生在福建同安县仁德里集美村。民国十四年他已成为东南亚的"橡胶大王"，成了一个远近闻名的大富翁。当时的中国大陆还很落后，陈嘉庚致富后首先想到的是要兴学报国，他曾经说："国家之富强，全在于国民，国民之发展，全在于教育，教育是立国之本。"早在清光绪二十年，他就捐献2 000银元，在家乡创办惕斋学塾。

民国三年三月创办集美高、初两等小学校，此后又相继创办女子小学、师范、中学、幼稚园、水产、商科、农林、国学专科、幼稚师范等，并逐步发展，在校内建起电灯厂、医院、科学馆、图书馆、大型体育场，在昔日偏僻的渔村里建设起举世闻名的集美学村。

民国八年，他开始筹办厦门大学，捐开办费100万元，常年费分12年付款共300万元，而当时他所积存的资产也仅400万元。民国十年四月六日，厦门大学在五老峰下正式开学，设师范部和商学部，到民国二十五年，厦门大学已发展到文、理、法、商3个学院9个系，成为当时国内科系最多的5所大学之一。民国二十六年陈嘉庚因企业破产，无法负担厦门大学的经费，才请国民政府收为国立大学。

在承担集美、厦门大学两校庞大开支的同时，陈嘉庚还于民国十年联络新加坡华侨，组织同安教育会，支持同安县创办40多所小学，民国13年，陈嘉庚把同安教育会改为集美学校教育推广部。

至民国24年，陈嘉庚先后补助本省20个县市的73所中小学，补助总额达193 227银元，全部由陈嘉庚承担。在侨居地，陈嘉庚竭力倡办华文学校，曾任新加坡道南学校总理。民国四年在新加坡捐资创办崇福女校，民国八年又捐资3万元创建南洋华侨中学，后来又捐40多万元作为该校基金。民国36年3月，创办南洋女子中学。

华侨史上有一个光辉的名字，永远铭刻在千百万华侨心中，受到祖国人民的尊敬和怀念，这个人便是被毛主席誉为"华侨旗帜，民族光辉"的陈嘉庚。

● 现代小启示

陈嘉庚在十分艰苦的条件下，通过自己的努力成为富翁。按理说，他是最应该享受自己创造的财富的，但是他并没有这样想，而是把辛苦赚来的钱为自己的民族和祖国做贡献。而现在中国的很多富豪，大都是改革开放的受益者，却不能有陈嘉庚那样的胸怀。

孔子的这种"富而无骄"的观点无疑有十分强烈的现实针对性。中国现在有很多的富人，他们有的生活得很奢侈，甚至有些所谓的"富二代"在社会上骄横放纵的事例很多。有些人有了钱就不讲理，也不讲礼了。有的还仗财压人，仗势欺人，影响十分恶劣。这是一种没有文化和修养的表现，和孔子的富而有礼的观念相差太远，和陈嘉庚的这种高尚的精神相去遥远。富而无骄在中国当代社会有着现实的意义，正如孔子说的，其实做到富而无骄并不难，而是容易的。

君子固穷

孔子和弟子周游列国，在陈国的时候因被围困，当时没有粮食吃，连续七天没有烧火做饭了，只是靠吃一点植物做的粗糙的食物来维持，大家都饿坏了，神色都很疲惫，没有精神了，只有孔子仍然在弹琴唱歌，好像没有事情一样。

子路在这种情况下，感到很不高兴，就带着满脸的怨气来见老师，跟孔子说："难道君子也有穷困的时候吗？"孔子就跟子路说："君子固穷，小人穷斯滥矣！"意思是说，君子在穷困的时候也要坚持自己的节操，小人则在穷困的时候乱来。

孔子在这里表达了对于自己节操的自信，并且和小人做了一个鲜明的对比。小人虽然在平时也能遵守一些道德规则，但是在遇到困难的时候，就会坚持不住，只要能够摆脱穷困，一定会顾不上道德的规则，什么都敢干了，甚至不惜胡作非为。这是孔子对社会上一些人的细致观察而得出的结论。

这种观点，不仅在两千五百年前如此，放在现在也同样适用。孔子在穷困时同样保持自己的节操，有他这种精神的历史上不乏其人，比如民国的朱自清先生就是有这种高风亮节的人物。

● 感悟故事

朱自清

朱自清1932年9月任清华大学中文系主任。1937年抗日战争爆发，随校南迁至昆明，任西南联大教授，讲授《宋诗》《文辞研究》等课程，这一时期曾写过散文《语义影》。1946年由昆明返回北京，任清华大学中文系主任。

当时国民党勾结美国，发动了内战，1948年北京在国民党统治下，物价飞涨，北大的教授们没法生活下去。朱自清家里人口多，生活尤为困难，当时他每月的薪水仅够买3袋面粉，全家12口人吃都不够，更无钱治病。

朱自清的病情已经很严重了，胃病经常发作，一发作起来就呕吐，彻夜甚至连续几天疼痛不止，只能吃很少的东西，多一点就要吐。他面庞瘦削，说话声音低沉，身体越来越坏，医生说应尽快动手术。他有大大小小七个孩子，日子比谁过得都困难。

为了生活，朱自清不得不带着一身重病，拼命多写文章，经常写到深夜，甚至到天明。那时家里一天两顿粗粮，有时为照顾他有胃病，给他做一点细粮，他都从不一个人吃，总要分给孩子们吃。在这种情况之下，国民党就向人们发美军的救济粮。

一天，吴晗请朱自清在《抗议美国扶日政策并拒绝领美援面粉》的宣言书上签字，他一看了稿子，毫不迟疑，立刻签了名。他向来写字是规规矩矩的，这次，他还是用颤抖的手，一笔不苟地签上他的名字，并且说："宁可贫病而死，也不接受这种侮辱性的施舍。"

这年8月12日，朱自清贫困交加，在北京逝世。临终前，他嘱咐夫人："我是在拒绝美援面粉的文件上签过名的，我们家以后不买国民党配给的美国面粉。"朱自清宁可饿死也不领美国的"救济粮"，毛泽东评价他"表现了我们民族的英雄气概"。

● 现代小启示

朱自清宁可贫病而死，也不接受侮辱性施舍的高风亮节一直激励着中国人。他当时虽然贫困，但仍然保持了自己的节操，他经得起这种艰难的考验，表明了他意志的坚定。这就是君子固穷的本色，不会为外在的压力所折服，也不会因为压力而改变自己的节操。孔子在穷困的情境下也是同样表现出了这样的一种精神。

我们看到，社会上很多偷盗、抢劫、拐骗的犯罪行为，这些事情大都是穷困的人所为，他们要么因为家里穷，要么是没有什么其他赚钱的手段，要么是好吃懒做，没有钱就去干这些所谓轻松的犯罪勾当。在有钱的时候，这些人可能也会遵纪守法，在穷困的时候就坚持不住了，铤而走险，但真正有道德节操的人即使在再艰难的情况下也不会去犯罪的。

吾与点也

一天，子路、曾皙、冉有、公西华等人侍坐在孔子的旁边，孔子看看没什么事情了，难得有空闲，就跟弟子们聊起来。孔子让弟子们说说自己想干什么，子路、冉有、公西华三人都谈了自己想去治国和政事这方面的志向。

子路率先回答，很自信地表示自己能够治理好一个处于内忧外患之中的国家，由于他没有表现出谦虚礼让，孔子"哂之"。冉有平实地谈到自己能使一个国家人民富足，公西华谦虚地说自己能够帮助国君做好宗庙祭祀和外交会盟的工作，孔子对他们的回答没有随即表态。

曾皙本来一面听同学们谈志向一面在"鼓瑟"，老师问到他，他才放下瑟琴回答，他说："莫春者，春服既成，冠者五六人，童子六七人，浴乎沂，风乎舞雩，咏而归。"曾皙的理想是在暮春的时候，做好了春天穿的新衣服，和五六个成年人以及六七个小孩子，到沂水里面去洗澡，然后到舞雩台上去吹风，然后唱着歌回家。这肯定是曾皙自己曾经经历过的，所以那个美妙的情景很深地印在他的脑海了，在老师问他的时候一下子从他的口中说出来了。

孔子听到曾皙的发言，心中非常地赞同，很感叹说："吾与点也！"曾皙的名叫点，孔子对于弟子是称名的。意思是我跟曾点的志向是一样的啊。曾点的这种心态，体现出了一种境界。孔子虽然是想改变天下无道的这种混乱的状态，忙忙碌碌，四处奔波，其实曾皙的话却正好说出了他的心情。就是他同样希望拥有曾皙的那种自由自在的生活，他的所作所为，最终的目的不是想要去追求什么外在的名和利。

因为这种生活在孔子看来，自由自在的生活是最为真实的，也是他心中所向往的。在古代，中国的文人大多都有孔子和曾皙这样的心态，比如陶渊明，放弃做官回家过一种自由自在的生活，还有唐代的王维，到辋川置了别墅，在里面自由自在的生活，作诗绘画等等。

● 感悟故事

王 维

王维是盛唐时期的著名诗人，他于开元九年进士科第一，即是后来所说的状元。王维性情早熟，幼年就聪明过人，十五岁时去京城应试。由于他能写一手好诗，并且工于书画，而且还有音乐天赋，一到京城，便立即成为京城王公贵族的宠儿。

有关他在音乐上的天赋，曾有这样一段故事：一次，一个人弄到一幅奏乐图，但不知为何题名。王维见后回答说："这是《霓裳羽衣曲》的第三叠第一拍。"于是请来乐师演奏，果然分毫不差。

四十多岁的时候，他特地在长安东南的蓝田县辋川营造了别墅，过着半官半隐的生活。王维的辋川别墅地处唐长安附近蓝田县的辋川谷，辋川谷是一条沿着辋峪河西南——东北走向的峡谷地带。这里山清水秀，风景优美，《辋川志》称其"辋川形胜之妙，天造地设"。唐初宋之问据此构筑了规模不小的庄园别墅——蓝田山庄。

王维出资购得时已是一片荒芜衰败景象的山庄，乃依据山川自然形势，整治重建，有山林土田、湖泊河流，并融入他自己的诗、画及园林的审美情趣，在绵延近20里的辋川山谷营造了孟城坳、华子冈、文杏馆、斤竹岭、鹿柴、木兰柴、茱萸沜、宫槐陌、临湖亭、南垞、欹湖、柳浪、栾家濑、金屑泉、白石滩、北垞、竹里馆、辛夷坞、漆园、椒园等等20个景区。营造出可居、可游、可耕、可牧、可渔、可樵的闲静场所。

关于辋川别墅，古人有一些描述，如唐冯贽《云仙杂记》卷八说："王维居辋川，宅宇既广，山林亦远，而性好温洁，地不容浮尘，日有十数扫饰者，使两童专掌缚帚，而有时不给。"宋张戒称王维隐居辋川的诗作为"于富贵山林，两得其趣"，对于王维的这种生活表达了仰慕之情。

王维隐居辋川别墅期间，创作了许多出色的山水田园诗，并且还把辋川的风景绘入自己的画中，他的诗作收在《辋川集》中，他的绘画作品《辋川图》是中国绘画史上的珍品。

● 现代小启示

子路、曾皙、冉有、公西华四人的话语之中，孔子惟独称许曾皙，并且认为自己和曾皙的想法一样，其他弟子的志向和愿望不是不好，也不是不值得佩服，只是离孔子的志向还是有些距离的。子路他们进取心很强，想做出一番事业来，这没有错，孔子同样想干出一番事业来，甚至比子路他们还要急切，而孔子的最终追求却不是事业本身，而是自由自在快快乐乐的生活。

　　同样的，王维才能超群，也做到了大官，名气也很大。而他的志向并不真正的在乎这些功名，他在蓝田县辋川营造了别墅，精心的布置，自己经常在里面生活，作诗绘画，远离了官场和城市的喧嚣，自由自在，与孔子和曾晢的那种理想是一致的。

　　究竟什么才是我们需要的生活？现代人忙忙碌碌，究竟在追求什么？这是我们真正想要的生活吗？我们有没有曾晢那种在春天到来的时候，做好了新衣服，和几个朋友带着孩子到河边去洗洗澡，吹吹风，然后唱着歌回家的那种心境和生活呢？这是不是我们渴望的那种生活呢？

生活篇

关注我们的快乐和健康

仁者乐山

中国的绘画有一个传统特色，就是山水画，这是西方的绘画所不具有的。当然，受到中国文化和儒家思想影响的朝鲜、日本和越南等东方国家，也有山水画，这其中的原因就不能不追溯到孔子的思想了。孔子说："智者乐水，仁者乐山；智者动，仁者静；智者乐，仁者寿。"

孔子认为智慧的人以水为乐，仁爱的人以山为乐。智慧的人喜欢动，仁爱的人喜欢静。智慧的人本身就是快乐的，仁爱的人能得到长寿。所以山水画为中国人所喜爱，这不仅仅是艺术的表现，其实还包含了深刻的哲理。

上面的这种说法究竟有没有根据？我们当然无法用数学和物理的公式来证明，但是其中却有着深刻的必然性。我们可以从自己对山水的感情来体会，从我们自己的角度来讲，从小喜爱山水的感情是自然的，也许到了成年以后，这种乐山乐水的心态反而消失了。

其实在孔子看来，要真能乐山乐水那是要有条件的，就是必须是智者和仁者，也就是说具有道德智慧的人才能真正体会到山水之乐。唐代伟大的诗人李白，就是一个乐山乐水的人，我们可以从李白对于山的喜爱来体会仁者乐山的意义。

● 感悟故事

李 白

李白字太白，号青莲居士，又号"谪仙人"，被后人称为"诗仙"。唐开元十三年，李白二十五岁，他离开了家乡，"仗剑去国，辞亲远游"，开始了他传奇的一生，他的一生，绝大部分在漫游中度过。

李白器宇轩昂，资质不凡，三代皇帝崇敬的道士司马祯一见到李白，就已十分欣赏，当看到他的诗文，更是惊叹不已，称赞其"有仙风道骨，可与神游八极之表。"因为他看到李白不仅仪表气度非凡，而且才情文章也超人一等，又不汲汲于当世的荣禄仕宦，李白是司马祯几十年来在朝在野都没有遇见过的人才，因此用道家最高褒奖的话赞美他。

天宝元年，因道士吴筠的推荐，李白被召至长安，供奉翰林。文章风采名动一时，颇为玄宗所赏识。后因不能见容于权贵，在京仅三年，就弃官而去，仍然继续他那飘荡四方的流浪生活。

李白虽然有很深的道家渊源，但又有十分强烈的济世精神，儒家对他的影响也是很深刻的。他虽然写诗说："我本楚狂人，凤歌笑孔丘"，其实是表达了对于孔子的崇敬之情。李白具有儒家的那种"济苍生、"安黎元"的仁者情怀，也毕生为实现这一理想而奋斗。

因为当时唐朝大部分时期比较清明，李白就寄情山水。他说："五岳寻仙不辞远，一生好入名山游。"游历全国的名山大川，在他的诗作中有很多是写山的佳作，他的足迹遍布大江南北各地的名山，留下了许多千古传颂的诗篇。

李白关于写山的佳作极多，比如有我们现在熟悉的《下终南山过斛斯山人宿置酒》《望天门山》《峨眉山月歌》《望庐山瀑布》《独坐敬亭山》，等等。其中的诗句都为人们所熟知，脍炙人口，其中饱含了李白对于山的深深地喜爱之情，我们可以从中体会出李白的爱山之情，大大的超出了一般人喜爱的程度。

安史之乱发生的第二年，李白感愤时艰，曾参加了永王李璘的幕府。不幸的是永王与肃宗发生了争夺帝位的斗争，兵败之后，李白受牵累，流放夜郎，途中遇赦，晚年漂泊东南一带。

韩愈赞扬说："李杜文章在，光焰万丈长"。李白的诗风豪放、飘逸、洒脱，具有其独特的瑰丽绚烂的色彩。

● 现代小启示

李白热爱山，赞美山，把山当作自己的朋友，超出了一般人对于山的理解。他的这种感情是真挚的，也是深厚的。孔子赋予了山更加深刻的意涵，那么，孔子也同样是爱山的，并且以山为乐。或许其中的一层深意需要我们用心去体会，才能明白孔子和李白的心境，中国文人画也许能表现出来。所以我们中国人也重视山、崇拜山，泰山、黄山、衡山、嵩山、恒山都具有特别的意义，这在世界其他地方是没有的。

不仅是孔子、李白这样的人爱山乐山，其实我们现代人也是如此，可能只是没有去思考其中的原因，比如我们在家里面呆久了，出去到有山有水的地方走一走，就会感到心旷神怡，轻松舒畅，在大自然中找回自我。李白的这种游山玩水的天性，在我们每个人的心里都会有的。

食无求饱，居无求安

孔子把心思都放在了自己的事业上，他从不会惦记自己要吃些什么东西，也不会计较自己居住的环境是否舒适安逸，他说："君子食无求饱，居无求安。"及时表示作为一个有道德有理想的君子，他是不会去追求自己怎样才能吃得饱，去追求怎样才能住得安逸。

君子心中所思考的是如何去推行这个道，如何去做一些对于社会和别人有益的事情。孔子不关注是否吃得好，也不关注是否住得安逸，他所关注的是道能否在社会中实行。

孔子的这种生活态度，是有他对事业全心投入为基础的，他所看中的不是自己个人的得失，而是关注社会的幸福甚至整个人类的命运。正如宋朝的范仲淹所说的那样："先天下之忧而忧，后天下之乐而乐。"忧以天下，乐以天下，自然就不会去把吃喝和住所看得很重了，毋庸置疑，范仲淹受到了儒家的深刻影响。

● 感悟故事

范仲淹

范仲淹是北宋政治家、文学家、军事家。少年时很好学，当秀才时就常以天下为己任。范仲淹从小读书就十分刻苦，他家境宽裕，但他为了励志，常去附近长白山上的醴泉寺寄宿读书，晨夕之间，就读讽诵。

那时，他的生活过得极其艰苦，每天只煮一锅稠粥，凉了以后划成四块，早晚各取两块，拌几根腌菜，调半盂醋汁，吃完继续读书。并不是他要节省钱，他吃得起好的，范仲淹只是用这种方式来磨练自己的意志，他对这种清苦生活毫不介意，用全部精力在书中寻找着自己的乐趣，后世便有了"断齑画粥"的美誉，传为佳话。

范仲淹在这样的环境中度过三年，长白山乡的书籍已渐渐不能满足他的需要，真宗大中祥符四年，二十三岁的范仲淹来到睢阳应天府书院。应天府书院是宋代著名的四大书院之一，共有校舍一百五十间，藏书敷千卷，更主要的是这里聚集了许多志操才智俱佳的师生，到这样的学院读书，既有名师可以请教，又有许多同学互相切磋，还有大量的书籍可供阅览。

范仲淹十分珍惜崭新的学习环境，昼夜不息地攻读。范仲淹的一个同学是当地最高长官的儿子，看他终年吃粥，便送些美食给他，他竟一口不尝，任佳肴发霉。直到人家怪罪起来，他才长揖致谢说："我已安于过喝粥的生活，一旦享受美餐，日后怕吃不得苦。"范仲淹艰涩的生活，有点像孔子的贤徒颜回：一碗饭、一瓢水，在陋巷，他人叫苦连天，颜回却不改其乐。

数年之后，范仲淹对儒家经典——诸如《诗经》《尚书》《易经》《三礼》《乐经》《春秋》等书主旨，已然堪称大通。吟诗作文，也慨然以天下为己任。范仲淹不仅是卓越的文学家和教育家，也是一位著名的政治家和统帅。朱熹称范仲淹为"有史以来天地间第一流人物"。现在各地有关范仲淹的遗迹很多，受到人们的保护和纪念。

● 现代小启示

范仲淹的名言"先天下之忧而忧，后天下之乐而乐"千古传颂，写出这种文章来不是偶然的，这是他高尚品德的表现。范仲淹早年励志苦读，对自己的衣食住行毫不介意，这是因为他心中有远大的抱负。他的这种行为，和孔子说的"君子食无求饱，居无求安"的境界别无二致。孔子的抱负就是要在社会中推行仁道，范仲淹也是要为天下的苍生谋福利。范仲淹能够做到这一点，也就是不为自己谋私利，而是要为社会做出贡献，至于自己的安逸和享乐是不会去过多考虑的。

很多人的学习目的就是为了找一个好的出路、好的工作，让自己生活得轻松舒服一些，让自己可以有安逸的环境。那么，这样的人学习肯定会觉得辛苦，在这种心态下，他们在生活中遇到什么困难和挫折都是不能克服的，很早就放弃了学习，提前享受生活的安逸，人生没有一个清晰明确的目的，没有真正的学习动力，也就没有日后的成功。

出门如见大宾

仲弓在孔子众多的弟子之中，是以德行而闻名的，也是孔门十杰之一，他的德行修养很高。他向孔子问仁，孔子对于他的回答是："出门如见大宾，使民如承大祭。"孔子告诉仲弓，出门的时候，就要像见到重要客人那样的恭敬谨慎。

仲弓当时大概是在做官，所以孔子又告诉他，行政管理人民的时候就要像担当很隆重的祭祀典礼那样的庄重严肃。因为仲弓对于仁有了深入的了解，所以孔子从行为的角度来指导仲弓对于仁做更深的理解，并且要落实到实践和平时的生活中去。

这种恭敬严谨的生活态度，也正是孔子平时的作风。他把这种经验传授给了仲弓，让仲弓收益很大，仲弓后来也建立了一个自己的门派，荀子就是仲弓门派弟子的学生。出门如见大宾，即是要保持自己内心的那种庄肃恭敬状态，不管是在与人交往的时候，还是面对一些事情的时候，都应如此。

有了这种生活态度，在人生的道路上必定会走得更加顺利。像汉朝的大臣石奋，就是如孔子所说的那样，在生活中为人处世十分严谨，得到了人们的赞扬和尊崇。

● 感悟故事

石 奋

石奋被称为万石君，原本是赵国人，赵国灭亡以后，他迁居到了温县。刘邦率军向东攻打项羽的时候，经过温县，当时，石奋只有十五岁，投奔到刘邦帐下，当了一名小官吏。

刘邦闲暇的时候，经常与石奋交谈，由于石奋态度恭敬，刘邦很喜欢他。刘邦平定天下以后，把石奋的家迁到了长安城内的戚里。到了汉文帝的时候，石奋做官累积功劳使他当上了太中大夫。他没有什么文才、学问，但是他的恭敬严谨却无人能比。

后来，太子太傅东阳侯张相如被免官，天子选拔他的继任人，群臣一致推举石奋，于是，他当上了太子太傅。汉景帝继位以后，石奋被任命为九卿，由于他过去与先帝的关系过于亲近，天子对他有所顾忌，便将其调任为诸侯王的丞相。

石奋的长子名叫石建，二子、三子的名字没有记载，四子名叫石庆。他们都因为品行端正、孝敬父母、办事严谨，做到了二千石级别的大官。汉景帝说："石奋和他的四个儿子都是二千石级别的官员，作为臣子的尊贵与光宠，都集中在他们家。"于是天子称呼石奋为万石君，群臣仿效，天下人皆知。

汉景帝晚年，万石君享受上大夫的俸禄回家养老，他每年都要根据特定的日子，以大臣的身份参加朝会。经过皇宫门楼的时候，万石君一定会下车，快步行走，看到天子所乘坐的马车，他也一定要俯身按着车前的横木，以此表示敬意。 做官的子孙回家来进见他，万石君一定会穿着朝服接见，从不直呼他们的名字。

子孙犯了错，他从不谴责，只是坐在堂屋的旁坐上，面对着饭桌不吃饭。然后，子孙们互相责备，再通过长辈的说情，最后光着上身坚决地谢罪和表态，万石君这才答应他们，停止绝食。

家中的成年子孙在万石君身边的时候，即使是在平日里，也一定要戴礼帽，穿着要整齐、严肃。家里的奴仆也要营造一派恭敬、和悦的气氛，做事要特别的谨慎。天子经常给万石君家里赏赐食物，他一定跪下叩拜，然后俯伏着吃，就如同天子在眼前一样。他办理丧事的时候，十分的悲哀，子孙遵循他的教导，也和他一样。万石君一家人凭借着孝敬严谨而闻名于天下，即使是齐鲁地区那些自认为诚信的儒生也承认比不上他们。

孔子告诉仲弓的"出门如见大宾"的意思就是做人要恭敬，恭敬的处世态度，对自己是有好处的。由于石奋态度恭敬，得到刘邦的重用，虽然他没有什么其他突出的才能，却顺利地做到了高官，这不能不说是他严谨恭敬的功劳了。更可贵的是，他把这种恭敬的生活态度教育给了自己的子孙，形成了一种优良的家风，惠及子孙后代。

这种恭敬的生活态度在如今也是依然具有现实意义的，我们尊重别人，才能得到他人的尊重，行为做事才能得到别人的支持和帮助。其实恭敬还是很好的修养表现，一个人如果能够一直保持恭敬的状态，那么他一定会有一个良好的社会关系，得到他人的尊敬。

君子居之，何陋之有

孔子曾经跟弟子们透露过，想乘着木排到海上寻找一个岛来住。孔子也许觉得在诸侯之间走得有些累了，想清静清静，并且看到子路很勇敢，开玩笑说子路是肯定敢跟随他去的，子路听了老师的称赞还很高兴。

有一次孔子真的打算离开中原，到没有开发、落后的东方九夷去居住，《论语》上说："子欲居九夷。"有人就觉得九夷那个地方太简陋了，因为那边还没有开发，没有中原这种发达的文化。九夷那地方还很落后，要是到那里去住，很不合适，于是跟孔子说："陋，如之何？"孔子就说："君子居之，何陋之有？"君子到那里去住，怎么还会觉得简陋啊？

为什么孔子这样说？这来源于孔子对于自己道德修养的自信。孔子在这里对自己是君子也做了一个表达，孔子从来不会在意居住的环境应如何的舒适，他所看重的是道的实现。后来孔子究竟有没有去成，我们也无法考证了。孔子的这种自信的生活态度，也激励了后来的有志之士，有一篇名文《陋室铭》，也就是贯穿了孔子的这种精神，这篇文章的作者就是著名的文学家刘禹锡。

● 感悟故事

刘禹锡

刘禹锡在政治上最高曾任当朝监察御史，权倾一时。他在政治上主张革新，是王叔文政治改革集团的一员，他的家庭是一个世代以儒学相传的书香门第。永贞革新失败以后被贬为朗州司马，但他始终没有自甘沉沦，而是以积极乐观的精神面对一切。

由于政治无常，刘禹锡后来一度奉诏还京任职，但是很快又因诗句"玄都观里桃千树，尽是刘郎去后栽"而再次触怒当朝新贵，随即被贬为连州刺史。因为政治上的不得势，而且又得罪了太多当权者，后来刘禹锡被一贬再贬，直到被贬为安徽和州县的一名小小的通判。

和州知县是一个见人行事、看客下菜的刁钻小人，他见刘禹锡政治上大势已去，就把他安排在县城南面一处面江的破败小院里居住，刘禹锡毫不计较，反而触景生情，一时诗兴大发，挥笔写了"面对大江观白帆，身在和州思争辩"的对联，贴在大门上。

知县听说后，便吩咐衙役把刘禹锡的住处迁到城北，住房待遇也从三间减少到了一间半。新居坐落在小河畔，旁边垂柳依依，也不失为一个好居处，刘禹锡仍然不计较，又写了一副对联贴在门上："垂柳青青江水边，人在历阳心在京"。

这一下知县听说以后简直就是"恼羞成怒"了，再次派衙役把刘禹锡的住处搬迁到县城中部一个没有江水和垂柳的地方，而且这回只给了一间房子，只能容下一张床、一张桌子和一把椅子的小屋。这回刘禹锡真的生气了，可是这一气，却成就了《陋室铭》这篇超然脱俗、意趣高雅的文章，刘禹锡还花钱刻碑，立在门前。

经过后人修葺，如今坐落在安徽和县的这间"陋室"周围已经是绿荫环绕、芳草依依、松竹迎人、景色可人。面对这一切，除了仍有一丝悠悠的气息尚存以外，自然已经是"简陋"难觅了，可是仍然会令人不禁联想起那篇照耀千古的名作——《陋室铭》：山不在高，有仙则名。水不在深，有龙则灵。斯是陋室，惟吾德馨。苔痕上阶绿，草色入帘青。谈笑有鸿儒，往来无白丁。可以调素琴，阅金经。无丝竹之乱耳，无案牍之劳形。南阳诸葛庐，西蜀子云亭。孔子云：何陋之有？

● 现代小启示

刘禹锡对居住环境毫不介意，就在于他自己有道德的自信，不在乎这些外在的得失，他旷达自信，受到了孔子思想的深刻影响，他的《陋室铭》就是来源于孔子，他跟孔子在精神上是相通的。作为一个有抱负的人，刘禹锡更注重内在的道德修养，而不是一些外在的形式。住陋室在别人那里可是一种苦事，在刘禹锡这里则变成了一种高雅的事情。住得简陋一些这又有什么要紧的呢？还引出了这篇著名的美文。

现在社会经济发展了，大家都想住高楼大厦，于是拼命在赚钱，要把家安在房价高得离谱的大城市，觉得住在大城市才是最幸福的。刘禹锡如果是生活在现代，他肯定不会在乎是住在城市还是乡村，或许还是喜欢住在他的陋室里，而不愿意住在现在的城市里。有些人为了买一套好房子，把自己一辈子变成了所谓的"房奴"，生活苦不堪言，哪里还有幸福可言？就是住上了，如果自身的道德品行不好，也是没有意义的。

食不厌精

讲究饮食也是孔子的一种爱好，他的这个爱好在中国历史上也是闻名于世的。早在孔子一百多年以前，春秋前期就有一位著名厨师，名叫易牙，烹饪技艺很高，人们把他作为当时烹饪的最高标准，称其为厨师祖师爷，说明当时的烹调水平一定很高。

孔子说："食不厌精，脍不厌细。"这种对于饮食特别讲究的态度，在中国历史上非常的著名，几乎是无人不知，无人不晓。说明孔子对食物的要求很高，主食越精良越好，菜肴越细致越好，把食物做得就像艺术品一样。也许我们中国饮食文化也是受到了孔子的这种思想的影响，我们中国的烹饪技术特别发达，菜的样式也特别多，如果现在的高级厨师做的菜孔子能够吃到的话，那一定也会大加赞赏的。

当然孔子也说过，饭蔬食饮水，乐亦在其中。两件事情看起来好像有矛盾，其实讲究和能不能适应生活是不冲突的，这也是对于食物的爱好，是我们每一个人的追求，是人之常情。宋代的文学家苏轼，在历史上也是因为喜欢美食而出名的，他有很深的儒家思想影响，是不是他的美食爱好也是受到孔子的影响，我们已无法考证、无法知晓了。

● 感悟故事

苏 轼

小时候苏轼的家庭说不上富有，但也衣食无忧，即便如此，苏轼小时候和他的弟弟苏辙常吃的也是"三白"之饭，即一餐只有一碗米饭、一碟白萝卜、一碟盐，但这样的食物却滋养了两位文学大师。

在陕西凤翔，苏轼的第一个任官期遇到了多年未遇的大旱，他领导百姓抗旱、祈雨，在解除旱情后，他命人宰羊做羊汤与民同庆，苏轼是喜欢羊汤的，为此他写道："秦烹惟羊羹，陇馈有熊腊"。

出任徐州知府时，适逢黄河决口，苏轼身先士卒带领百姓抢险抗灾，七十个昼夜终于战胜水灾。徐州百姓纷纷杀猪宰羊来慰劳自己的父母官，苏轼推辞不掉，就让家人按四川老家的做法，把猪肉炖好回赠给参与抗灾的百姓，大家都觉得此肉肥而不腻、酥香味美，一致称其为"回赠肉"。

苏轼受到诬陷，下狱并被贬至湖北黄州，做了地方武团练副使。靠着微薄的俸禄，无法养活家人，他便在黄州城外的东坡上开荒种地。黄州的猪肉便宜，他买来猪肉，用慢火清炖，然后加入酱油等调料，做出的肉美味无比，这也许就是红烧肉的起源。苏轼还喜欢吃竹笋，他写下了一首打油诗："无竹令人俗，无肉使人瘦。不俗又不瘦，竹笋焖猪肉"。公元1089年，他又一次来到杭州，出任杭州的知府。上任伊始，为了解决西湖雨季泛滥，苏东坡又一次率领民众清淤疏浚并修缮湖堤，这就是被后人称为"苏堤"的湖堤。为了犒赏参加工程的民众，苏东坡拿出自己在徐州首创的在黄州完善的红烧肉来款待大家，大家都交口称赞，因此红烧肉终于在这次大宴中蜚声海内。

从此，苏东坡几乎因为红烧肉一夜之间成为了一个品牌，成为时尚的代名词，所有品位的、时尚的东西都会与苏东坡联系起来，被冠以"东坡"的品牌，苏东坡在黄州创造或仿制的几道美食，被人们称作"东坡肉"、"东坡饼"，就连苏东坡常戴的帽子都被冠以"子瞻帽"。

后来苏轼被发配到广东的惠州，不久又被贬到海南儋州，虽然境遇艰难，生活清苦，他仍是不改喜欢美食的本性，留下了很多美食的故事，也留下了很多关于美食的诗词。

● 现代小启示

孔子喜欢美食，苏东坡也喜欢美食，所以他们有相同的爱好。正像孔子那样，虽然是食不厌精，脍不厌细，对于食物相当的讲究，但是同样也能做到"居无求安，食无求饱"的境界。苏东坡喜欢美食，但不是一般人说的那种好吃、贪吃。在孔子和苏轼所处的时代，食品没有污染，所有食品都是现在所说的绿色食品。

不仅是苏轼可以有孔子这种对于美食的爱好，其实我们大家都有这种爱好，这是一种天性。对食物的讲究，不等于就是浪费。而像大吃大喝，吃一顿饭，动辄成千上万元，讲究排场，什么鱼翅燕窝，什么山珍海味，这就算不上对美食的爱好了，只能是一种奢侈浪费。

子之所慎

春秋末期，礼乐崩坏，社会没有了西周前期的那种安定祥和，而是慢慢地变得没有秩序了。周天子也几乎失去了管理天下的能力，没有了权威，各诸侯之间相互斗争，并且诸侯内部也陷入了混乱之中。按照孟子的说法就是"乱臣贼子有作"，当时天下的政治局面也失去了平衡，战争和叛乱的事情经常发生，人民的生命财产变得没有保障了。

生活在这个混乱的时代，孔子想去改变这种状况，他奔波于各国之间，遇到了很多的困难，经历了很多的危险。孔子在这种混乱的社会生活环境中，有自己的应对方式。《论语》上记载说："子之所慎：齐（通"斋"）、战、疾。"即是说孔子在三种情况下是很谨慎的，这三种情况是：斋戒的时候；有战事的时候；生病的时候。斋戒时要保持内心的清净纯洁，所以要谨慎。有战事的时候，生命就处在了一种危险的境地，所以要小心。生病是身体提出了警告，这时又必须要注意的，因为这关系到健康。

孔子平时的生活很舒展自然，而在这三种情况之下是相当的谨慎。生病不仅需要治疗，重要的是在于自己的生活方式是否合理，孔子在生病时肯定是处处小心的，他这种对于疾病的态度和方式是完全必要的，值得我们来借鉴。

有一个著名的故事，战国时的蔡桓公因为讳疾忌医，生病了也不小心谨慎，不听名医的劝告，最终导致不治而亡，这位给蔡桓公看病的名医就是医术高超的扁鹊。

● 感悟故事

扁 鹊

扁鹊原名秦越人，又号卢医，渤海郡郑人。即是今河南郑州新郑市人，有说是齐国卢邑今山东省济南市长清区人，也有记载为渤海郡鄚今河北任丘县北人。春秋战国时期名医，医术精湛，所以人们就用传说中的上古轩辕时代的名医扁鹊来称呼他。

扁鹊去拜见蔡桓公，站了一会儿，对桓公说："我看您有病，在皮肤的表层，如果不医治的话，恐怕会向体内发展。"桓公不以为然地说："我没有病。"扁鹊退出去后，桓公说："医生就喜欢给没有病的人治病，以便邀功请赏，并以此证明自己的医术高明。"

过了十天，扁鹊又来拜见，对桓公说："您的病已发展到皮和肉之间了，如果不治疗就会加深。"桓公没有理会他，扁鹊退了出去，桓公心里很不高兴。

过了十天扁鹊再次来拜见，对桓公说："你的病已经发展到肠胃里了，如果不医治的话，还会加深。"桓公还是不理他，扁鹊退出后，桓公更加不高兴。

又过了十天，扁鹊老远看见桓公，掉头就跑。桓公很奇怪，便派人去问原因，扁鹊说："病在皮肤的表层，用热水敷烫就能够治好；病在皮肤和肉之间，用扎针的方法就可以治好；即使发展到肠胃里，服几剂汤药也还能治好；病一旦深入到骨髓里，医生是无能为力的。现在君王的病已经深入骨髓，所以我不能再去为他治病了。"

五天以后，桓公浑身疼痛，派人去找扁鹊，扁鹊已经逃到秦国去了，桓公就这样病死了。

扁鹊看病行医有"六不治"原则：一是倚仗权势，骄横跋扈的人不治；二是贪图钱财，不顾性命的人不治；三是暴饮暴食，饮食无常的人不治；四是病深不早求医的不治；五是身体虚弱不能服药的不治；六是相信巫术不相信医道的不治。扁鹊在总结前人医疗经验的基础上创造总结出：望，即是看气色；闻，即是听声音；问，即是问病情；切，即是按脉搏的诊断疾病的方法。

● 现代小启示

孔子对于自己的生命和身体有着非常健康正确的态度，他会在有生命危险或者是战争的环境之下很谨慎。同样，在生病的时候，孔子也格外的慎重，他会格外保护自己的身体，这也说明他对疾病很谨慎。而且孔子不会随便服药，他觉得如果自己对于某种药不了解的话，他是不会乱服的。

扁鹊精通医学，给蔡桓公看病，但是蔡桓公讳疾忌医，不知道保护自己的身体，也没有孔子的这种谨慎，所以最终不可避免地走向了死亡。如果生病了不去重视，以为自己身体很棒，不知道去注意，日积月累就积成了大病、重病，到时悔之晚矣。孔子的这一个慎字，值得我们借鉴。

丘之祷也久矣

有一次，孔子生了重病，弟子子路请求为他进行祷告。孔子知道了这件事，就跟子路说："有这事吗？"子路说："有这事。《诔》书上说，为你向天地神灵来祈祷。"《诔》是古代流传下来专门讲祈祷的书。孔子听了子路的话，就说："我自己也已经祈祷很久了啊。"

孔子不语怪力乱神，并不代表心中没有鬼神的观念，他生病了同样和别人一样要向神祇来祈祷，祈祷神祇保佑他能健康痊愈，这种祈祷的方式也是古代所流传下来的传统，孔子喜欢古代的文化，自然也就继承下来了。

向神祇祈祷的，究竟有没有效果，孔子的病是不是就因此痊愈了，我们现在也无从知晓了。其实这种祈祷的传统，不仅在我们中国有，在全世界的人类都有这个传统。

美国的第一任总统华盛顿，喜欢祈祷是闻名于世的，当然华盛顿信仰基督教，他所祈祷的对象和孔子祈祷的对象不同。孔子是向神祇祈祷，究竟是不是《诗经》《尚书》中所说的上帝，我们现在是不得而知。但是从深层次来讲，华盛顿和孔子的祈祷作用肯定是相同的，其意义也是一样的。

● 感悟故事

华盛顿

华盛顿是美国开国总统，在美国独立战争中，他任大陆军总司令，为美国的独立做出了巨大的贡献。由于他对争取美国独立、发展美国经济、建设民主法制和巩固联邦基础所做的贡献，被美国人尊称为"国父"。1797年两届任满后，华盛顿拒绝再参加竞选，隐退回乡。此举开创了美国历史上摒弃终身总统制及和平转移权力的范例。

华盛顿信奉宗教，他的母亲从小就教导他信奉上帝，当他离家将一生奉献给国家和上帝的时候，母亲对他说："记住，上帝是我们唯一的依靠，我吩咐你，儿子，不可忘记每日的祷告。"

华盛顿奇迹般地从战场上死里逃生无数次。法印战争期间，在一次失败的攻击法国碉堡行动中，两匹马在他骑乘当中被射杀，甚至当四颗子弹穿过他的衣服，三颗子弹穿过他的帽子时，他还是毫发未伤。参与这场战争的印第安酋长，15年后都还记得他，我们的枪都对准他，不可能失误的，我对他开了17枪，是圣灵在保护他，指引他的方向。

在写给他兄弟的一封信中，华盛顿说道："死亡围绕在我的周围，然而在全能的救主里面，我却安然无恙。"

1777年1月，华盛顿在普林斯顿附近的杜拉威河与英军正式交锋，他过河原本只是要寻找英军的踪迹，没想到英军已经在那里严阵以待了，华盛顿看到自己士兵的脸上充满了疑惑与恐惧。

为了稳定士兵们的情绪，华盛顿做了一件最疯狂的事情，他骑着白马冲出美军的战线，当他指挥军队作战的同时也成了最明显的攻击目标，经过一回合枪林弹雨的战斗，死的死伤的伤，然而华盛顿却仍然稳稳地坐在马背上，毫发未伤。一位印第安老先生说，这再次证明他受上帝的保护，绝不会在战场上丧生，美军重整阵容并且赢得战争，国会要求订出一天向上帝表示感恩与赞美。

独立战争终于在 1781 年 10 月结束，于是华盛顿立刻下令把这一天定为感恩日，他带领着部下一同参加礼拜。华盛顿就任美国第一任总统，当他宣誓就职时，最后他加上了："主啊，请帮助我。"并且弯下腰来亲吻《圣经》，在他之后的每任总统也都重复这个动作，形成了一个传统。

● 现代小启示

华盛顿祷告的这种诚敬的态度，是十分可贵的。这是否是他能领导独立战争胜利的根本原因，是不得而知的。他和孔子有一个共同点，喜欢祷告。遇到困难的时候，向神灵来祷告，以求得帮助和保佑，这种方式有没有用处，孔子和华盛顿的心中应该很清楚。

按照我们现在的话来讲，"许愿"有些像这种祷告。从心理学的角度来讲，这是一种心理作用。我们也可以尝试一下孔子和华盛顿这种祷告的方式，也许对于我们的生活会有一定的作用。

处世篇

我们也可以达到的一种境界

君子喻于义

孔子在平时生活中的言语很少谈到利。《论语》上说："子罕言利。"他所关心的是道义，而不是利益。或者说，他关心的不是个人的私利，而是社会和人类的公利，也许是因为他在讲仁义，也就没有时间再去谈利了。他明白利往往容易和义发生冲突，仅仅只是以利作为原则的话，其实会产生大不利。

在《论语》中，孔子仅有一次谈到利，也是对于"利"的负面效果进行了揭示，他说："放于利而行，多怨。"这个道理很深刻，也很普遍。孔子看到，为人处世中如果处处追求利益，必定要产生很多的怨恨，因此他认为"君子喻于义，小人喻于利。"君子把道义放在比利益更重要的位置，这其实就是一种大利。

孔子关于义利的辨析，在中国文化中影响很深，不仅是在政治上，还是在社会生活中，都具有深远的影响。三国时的关羽是讲义的典型，受到了人们的崇敬。

● 感悟故事

关 羽

关羽幼年时，熟读《春秋左传》，他因为长了一副漂亮的胡须，人称"美髯公"。东汉中平元年，关羽在家乡犯法，逃亡到涿郡，当时正逢刘备在招兵买马，在一起谈论很投机，便投到了刘备的旗下，从此跟随刘备。并且和刘备、张飞拜为兄弟：刘备为兄，关羽次之，张飞为弟，这就是著名的桃园三结义。

刘备在徐州败于曹操后，兄弟失散，刘备、张飞不知去向。关羽为保护刘备的妻子，与曹操约定三个条件后，暂时归降。曹操对关羽很是亲近，拜为偏将军，对他三日一小宴，五日一大宴，送金银，并荐他为"寿亭侯"。

曹操又让张辽去了解关羽的真正想法，关羽明确地说："我确实很清楚曹公对我很好，但我曾受过刘将军的厚恩，曾发誓要同生死，这是不能背叛的。所以我最终还是要去找刘将军，不过在我走之前一定要立功来报效曹公。"

曹操知道后，深感关羽很讲义气，也没有追究。官渡之战前，袁绍派大将颜良率军在白马攻打曹操的东郡太守刘延，形势危急。曹操派张辽与关羽为先锋，前往解救。到了阵前，关羽远远望见颜良的麾盖，即策马冲上前，斩颜良首级，大破颜良。

建安五年底，关羽知道了刘备的下落，即封其所受的赏赐，留书，挂印告辞而去。曹操的部将们都主张追击关羽，但曹操说："各为其主，不追了。"

赤壁之战曹军大败，所剩三百人马，跟随曹操向华容道退去。关羽听诸葛亮的军令领一支人马拦住去路，曹操见了，只得央求关羽说："我今天无路可走了，望将军看在我们往日的情分上，给我留一条活路！"关羽说："你的恩情我已报答，今天不能为私情误了国家大事。"曹操说："将军还记得过五关斩六将吗?"关羽听了，心中暗想，如果不是曹操关照，我闯过五关也保不住性命。关羽是个重义之人，摆手让曹操他们过去，关羽念旧日情义，使曹操得以回到江陵。

关羽倍受历代推崇，由于其忠诚和武勇的形象，多次被后代帝王褒封，一直是民间祭祀的对象，被尊称为"关公"。又经历朝廷褒封，被奉为"关圣帝君"，崇为"武圣"。

● 现代小启示

从汉武帝时期开始，汉朝是独尊儒术的朝代，不管是西汉，还是东汉，都是如此。关羽生活在东汉末年和三国时期，他的少年时期还是东汉，关羽喜欢读《春秋左传》是很自然的事情，应该是当时社会人们的必然选择。通过读《春秋》，关羽明白了义的道理，领悟到了孔子所阐述的春秋大义，因此能够按照大义去做。

我们要像关羽那样，真正明白义的道理，把道义放在心里，就不会在诱惑面前失去方向，按照道义去为人处世，也不至于因为作奸犯科而悔之晚矣了。

三以天下让

孔子说："泰伯，其可谓至德也已矣。三以天下让，民无得而称焉。"他称颂周泰伯让王位的美德，周泰伯多次推让王位，体现了让的最高道德。因为泰伯是兄长，按照当时的规矩要先继承王位，周文王的父亲王季本来是轮不到来继承王位的，那么如果王季没有继承王位，就不会有后来的周文王和周武王了，也就很可能没有800年周朝的存在了。

泰伯的另一个弟弟仲雍，都是周太王的儿子，也比季历要年长，但是当时季历有贤名，还有一个圣贤儿子昌。太王想把王位传给昌欲立季历，昌即是后来文王。泰伯、仲雍知道父亲的心思，于是二人就跑到没有开发的南方，以避让季历，就是王季的哥哥泰伯把王位让给了王季，因此季历继承了王位。孔子颂扬泰伯让王位表现了至高的道德，多次的推让王位，以至于让人民给了泰伯无上的称颂。

这种高尚的道德在孔子看来就是体现在一个"让"上面，让是一种美德，更是一种至德。在中国社会中让的这种品德一直为人们所推崇，清朝时发生在江苏泰州三尺巷的故事，生动地体现了这个"让"的深刻含义，有很重要的社会教育意义，至今还在民间广为传颂。

● 感悟故事

张 英

这是在民间广为流传的"三尺巷"的故事。清代康熙年间，当朝人称"张宰相"张英的家人与一位姓叶的人家毗邻而居，张家打算扩大府第，便在邻居家上打主意，要邻居让出三尺的地方。相邻的两户人家，一家在外地做官的张英，另一家是本城的商贾叶家，两家都在建房子，房子建得差不多了，在砌围墙时，双方为地界发生了争议。

泰州人素来就有"寸土必争"的老传统，不要说邻里之间，就是兄弟之间为了祖业也是吵得不可开交，闹到最终，"鸡犬相闻，老死不相往来"。邻居叶家并非寻常百姓，不肯让步。为了区区三尺地，无论是官宦人家还是商贾大户各不相让，张家的人拿出杀手锏，连忙去找张英告状，写了一封书信给京城的张英，要求他出面干预，意思是施加压力，要叶家让出三尺地。

隔了不久，张英回信了，信上说："千里家书只为墙，让他三尺又何妨，万里长城今犹在，不见当年秦始皇。"信上说得很明白，要让其家人在建房子的时候不仅不要邻居让出三尺，还要自己让三尺。

张英这样说了，家里人还敢不照办？家人就在离原地界退后三尺砌上围墙。对面那一商家，看到此景，深受感动，也在原地界退后三尺砌上围墙。这两道围墙中间形成一条巷子，后人就给这条巷子取名为"三尺巷"，"三尺巷"的宽度，不是三尺而是六尺宽。

● 现代小启示

孔子崇尚周朝的文化和礼制，从某个角度来讲，中国文化中能有西周这一段灿烂的时期，跟泰伯让位有着直接的关系，难怪孔子如此称颂泰伯了。张英的身上也体现了泰伯的这种"让"的品德，三尺巷的故事一直在民间传为佳话，这就很深刻地体现了中国文化中"让"的品德。这种品德从古代就已经有了，这种品德的源头可以追溯到泰伯。就让这种品德在中国社会广为传播吧，而且体现在人们的社会生活中。

现在社会忙忙碌碌，竞争十分激烈。人们都崇尚"物竞天择，适者生存。"自己有能力就尽管去赚钱，甚至不择手段，大鱼吃小鱼被认为是很自然的现象，哪里还有会去"让"？抢都来不及了。泰伯把天下都能让了，再说张英，虽然身居高位，并没有以势压人，得到了人们极高的评价和颂扬，这就是值得我们反思的地方。

伤人乎不问马

孔子所说的仁，主要是从人的角度来讲的，孔子认为，仁首先表现在爱人上面。樊迟向孔子问仁，孔子就回答说："爱人"。孟子也说："仁者，人也。合而言之道也。"孟子认为，人把仁贯彻落实到行为中去，这就是道。

我们所说的道，也要首先从人来讲，这种思想也就是我们现在所说的以人为本。孔子的仁也就是继承了古代的这种以人为本的思想传统。有一次，孔子家里的马厩失火被烧掉了，孔子这天正好上朝去了，他退朝回家，第一句话就问："伤人乎？"就是问：伤人了吗？赶快询问是否有人在失火事故中受伤，而不是问有没有马在事故中受伤。后来编纂《论语》的人郑重其事的把这么一句简单的话和这么小的一件事情记载下来，是有很深刻的用意在里面的。

这件事刚好深刻地表现了孔子这种人本的情怀，虽然当时我们并没有发现"以人为本"这个词，但是这种思想是十分清晰和明确的。因为这种思想传统在中国文化中相传有四五千年了，到孔子时已经有两千年了，孔子是继承了古代的人本思想并把它发扬光大的，我们从周朝的开国之君周太王的故事来看这种传统。

● 感悟故事

周太王

周太王即古公姬亶父，是泰伯、仲雍、季历的父亲；周文王祖父；周武王曾祖。当时是一个小诸侯国西伯国的君主，是周朝的开国之祖。

周太王为避免薰育戎发动的战争殃及百姓，先让财物，后弃豳今陕西彬县率姬姓氏族循漆水逾梁山来到岐山下的周原，开辟了宗周的基业。他继承了周先祖后稷和公刘的伟业，大力发展农业，摒弃了游牧习俗，开始筑城建舍，并设立行政建制，受到百姓称颂。

周太王的故事在《史记》和《孟子》上都有记载，《史记》上说：古公亶父复修后稷、公刘之业，积德行义，国人皆戴之。薰育戎狄攻之，欲得财物，予之。已复攻，欲得地与民。民皆怒，欲战。古公曰："有民立君，将以利之。今戎狄所为攻战，以吾地与民。民之在我，与其在彼，何异。民欲以我故战，杀人父子而君之，予不忍为。"

大意就是：古公是小部落的首领，薰育和戎狄来侵犯，想要夺取财物，亶父就给了他们。后又来侵犯，要土地和人口，民众非常愤怒，想要抵抗。古公说了一句很著名的话，这句话从政治角度来说是以人为本的最为深刻的诠释。他说："民众拥立君主，是为了让君主为民众谋利。如今戎狄来攻，是为了我的土地和臣民，而臣民归我还是归他，又有什么区别呢？你们要为我而战，要杀死很多人的父子，通过这种办法让我当国君，我不忍心做啊。"

《孟子》中的记载很有意思："昔者大王居邠，狄人侵之。事之以皮币，不得免焉事之以犬马，不得免焉；事之以珠玉，不得免焉。乃属其耆老而告之曰：'狄人之所欲者，吾土地也。吾闻之也：君子不以其所以养人者害人。二三子何患乎无君？我将去之。'去邠，逾梁山，邑于岐山之下居焉。邠人曰：'仁人也，不可失也。'从之者如归市。"

孟子在这里引用了古公的一句话，想必也是经过孟子加工了，带有孟子的那种鲜明道德色彩："君子不以其所以养人者害人。"更清楚地体现了以人为本的这种传统思想。

古公带着家人离开了豳，渡过漆水和沮水，经过梁山，到岐山之下安顿下来。豳地的人全都扶老携弱，也跟随古公到了岐下。其他部落的人听说古公仁德，也多归附，跟随古公的人们就像是来赶集一样从四面八方纷纷集合过来。

于是古公改革戎狄的风俗，营造城郭房舍，让人们分别居住，并设置五官，各司其职，因此形成了一个国家，人民安居乐业，都歌颂周太王的功德。周灭商后，认为"王气"始于古公姬亶父，故追尊为太王。

● 现代小启示

古公不要土地，不要珠玉，也不要珍爱的家畜，放弃了一切的财产，放弃了全部的物质利益，目的就是为了保护人民的生命。把生命看得比什么都重要，这就是古公能够得到人们拥护的根本原因，也是周朝八百年基业最为坚固的基础。

古公的故事，就是一个以人为本的典型，在当时社会条件之下，古公能有这样的思想是十分了不起的。当然，他也受到了人民的拥护和称赞，但是这种思想不是某个人所创造的，也不是一下子就冒出来，这是中国文化的一个悠久的传统，从遥远的古代，黄帝、尧舜禹、商汤就有了。孔子自称述而不作，他的这种伤人乎不问马的人本思想，和先圣的理念是完全一致的，从古代继承下来。现在强调以人为本，只有以人为本，才能够让社会真正的和谐起来，社会的发展进步才能更加具有意义。

周急不继富

公西赤受命出使齐国去了，他的同学冉有向孔子为公西赤的母亲请求一些小米，意思是照顾照顾公西赤的母亲，孔子就给了一釜，相当于现在的一斗二左右。冉有又请求要多一些，孔子跟冉有说："就给比原来少五升左右吧。"但是冉有却给了十六石之多，是孔子说的三十倍！

这件事让孔子知道了，就批评冉有说："公西赤到齐国去，骑的是肥马，穿的是高档的衣服。我知道的君子是周济急需的人，而不会去给富人添富。"意思是公西赤本来已经很富有了，还无端地给他家里这么多的小米，其实是很不应该的，因为他家里根本就不缺这些粮食，给了也没有什么意义。

孔子说要"周急不继富"，是想得很周到的，是仁者情怀的显露，包含了很深的道理。台湾的著名企业家王永庆，也具有孔子的这种仁者情怀，就是很好地实行了这个道理。王永庆被称作抠门的慈善家，他虽然做慈善很大方，对自己却不肯乱花一分钱。当然像王永庆这样的人还有很多，我们可以从王永庆的事例中来更深地理解周急不继富的含义。

● 感悟故事

王永庆

王永庆1954年筹资创办台塑公司，台塑集团发展成为台湾企业的王中之王。王永庆作为台塑的精神领袖，被誉为台湾的"经营之神"，素有"石化大王"之称。

王永庆即便已成为台湾首屈一指的富豪，对自己的要求也依旧非常严格，追求平静的生活，个人生活节俭到"抠门"的程度。他觉得长途电话费太贵，不喜欢子女给他打电话，给子女写信选择很薄的信纸，字迹密密麻麻，防止超重，一条做"毛巾操"的毛巾，一用就是20年。

王永庆热心公益事业，他的生活虽然这样"抠门"，但是在四川地震时捐出了1亿元人民币。据他的儿子王瑞华介绍，王氏兄弟在2008年5月12日当天得知四川地震的消息后，第二天便和北京联系，希望尽同胞之谊，并让台塑在厦门的长庚医院和台湾的长庚团队做好救助准备。

王永庆提出要在大陆各地援建1万所小学，目前该项目正在进行中。他在大陆设立的"长庚奖学金"，也使不少学子身受其惠。2008年5月12日四川地震之后，王永庆决定由企业捐赠1亿元人民币，支援四川灾区，创下台湾企业捐款之最，充分体现了"同胞爱、手足情"。王永庆先生还在2005年捐赠3 700余万元投入残疾人事业，将近200个人工耳蜗捐赠给耳聋患者。

王永庆设立"王长庚社会福利基金公益信托"、"王詹样社会福利基金公益信托"，且委托台银、中信局操作执行，要仿效美国钢铁大王洛克菲勒基金会模式，并希望王家不分家、子子孙孙、长长远远对社会尽一份责任。这两个公益信托，已累积信托资金规模逾一百亿元。王永庆在多年前，用六亿元成立王长庚公益信托，为台湾企业最大宗公益信托案，掀起不少科技界的企业家效仿。

多年来，台塑在台湾投入的慈善公益活动接近90亿人民币，在半个多世纪的商场锤炼中，王永庆选择了"永远追求更大贡献"作为企业目标，王永庆说"有钱不拿去做公益，是种罪过。"

● 现代小启示

王永庆的这种慈善精神总是让人肃然起敬，他不仅在台湾和大陆做了很多的慈善事业，同样也在世界各地做了很多的慈善事业。正如孔子所说的"周急不继富"王永庆拿出自己的财富奉献给社会，放到需要的地方，以及帮助贫困的人。王永庆对慈善事业的慷慨与早年的生活经历有关，他深深地体会到了贫穷的悲苦和无奈。

中国的经济经过改革开放三十多年的发展，使很多人富裕起来了。有钱在社会中已经不是个别现象了，但是在中国，有很多人还很贫穷，需要去帮助。王永庆先生经历过生活的艰苦，在富裕以后尽力去帮助需要帮助的人，这就是真正体现了孔子那种仁爱的精神。

名不正则言不顺

孔子在卫国的时候，卫国的君主卫出公觉得放着这样一个贤能之人不用实在是太可惜了，于是想要孔子来执政。这可能还只是卫出公的一个打算，但也放出一些风声来。

弟子子路知道了一点这种消息，于是来跟孔子说："卫君等待您去执政，您将先做什么？"想必孔子对这件事也是有所耳闻，听到子路这样来问，孔子说："必也正名乎。"意思是一定要先正名。因为当时的社会礼崩乐坏，致使天下陷入了一种混乱的状态。

子路性格直率，对于老师也是直言不讳的。他听见老师这样说，觉得很迂腐，居然还奚落起老师来。子路说："有这样干的吗？您这样是很迂腐的啊！有什么好正的呢？"孔子听见子路的话，知道子路不能理解正名的意义，就毫不客气地批评了子路，说："子路你太野了啊！"就是没有礼貌，还不能理解自己的意思，并且告诫子路对于自己不知道的东西不要乱发表意见。

然后又耐心地跟子路讲了一番道理：如果名不正的话，就在语言上说不过去，由此事情就会做不好，从而礼乐的制度就无法恢复，没有了礼乐制度，就无法有适当的刑罚标准，人民就不知道应该干什么和怎么干。因此没有正名，政治根本就好不了。

可以看出孔子很重视名的作用，孔子也曾说："君子疾没世而名不称。"就是说作为一个君子，担心的是自己去世以后没有好的名声留在世间。君子其他的都不担心，偏偏担心没有好的名声，可见这个名声是多么的重要！其实不管在什么时代，名声都是很重要的，名不正则言不顺，这是社会的常理，战国的公孙龙看到社会混乱，就出来正名实。

● 感悟故事

公孙龙

公孙龙是战国时期赵国人，是先秦名家的代表人物。因为很痛恨当时社会上名实太乱了，就是名不副实或者实不副名的事物太多，造成了社会的混乱。这也是以前孔子所忧虑的状况，终于出现了。所以想正名实，来恢复天下正常的社会秩序，教化天下的人们，他以《白马论》而著名于世。

他说："马者，所以命形也，白者，所以命色也。命色者非命形也，故曰：白马非马。"按照现在的话来说就是："马"、"白"、"白马"的内涵不同。"马"的内涵是一种动物，"白"的内涵是一种颜色，"白马"的内涵是一种动物加一种颜色。三者内涵各不相同，所以白马非马，他还进一步论证了这种观点。

这里有一个有趣的故事，生动说明了公孙龙的这种观点。当时赵国一带的马匹流行烈性传染病，导致大批战马死亡。秦国为了严防这种瘟疫传入本国，就在函谷关口贴出告示："凡赵国的马不能入关。"

一天，公孙龙从赵国到秦国去，骑着白马来到函谷关前。关吏说："你人可入关，但是马不能入关。"公孙龙辩解说："白马非马，怎么不可以过关呢？"关吏说："白马当然是马"。公孙龙讲："我公孙龙是龙吗？"关吏愣了愣，但仍坚持说："按规定，不管是白马黑马，只要是赵国的马，都不能入关。"

公孙龙就娓娓道来："'马'是指名称而言，'白'是指颜色而言，名称和颜色不是一个概念。"'白马'这个概念，分开来就是'白'和'马'或'马'和'白'，这也是两个不同的概念。譬如说要马，给黄马、黑马者可以，但是如果要白马，给黑马、给黄马就不可以，这证明'白马'和'马'不是一回事吧！所以说白马就不是马。"

秦国的关吏越听越茫然，被公孙龙这一通高谈阔论搅得晕头转向，如坠云里雾里，不知该如何对答，无奈只好让公孙龙和他的白马都过关到秦国去了。

● 现代小启示

公孙龙这种白马非马的辩论，就是要引起人们对名和实关系的重视。公孙龙的这种努力继承了孔子正名的思想，孔子讲君君臣臣、父父子子，如果名不副实，君主不像君主的样子，大臣不像大臣的样子，父亲不像父亲的样子，儿子不像儿子，这还不要天下大乱？

这个道理放在现代社会照样管用。做官的不履行自己的职责，不干好事而总是想着去贪污腐败，不为人民服务，而是以权谋私为个人谋利，看上去是一个官员，实际上是一个善于交易的商人，名不副实。如果做父亲的不管儿子，儿子变成了一家之主的小皇帝，父亲尽不到做父亲的责任，儿子也不做到做儿子的义务，那这个社会还行得通吗？

义之于比

孔子把道义看得很重，并且把道义作为衡量行为的准则。作为一个有道德的君子，他很清楚义所包含的意义和价值。世界上有这么多的事，天下也有这么多的人，事情纷繁复杂，每每不同，即使事无定相，变化无穷，那么我们怎么才能去判断事物的是非善恶呢？这就是孔子所说的这个"义"，什么事情用义来衡量一下，就可以判断了，不需要一定要如何如何，只要符合义的原则就可以了。

孔子说："君子之于天下，无适也，无莫也。义之于比"。意思是君子生活在世界上，行走在社会中，不一定要怎么做，不去怎么做，只要符合道义的原则就好了。古希腊的哲学家苏格拉底就是以道义作为自己处世的基础和出发点的，我们通过苏格拉底来理解这种义的思想内涵。

● 感悟故事

苏格拉底

公元前399年，墨勒图斯、安尼图斯、吕孔三人对伟大的思想家苏格拉底提起公诉，指控他"信奉异端邪说""毒害青少年"，要判处他死刑。根据当时雅典法律规定，处死犯人的方法是赐以毒酒一杯，但在处死前关押的一个月中，法庭允许犯人的亲友探监，当时便有许多青年人天天去监狱探望苏格拉底。

有位名叫克利托的青年问苏格拉底有没有什么遗言时，苏格拉底回答说："我别无他求，只有我平时对你们说过的那些话，请你们要牢记在心。你们务必保持节操，如果你们不按我说的那样去生活，那么不论你们现在对我许下多少诺言，也无法告慰我的亡灵。"说完他便起身去洗浴了。

在苏格拉底即将处死的那天晚上，他把自己的妻子和女儿打发开，而去同他的学生斐多、西米亚斯、西帕斯、克利托等谈论灵魂永生的问题。

克利托说："据说有的犯人听到要处决了，总千方百计拖延时间，为的是可以享受一顿丰盛的晚餐，请你别心急，还有时间呢！"这时苏格拉底说："诚然你说得对，那些人这样做是无可非议的，因为在他们看来，延迟服毒酒就获得了某些东西，但对我来说，推迟服毒酒时间并不能获得什么，相反，那样吝惜生命而获得一顿美餐的行为在我看来应当受到鄙视，去拿酒来吧，请尊重我的要求。"

一会儿送毒酒的人来了，苏格拉底镇定自若，面不改色，当苏格拉底接过盛有毒酒的酒杯时，脸上没有丝毫慌乱和忧惧。在场的人无不为将失去这样一位好友而悲泣，苏格拉底见状大为不悦，他说："你们怎么可以这样呢？我为了避免这种场面才打发走家人的，常言道：临危不惧，视死如归。请大家坚强点！"苏格拉底接着在室内踱了一会儿，说自己两腿发麻，便躺了下来。

就在毒药发作到腰部时，苏格拉底镇静地掀开脸上的白布，嘱咐他的学生克利托："克利托，我们应该还给阿斯克勒皮俄斯一只公鸡，记住这件事，千万别忘了，好吗？"苏格拉底留下了最后一句话："现在我该走了，我去赴死，你们去继续生活，谁也不知道我们之中谁更幸福，只有神知道。"

● 现代小启示

苏格拉底是伟大的，他的伟大就在于以自己的信仰和学说作为行为的原则，这个信仰，可以相比于孔子所说的仁义。苏格拉底依据自己的信仰来行事，以道义作为行为的标准，甚至可以为他的这个信仰去付出生命，没有什么畏惧。苏格拉底的这种思想，和孔子所说的"杀身成仁"以及孟子所说的"舍生取义"在某种意义上是一致的。他在临死之前，还惦记着欠别人的一只公鸡，这说明了在他心中，"义"比生命还要重要。

我们在社会生活中，遇到的人和事复杂繁多，形形色色，那么在面对这些的时候，我们该怎么处理才好呢？孔子就告诉我们，不一定要怎样去做，只要把我们心中的这个"义"拿来衡量衡量，只要是符合道义，就是可以的，不符合道义就是不可以的，苏格拉底也同样是选择了义。

愚不可及

"愚不可及"是孔子称赞宁武子的话，孔子说："宁武子这个人，国家政治有道的时候就很有智慧，国家政治无道的时候就很愚。他的这种智慧别人是可以学到的，他的这种愚是别人达不到的。"

宁武子是卫大夫，按照春秋传，武子仕卫，在文公、成公之时。文公有道，而武子几乎没有做什么，这种智慧是可以学到的。成公无道，至于失国，而武子周旋其间，尽心竭力，不避艰险。凡是他所做的事情，都是智巧之士所深避而不肯去做的，因此最终能保住自己的性命，这就是他的愚别人所达不到的地方。

宁武子在君主无道、国家有难的时候，挺身而出，不畏危险，不计个人得失，挽救国家于危难之中，这种大义的精神孔子十分赞赏。汉朝严光在天下混乱时积极帮助刘秀起兵，到了刘秀做皇帝以后就隐居不见了，这在常人看来也是一种愚不可及的行为。

● 感悟故事

严　光

严光，字子陵，东汉会稽余姚人，流寓于桐庐。严光少有高名，王莽天凤中，严光在长安遇到刘秀，于是两人同受业《尚书》，结成好友。当时刘秀尚微贱，得与严光交友常引以为荣，刘秀起兵反莽，严光积极拥护。

新地皇四年王莽被杀，新朝灭亡，刘秀何时登位做皇帝还在犹豫中。前将军耿纯说："天下士大夫，捐亲戚，弃土壤，依大王于矢石之间者，其计因望攀龙附凤、附凤翼，以成其所志也。"就是说，跟随刘秀打天下的人，是为了做官，荣宗耀祖。

严光对"攀龙附凤"很不感兴趣，更始三年六月，刘秀登基做皇帝，定都洛阳，严光干脆易名改姓，隐身不见了。

刘秀登基后，仍十分怀念严光，令海内各处寻找严光下落，并使画工绘成肖像，到处张贴。建武五年，有人奏报，有一男子身披羊裘垂钓泽中。刘秀知是严光，忙命有司备了马车，带了礼物，将他请到洛阳。

严光旧友大司徒侯霸遣使奉书问候，因侯霸在王莽朝初任过淮平大尹，现在又居显要，严光看不起他，只给侯霸送了一个口信，说："君房（侯霸的字）足下，位至鼎足，甚善，怀仁辅义天下说，阿谀顺旨腰领绝。"意思是说臣子辅助君主以仁义治国家，则天下悦服；如果只知阿谀奉承，对君主的错误主张也一味曲从，就难免会受到腰斩颈断的极刑。

严光告诫侯霸的"怀仁辅义天下说，阿谀顺旨腰领绝"的两句话，在当时确是辅君治国要诀，可见他的心中装着国事、装着人民，后人对他"不事王侯"的高风亮节这样赞赏也就可以理解了。

刘秀亲自去看望严光，严光高卧如故。刘秀到床前问道："子陵，你何故不肯相助我呀？"严光回答："从前唐尧是有道明君，想请巢父帮助他治理国家，巢父听说要他做官司，认为耳朵都被弄脏，忙用水洗耳。人各有志，岂能相迫？"

刘秀将严光请入宫内，叙起旧事，当面封严光为谏议大夫，严光并不称谢，亦不辞行，回到桐庐富春山中，过着垂钓生涯。

严光不事王侯，耕钓富春山，现在富春江上还有严子陵的钓台。北宋政治家范仲淹对他赞赏备至，并撰《严重重祠堂记》，歌曰："云山苍苍，江水泱泱，先生之风，山高水长。"在范仲俺看来，在别人攀龙附凤热衷争名夺利的世风下，严子陵功成不居的高风亮节，确能收到使"贪夫廉，懦夫立"的功效，范仲淹在知睦州时还修筑严子陵祠。

● 现代小启示

严光和宁武子相同的地方在于：他们在国家清明安宁的时候，都是没有什么作为的。严光是隐居不仕，有福不享受。宁武子虽然做官，但是显得很平庸，几乎没有做什么。而两人在国家有难，需要承担责任的时候，就会不畏艰辛，不顾自己的安危得失挺身而出，这在一般人看来是很傻的，严光的愚和宁武子的愚，在很大程度上是相同的。

现在也常在提倡一种精神："吃苦在前，享受在后。"而真正做到这一点的人在社会上也有不少，但是往往这种人会被大家当作是傻子，会受到众人的嘲笑，而宁武子和严光就是这样的人。孔子说得好，这种愚在古代是不可及的，在现代还是很少有人能达到啊！

己所不欲，勿施于人

孔子主张忠恕之道，可以说孔子的仁道也就是体现在"忠恕"这两个字之中。而其中这个"恕"的具体内容就是"己所不欲，勿施于人。"己所不欲，勿施于人是孔子所说的恕道。子贡向夫子请教："有一言可以用来终身行之的吗？"

孔子就告诉子贡："其恕乎！己所不欲，勿施于人。"孔子认为这个恕是可以让人一生都去奉行的，自己所不欲求的，也不要施加到别人身上。也就要推己及人，将心比心，这样的为人处世就是恕道，这样才会得到别人的欢迎和尊重。在《论语》里，孔子不止一次提到了"己所不欲，勿施于人"这句话。可见孔子对于恕道的重视。因为在孔子看来，恕道也是"仁"和"礼"的一种表现。

仲弓向孔子问仁，孔子说："出门如见大宾，使民如承大祭。己所不欲，勿施于人。在邦无怨，在家无怨。"对别人有礼貌，自己所不欲求需要的，也别施加给别人。这样不仅在国家社会中不会遭人怨恨，在家里面也不会遭人怨恨，做到这点，也就是仁了。法国的哲学家伏尔泰对于孔子的这句话有很深刻的体会，他把"己所不欲，勿施于人"作为自己的座右铭。

● 感悟故事

伏尔泰

伏尔泰是法国启蒙思想家、文学家、哲学家。伏尔泰还是十八世纪法国资产阶级启蒙运动的旗手，被誉为"法兰西思想之王"、"法兰西最优秀的诗人"、"欧洲的良心"。

他常常抨击基督教会的教条和当时的法国教育制度。雨果曾评价说："伏尔泰的名字所代表的不是一个人，而是整整一个时代。"他提倡天赋人权，认为人生本来就是自由和平等的，一切人都具有追求生存、追求幸福的权利，这种权利是天赋予的，不能被剥夺，这就是天赋人权思想。伏尔泰服膺孔子学说，这些思想也很多来源于孔子的儒家学说。

伏尔泰是十八世纪法国启蒙运动中的领军人物。启蒙运动不仅为法国大革命之肇因，后来的"民主"、"理性"、"平等"、"人权"、"无神论"等理念也发源于此。

在当时，伏尔泰可以说是一个"全盘华化论者"，对于中国文化的方方面面，他均赞美有加，"只有中国是世界上最公正最仁爱的民族了"，"人类智慧不能想出比中国政治还要优良的政治组织来"，"对于中国，我们应该赞美、惭愧、尤其是模仿他们啊"。

伏尔泰甚至叹息："我们不能像中国人一样，真是大不幸。"像这样的言论在九十七卷《伏尔泰全集》中几乎俯拾皆是。伏尔泰主张一种自然宗教，或者说是哲学宗教，其中"没有迷信、没有荒诞传说，没有亵渎理性和自然的教条"。儒家学说作为一种成功的范例而得到伏尔泰的青睐，也就不足为奇了。

"任何国君也不能有如此类似的威望来影响舆论"，这句话是同时代的评论家杜威尔纳用来评价伏尔泰的。然而伏尔泰则盛赞"孔子是真正的圣人"，竟将孔子像晨夕礼拜，他二十余年如一日地在家中悬挂孔子像，更是作诗赞美说："孔子，真理的解释者，他使世人不惑，开发了人心，他说圣人之道，绝不是预言者的那一套，因此信仰他的人，本国外国都有。"

伏尔泰在《论孔子》里说："没有任何立法者比孔夫子曾对世界宣布了更有用的真理——'己所不欲，勿施于人'"。他把这句话作为自己的座右铭，还号召所有人把它作为座右铭，他说"'己所不欲，勿施于人'是最纯粹的道德"。

1791年，伏尔泰葬入法国巴黎的"先贤祠"，墓碑上写道："伏尔泰——诗人、历史学家、哲学家。"其实伏尔泰还有几个耀眼的头衔："科学和艺术共和国的无冕皇帝"、"欧洲的良心"、"欧洲的孔子"，有一个头衔是伏尔泰加给自己的："孔门弟子"。

● 现代小启示

正因为孔子所讲的"己所不欲，勿施于人"这个道理很深刻，得到了法国哲学家伏尔泰的推崇是很正常的。可以说伏尔泰真正看懂了孔子的学说，孔子本人也受到了伏尔泰的崇拜。可是像伏尔泰这样的人不多，后来这句话还被载入法国的《人权和公民权宣言》，可见其影响的深远。不管东方西方，不管古代、现代，这一句话所承载的道理是不会变的，只要是人类社会都适用，是放之四海而皆准的真理。

当然，从我们自己的日常生活和交往来看，"己所不欲，勿施于人"的原则普遍存在。不管是别人对自己，还是自己对于别人，违反了这个原则，就会出问题。不是别人怨恨自己，就是自己怨恨别人，而我们做到了这一点，生活中就会少很多的麻烦，会少很多伤害别人的机会，也会少很多带给别人怨恨的事情。

岁寒然后知松柏之后凋也

孔子一生行道，当时遇到了很多的挫折，他受厄于匡，绝粮于陈蔡之间，在辗转列国的时候，随时都有生命危险。而孔子在这些严重困难面前一直坚持下来了，正如他所说的那样："岁寒然后知松柏之后凋也。"孔子发现松柏在严寒的冬天显得更加茂盛精神，而其他的树却已经光秃秃了，显得很萧条寂寞。这和孔子的这种不为挫折所吓倒，不向困难低头的刚健精神是一致的。

因此，在这些困难中，孔子正好展示出了他的坚毅乐观的品格。如果没有经历诸多的磨难，我们后来的人也就无法深刻体会孔子的行道决心以及那种伟大的仁爱精神。孔子置个人的安危而不顾，其目的就是要在社会中实现仁道，他的这种精神是无私的，也是纯粹的。

我们从孔子身上看到的是一种刚健的品格，是一种伟大的献身精神，孔子有实现仁道的信念，他的行动是坚决的。勾践在屈辱的环境下，在困难之中有一种复国的坚定信念，他表现出了一种"岁寒然后知松柏之后凋也"的坚毅。

● 感悟故事

勾　践

吴王夫差以报父仇的名义来侵略越国，勾践也发大军去跟吴国人拼个死活。两国的军队在大湖一带交战，越军大败，越王勾践带了五千个残兵败将逃到会稽，被吴军围困起来，勾践弄得一点办法都没有了。他为保留一线复国的机会，勾践接受了范蠡的意见，降吴为奴，派文种到吴王营里去求和，文种在夫差面前把勾践投降的意愿说了一遍，吴王夫差同意了越国君臣的请求。

按照吴国的要求，越王勾践带着夫人和大臣范蠡去吴国服苦役。越王给阖闾看坟，给夫差喂马，还给夫差脱鞋，服侍夫差上厕所，勾践三人受尽嘲笑和羞辱。为图复国大计，勾践顽强地忍耐着吴国对他的精神和肉体折磨，对吴王夫差更加恭敬驯服。夫差生病，勾践就观其粪便察看病情，令夫差十分感动，也就放松了对于勾践的防备。

三年苦役期满，吴王放勾践回国，勾践君臣相见，抱头痛哭，立志雪耻复仇。

勾践回国后，时刻不忘吴国受辱的情景。他睡觉时，躺在乱柴草之上，夜夜不得安眠，睁眼便是励精图治，早日报仇。越王勾践时时刻刻想着如何复国，于是就每天苦苦地思索着，还把一个苦胆挂在座位上面，每天坐下休息、躺下睡觉之前，都要仰起头尝尝苦胆的滋味，吃饭喝水之前也要先尝尝苦胆。

他常常对自己说："你难道已经忘记了在会稽山上所受的耻辱吗？"他亲自到田间种地，他的夫人穿自己织的布做成的衣服。他吃的每顿饭里几乎没有肉菜，穿的衣服没有鲜艳的颜色。他降低身份对待下面有贤能的人，对宾客厚礼相赠，扶助贫困的人，哀悼死难的人，和百姓们一同劳苦工作。勾践夫人带领妇女养蚕织布，发展生产，勾践夫妻与百姓同甘共苦，激励了全国上下齐心努力，奋发图强，早日灭吴雪耻。

公元前473年，越王乘夫差去黄池会盟，偷袭吴国成功，吴国只好求和。后来越国再次起兵，灭掉吴国，夫差自杀身亡。

● 现代小启示

"岁寒然后知松柏之后凋也"这句话，几千年以来不知激励了多少处于困境逆境中的豪杰之士。勾践和孔子是同时代的人，他在兵败国破的环境之下，忍辱负重，卧薪尝胆，处在一种极为困难的境遇之中，但是没有被困难险阻所吓倒，而是变得更加坚强，君子报仇十年不晚，终于打败了吴王夫差。所谓的大丈夫处世，不会向困难低头，这种精神和松柏的那种坚韧不就是一致的吗？

每个人的生命历程都不会是一帆风顺的，总会遇到这样和那样的困难，甚至是一些很大的挫折。有些人就会挺过来，有些人就会被困难所吓到击倒。为什么同样的挫折，得到的结果是不一样的呢？就在于是不是真正的坚强，是不是经得起考验。有了孔子和勾践这些榜样，我们可以从中学到一些有用的东西，来战胜自己面临的困难和挫折。

行为篇

以道义作为我们行动的指南

为仁由己

颜渊是孔子最为喜爱的弟子，也是弟子中学问最为高深的。一次颜渊向孔子问仁，孔子对颜渊的回答自然比对其他弟子的回答更为深刻，孔子对颜渊说："为仁由己，而由人乎哉！"就是清楚地告诉颜渊，仁是要通过自己的行为去实现的，而且一定是自己亲自去实践。

然后孔子又反问颜渊："难道是由别人的吗？"意思是别人为仁，别人做好事，那是别人的事。自己要想达到仁，就必须自己亲自去行动，不是别人强加给我们的。就是说，这个仁是我们本来就有的，早就存在于每个人的心中了，只要我们自己拿出来用就好了。颜渊肯定理解孔子的意思，肯定能听懂的，如果跟其他的弟子讲就不一定听懂了。

孔子的这种说法，其实里面还有一层很深刻的含义，这也表明仁是我们每一个人身上所具有的，不是有别人来决定的。至于别人为仁还是为恶，都影响不了我们自己，我们自己想去为仁就可以了，不管别人是否理解和赞同。按照一般的讲法，这个为仁就是有德行，为仁由己，就是自己去实现自己的德行。隋唐时期的孙思邈，就是一个躬身为仁的模范人物。

● 感悟故事

孙思邈

孙思邈是中国古代的药王，出生在西魏时代，相传活到141岁。他总结了唐代以前的临床经验和医学理论，编成两部医学巨著———《千金药方》和《千金翼方》。他认为"人命至重，有贵千金，一方济之，德逾于此。"故将他自己的最为重要的两部著作均冠以"千金"二字。

孙思邈7岁时读书，就能"日诵千言"，每天能背诵上千字的文章。到了20岁，就能侃侃而谈老子、庄子的学说，并对佛家的经典著作十分精通，被人称为"圣童"。但他认为走仕途，做高官太过世故，不能随意，就多次辞谢了朝廷的封赐，隋文帝让他做国子博士，他也称病不做。

唐太宗即位后，召他入京，见他50多岁的人竟能容貌气色、身形步态皆如少年一般，十分感叹，便道："所以说，有道之人真是值得人尊敬呀！像羡门、广成子这样的神仙人物原来世上竟是有的，怎么会是虚言呢？"

唐太宗还想授予他爵位，但仍被孙思邈拒绝了。高宗继位后，又邀他做谏议大夫，也未被允。孙思邈归隐的时候，高宗又赐他良驹，还有已故鄱阳公主的宅邸居住，就连当时的名士宋令文、孟诜、卢照邻等文学大家都十分尊敬他，以待师长的礼数来侍奉他。

孙思邈还对良医的诊病方法做了总结："胆欲大而心欲小，智欲圆而行欲方。""胆大"是要有如赳赳武夫般自信的气质；"心小"是要如同在薄冰上行走，在峭壁边落足一样时时小心谨慎；"智圆"是指遇事圆活机变，不得拘泥，须有制敌机先的能力；"行方"是指不贪名、不夺利，心中自有坦荡天地，这就是孙思邈对于良医的要求。其实，何止于医者，仅从为人的角度上来讲，恐怕要做一个有气度、有担当的人，也不悖此道吧！

孙思邈把医为仁术的精神具体化，他在其所著的《大医精诚》一书中写道："凡大医治病，必当安神定志，无欲无求，先发大慈恻隐之心，誓愿普救含灵之苦，若有疾厄来求救者，不得问其贵贱贫富，长幼妍蚩，怨亲善友，华夷愚智，普同一等，皆如至亲之想。亦不得瞻前顾后，自虑吉凶，护惜身命。见彼苦恼，若已有之，深心凄怆，勿避险恶，昼夜寒暑，饥渴疲劳，一心赴救，无作功夫形迹之心。如此可为苍生大医，反此则是含灵巨贼……"

"又到病家，纵绮罗满目，勿左右顾眄。丝竹凑耳，无得似有所娱。珍羞迭荐，食如无味。醑禄兼陈，看有若无。夫为医之法，不得多语调笑，谈谑喧哗，道说是非，议论人物，炫耀声名，訾毁诸医，自矜己德，偶然治瘥一病，则昂头戴面，而有自许之貌，谓天下无双，此医人之膏肓也。"上述的寥寥片语体现出了孙思邈的高尚医德情操。

● 现代小启示

孙思邈的行医，其实就是孔子所说的仁的实践，他认为"人命至重，有贵千金，一方济之，德逾于此。"他的行医就是从尊重人，爱人的角度出发。孔子讲仁者爱人，孙思邈就是一个真正的仁者，他的行医治病，就是自己在行仁义，刚好实践了孔子所说的"为仁由己"这个理念。孔子是通过自己的教学、行政、著述来实践仁的。

"为仁"在现代来讲就是做好事。我们可以尽自己的所能去做一些好事，去帮助别人，也即是在行仁德了。仁对于每个人来讲，不是很遥远的事情，只要我们想要去实践这个仁，自己去做，在生活和工作中就可以实现。当然在社会中，做好事的人还是很多的，不管是做慈善捐一千万，还是在小事上给需要的人提供一些帮助，他们都是用自己的行动在实践这个仁。

敏于行

孔子的一生有很长一段时间在外面旅行奔波，他的目的是实现仁道。他自己有了这个愿望，就付诸行动，用自己的一生去实践。虽然当时的社会环境并不适合推广这个仁道，但他仍然执著地行动，并且十分迅速和敏捷，这也是孔子性格的一个体现。

孔子说："君子欲讷于言而敏于行。" 意思是作为一个君子，他说得少，做得多，在言语上表现得有些迟钝，在行动上却正好相反，则是十分的敏捷。

孔子也说"慎于言而敏于行"，慎重地说话，而敏捷地行动。又说："敏而好学"，对于学习也是十分敏捷的。因此孔子敏捷地行动，不仅表现在他的行道上，也表现在他的学习以及工作上。

按照我们现在的说法，就是"行动的巨人。"为什么孔子可以这样敏捷地行动呢？在于孔子有自己的追求，心中所拥有的是为人类服务的强烈愿望和责任感，他有这种行动的热情，自然行动起来也就敏捷了。

我们可以找到很多像孔子这样敏于行的历史人物来，这些除了有和孔子一样敏于行的品质以外，同时也具备了孔子为社会服务为人类服务的这种热情，爱迪生就是这样的一个榜样。

● 感悟故事

爱迪生

爱迪生一生中大约有一千多件发明创造，这些发明创造的成功使他在世界上享有盛名。但是，他从不沉醉于自己的成功，他无时无刻不在向科学的新领域攀登，也无时无刻不在对自己的发明创造持否定态度，不停顿地加以改进，他自己说："我是永不会满足的。"

他发明的蓄电池成功后，便办了一个蓄电池工厂并大批生产，销路一直很好。可是过了一个时期，他发现电池有毛病，一时又找不到原因，就决心要改进电池。但是，改进需要时间，需要精力，同时工厂也要停业，这不仅可能降低他发明电池的威信，经济上也将蒙受很大损失。他决然命令工厂即刻闭门停业，有许多使用他的电池比较满意的人要求继续增加订货，他却一概不售，有人在经济上给他施加压力，他也毫不畏惧。

结果，经他用心改进的电池获得比预料还好的成功，很快畅销各地。他的这种精神，同当时"金玉其外，败絮其中"掩饰劣货的商贾形成鲜明的对照，博得了人们的尊敬与赞扬。

爱迪生醉心于科学研究，对自己的私事却不注意，可以说，他在七十三岁以前从未好好睡过觉，即使到了晚年，他每天工作的时间仍不少于十六到十八小时。他一搞起试验来，就忘记了休息，偶尔实在疲乏坚持不了才休息一会儿，因此，他非常喜欢和他有同样精力的人当他的助手。

有一天，有个自称无眠的人到他那里请求工作，爱迪生很感兴趣，认为这个人是他最理想的助手。于是便和这位"无眠者"一块工作。可是，在连续工作六十个小时后，这位无眠者再也支持不住了，倒头便睡，连机器发生故障，发出巨大的轰鸣声也未惊醒他，而爱迪生却仍在不倦地工作着。在当时，爱迪生不倦工作的精神是远近闻名的，许多人非常敬佩他。

在爱迪生七十七岁生辰的时候，有人问他的人生哲学是什么？他回答说："做工！揭破自然的秘密，并使它为人类服务"。这是他从事科学研究的真正动力，不过，这并不是秘诀。

● 现代小启示

爱迪生为什么能比别人做更多的事情呢？而且取得这么多的成就。一般来讲，一个人有了其中的一项发明就相当了不起了，爱迪生一生却有一千多件发明创造，而且乐此不疲。他如果不敏于行，能取得这些成就吗？他的人生哲学就是："做工！揭破自然的秘密，并使它为人类服务"，他的理想就是为人类服务。这一点和孔子的思想是一致的，所以爱迪生也有孔子这种敏于行的能力和习惯。

我们如果心中也有了一个强烈的愿望，甚至是像孔子和爱迪生那样为人类服务的伟大抱负，我们还会懒懒散散地去做事情吗？一般那种做事没劲，行动缓慢的人肯定是没有什么目标和抱负的，他会觉得人生没有意义，也不会快乐。

行义以达其道

孔子曾经说："志于道"。又说："人能弘道，非道弘人。"这即表明孔子有志去实现道，并且认为这个道是要靠自己去实践的，不是道在那里，人自然就成了道。因此道是要我们通过行动去实现的，而且必须把义贯彻在行为之中，这个道才能实现。

孔子的一句话正好说明了这一点，孔子说："隐居以求其志，行义以达其道。"孔子的这个志就是在于道，他虽然隐居，没有在社会上担任职位，但正好可以来追求道。如果有地方施展才华的话，就通过实践正义来实现道。

我们可以把孔子所说的"义"理解为现在意义上的"正义"，同样的，在我们现在的社会实践了正义，也同样能够达到道，并且实现了道。从孔子的角度来说，要通过义来实现道，因为义是道的动态表现，行动中贯彻了义，道也就是在其中了。从中国的历史上来讲，行义的人不知其数，民国的蔡锷将军就是其中的一位。

● 感悟故事

蔡 锷

蔡锷1882年生于湖南邵阳一个贫寒的裁缝家庭，当时中国在腐败的清王朝统治下，山河破碎，国力孱弱，帝国主义虎视眈眈，民族危机空前严重。蔡锷也像许多热血青年一样，怀着急迫的心情，寻求救国救民的道路。他在一首诗中写道："流血救民吾辈事，千秋肝胆自轮囷"，倾吐了满腔的爱国抱负。

1911年10月10日，武昌起义的枪声响了，吹响了推翻清王朝的进军号角。当时，蔡锷是清朝云南新军第十九镇三十七协协统，相当于旅长。蔡锷知道，新军中许多军官反对清政府，有革命思想。

一天夜里，他把青年军官们召集起来，开秘密会议，向大家讲了武昌起义的事，蔡锷虽然只有三十岁，但他沉着老练，深受官兵拥护。军官们群情激奋，纷纷表示对当时清政府的不满，蔡锷见时机已到，就向大家说明了自己反清的决心，并让人写了誓言，又带着大家宣誓："协力同心，恢复汉室。有渝此盟，天人共殛！"

宣誓完毕，蔡锷把写着誓词的白纸烧成灰烬后洒入酒中，大家举杯，一饮而尽。蔡锷被选为起义军临时总司令，他当场郑重宣布：重九之夜发动武装起义！重九就是农历九月九日重阳节，10月30日这天晚上，蔡锷以总司令身份召集起义军将领，发出了动员令："今夜十二点，吹号集合部队，向全体将士宣布起义之事，如果有人反抗，当即用手枪击毙！"

他的话没讲完，外面突然传来激烈的枪声。大家连忙跑出去看，只见省城昆明北面的校场一带，火光冲天，枪声就是从那里传来的，肯定发生了意外。蔡锷派人前往查看，果然不出所料，校场一带起义军的行动被官方察觉，双方打了起来。见此情景，蔡锷当机立断，大声发布命令："召集全体将士，立即发动起义！"

集合号震荡着夜空，动人心魄，部队很快集合起来。蔡锷慷慨激昂地说："清王朝专制几百年，闹得官厅腐败，百姓遭殃，人民早就恨之入骨。武昌首先发动起义，全国各地响应，我们也要行动起来，推翻清朝在云南的统治！"

他的话音刚落，部队三呼"革命军万岁"，士气高昂，像怒涛激浪，向云贵总督署衙门冲去。清军企图负隅顽抗，战斗进行得十分激烈。蔡锷的学生、起义军年轻的连长朱德，冲在最前面，率领战士直攻总督署衙门，以迅雷不及掩耳之势缴了总督署卫队的枪，总督仓皇逃命。

蔡锷指挥的起义军，只经过一夜战斗，就控制了省城昆明。云南起义的成功，对于辛亥革命在南方的胜利起了重要作用。民国成立以后，蔡锷又在反对袁世凯的复辟斗争中做出了重大的贡献。

● 现代小启示

蔡锷领导军队起义，反对腐朽的清政府，他的革命就是一种道义的行为，他不是为了自己谋私利，而是要推翻腐朽的清政府，为全国人谋求好的生活。孔子要推行仁道，也不是为了自己有什么好处，是为社会谋福利。蔡锷和孔子一样，出发点在于道义，目的就是为了实现道义，这个目的是崇高的，因此得到了大家的支持和拥护。

在战争年代，成千上万的仁人志士，为了社会的进步，为了民族的富强，前赴后继地投身于革命事业，不惜牺牲自己宝贵的生命，他们这是一种大勇和大义。而我们生活在和平时期，却有很多的人为了自己的那么一些私利，为了吃得好、穿得好，享受得好，而去伤害他人，损害国家人民的利益，危害社会，和蔡锷以及那些先烈们比起来，显得是多么的卑鄙和渺小，用山东人的话："你仗义吗?"

获罪于天

卫国的大夫王孙贾给卫灵公管理军队的事物。孔子到了卫国，他也跟孔子来请教关于礼的方面的事情。他问孔子："'与其献祭于比较尊贵的祭祀场所奥来祈祷，不如向并不尊贵但五祀之一的灶神祈祷'这句话是什么意思啊?"这句话可能是一句古代书籍上的话，也可能是当时大家都熟悉的俗话，王孙贾对这句话不理解，因此跑来问孔子。

孔子回答说："不然，获罪于天，不可祷也。"孔子不同意这句话所表达的意思。说如果获罪于天，是不可祷的。孔子认为一个人只要做了伤天害理的事情，不管祭祀时向谁讨好都是没有用的。

孔子认为干了坏事就是违背了天道，不管怎么祈祷也是没有用的，上天不会来保佑的。商朝的一个君主武乙，居然公然与天挑战，结果是正如孔子所说，获罪于天，被雷劈死了。

● 感悟故事

武 乙

商朝庚丁死后，他的儿子武乙立为君。武乙无道，当群臣有谈及敬天勤民的时候，他哑然而笑说："人民是我的人民，他们该拥戴我。且生杀之权在我，这我不须管他。你们说要敬天，我是天子，天下只有我一人为尊。我听说天有神，神不知有多多少少，难道个个是天？"

群臣说："我先王成汤有言说：'肆台小子将天命明威'，又曰：'敢昭告于上天神后，每事俱是敬天畏天。'"武乙又哑然而笑说："你们都说我要敬天，天神必是有灵有感的，手段也必是高过我，我会与天神博弈下棋，令你们百官知道我的妙处。"于是让匠人造一木偶人，高八尺，穿上衣服，抬上来放在大殿上。又叫内官捧过双陆盘来，命一个内臣来代替天神和自己下棋。

于是，武乙与那木偶天神博了几局，天神果然输了。武乙令代天神赌博的内臣跪在阶下，说："你是天神，毕竟有高超的手段，还赛我不过，枉作天神。"喝令斩首。内臣闻说将他斩首，大呼："我不是天神，王命我替博，怎么要杀我？"

武乙笑曰："你代他博弈，便是和天神一路人。天神要保护你的，一定杀不死。"内臣又呼："世上哪有杀不死的人？"武乙不听，喝三四武士推出朝门斩了。问群臣说："你们见天神否？"群臣俱低首不言，武乙道："这都是你们见天神不胜，被我谬辱，为什么满朝并无人答应？"喝武士每人赏他一下铜锤，群臣大惊，一齐跪下说："王胜天。"武乙乃大悦："赦他众人每一铜锤。"

他又密令一内臣做一薄薄皮囊，囊内盛猪、羊等血，做了两个白罗鹞风筝缚在皮囊两边。风筝系两条白绢绳，命内臣藏在高台上，把风筝乘风夹皮囊吹上空中。那白罗风筝在空中与白云无异，下却望不见皮囊，望得见似个小皮球一般。武乙故意命群臣往台下抛玩，说："我前日与天神赌博，天神不胜我，杀的还只是替身内官，不为稀罕，我今要射天，何如？"

群臣又低首不言，武乙见群臣不言，大怒说："你们要袒护天么？我便射两箭与你们看看。"于是向皮囊连发三箭，箭穿囊破，只见空中有血滴下地来，武乙大呼："手段何如？这天还不是被我射出血了，古来至今有我这等威武的吗？"群臣中也有一些晓得的，暗地叫声欺天无道，一些不明内情的人则目瞪口呆。

武乙见群臣惊疑，怕看出他的伎俩，即发驾回朝。道："你们众人乃是凡夫俗子，看不见天神，只有我看得出，所以认定射中了啊。"然后扬扬得意，又命军校数千人，文武数十员架弓搭箭，驱犬放鹰大猎于河渭之间。当时是正午时分，太阳当空，猛听得半空一声霹雳，武乙直挺挺甩下车来，被雷击死了。半晌，闻云敛风和，依然红日光辉。众文武大臣定睛看时，只见武乙头发散乱，浑身焦黑被震死跪在河边。后有人说武乙："性僻刚愎侮上天，获罪于天命不延。"

● 现代小启示

孔子认为犯了罪想祈祷也是没有用的，在孔子看来，罪是上天所给予的，做了伤天害理的事情，就是违背了上天的意志。天在孔子心目中是最高和最终的裁判者，已经定了的罪肯定是没法改了，还能向哪里去申诉呢？武乙专横跋扈，炫耀武力，竟做出侮辱"天神"和"射天"的行动。一些有迷信思想的人都说，武乙被雷击死，是他侮慢天神的报应。虽然是没有科学根据的说法，但是这是符合人们的愿望的。

人们常说："善有善报，恶有恶报"，也就是说的这个道理。有些人多喜欢以所谓的聪明来欺天，可是天道无形，它贯穿宇宙的每一角落，也决不错过人事的一枝一叶，只是人不能洞察天意，因而自欺、自误、自灭而已。而圣人的一切言行，即使只谈人道，却也必定是要规范人伦以合天道，否则纵是忏悔祈祷与重重遮掩，都难逃一劫。

义然后取

在孔子看来，义是一个人的根本品质。孔子认为，作为一个君子，会把义作为自己行为的准则，对待世界上的万事万物，也会以义作为评判的标准。也许在孔子当时所交往的人之中能达到这个标准的人不多，但是孔子朋友公叔文子可以说算是一个了。

公叔文子是卫国的大夫，孔子在卫国时与其相交深厚。孔子回鲁国以后，卫国的公明贾去拜访孔子，孔子因为听到了别人告诉他关于公叔文子的话，心中有些疑虑，就问公明贾说："真的吗？夫子（公叔文子）真的不说话、不笑、不取吗？"因为孔子是了解他这个老朋友的。公明贾回答说："这是告诉你的人的错了，夫子是然后言，人不厌其言。乐然后笑，人不厌其笑。义然后取，人不厌其取。"孔子感叹地说："是这样，难道真是这样么？"

公明贾认为公叔文子这个老夫子是该说时才说，别人就不厌恶他的话语。真正值得高兴时才笑，别人不厌恶他的笑。合乎道义的时候才去获取财物，因此别人就不厌恶他的取。孔子心中很感叹，也是为他的这个老朋友而高兴。能做到这些真的是太不容易了，正是不简单，也是了不起的啊，公叔文子达到了孔子心目中君子的标准。在我们的社会中，像这种义然后取的事例也很多，下面我们可以从一个故事来理解这个义然后取的含义。

● 感悟故事

徐良泗

有一个穷乞丐徐良泗，他不但贫穷无家，而且天生残疾，一双脚麻木瘫痪，不能行动，用屁股在地上挨着走路。白天沿街求乞度日，晚上就土地公庙为家。那一天，当他在大街求乞之时，远见一女人在槟榔摊上买槟榔，匆忙而去，银包掉在地上。

徐良泗挨上前去，将银包拾起，本想追上前去，送还人家，无奈自己不能走路，叫喊也听不到，坐在地上将银包打开一数，有三十七两银子。徐良泗哪里见过这些白花花的银子！当时吓了一跳，他也没有生出见财起意之心，反而觉得那女人匆忙之色，一定有什么大事，不能随便把银子拿走，万一找回来了不见银子，可能自杀的，我要在这里等她回来。

等了很久，有一女人满面焦急之色，跑来东张西望在地上好像找寻什么东西。他知道失主找来了，他挨近去用手拉她的衣角，她以为向她讨钱的，没好气地大声道："我急都急死了，哪里还有钱给你，快点走开，我要找回丢失的东西。"

徐良泗的好心遭来白眼，他仍轻声问道："你这位太太，掉了什么东西，这样焦急，说说看，或者我能知道。"这一声可把她从死神中叫回来，她惊喜说："真的啊！"他答道："当然真的，我拣到一样东西，你说对了我就给你。"她焦急地说："我掉了一个布包，里面有三十七两银子，这是我卖儿子的钱，我的丈夫被人诬害，关进牢中，需要四十两银子，方可赎罪，不得已卖子赎夫，介绍人取去三两，我还担心银子不够，哪知在此丢了，这样一来，我的丈夫也不能出狱，儿子也卖了，人财两空，我只有自杀一条路了。"说罢痛哭不已。

这时有些好心人都走过来问长问短，徐良泗毫不迟疑地说："你不要难过，银子是我拾到的，是你买槟榔时掉的，我因不能跑路，追不上，叫你也不听，所以在此等你回来。现在银子在这里，你拿去点点数。"徐良泗将银钱交出来，一声不响地走了。

● 现代小启示

徐良泗是生活在社会底层的人，因为残疾，没有生活能力，只能靠乞讨为生。穷困并没有使他失去人格尊严，他心中有道义。三十七两银子，对于他来说是一笔很大的财富，可能是他一辈子乞讨也讨不到的。当时他面对这种飞来横财，并没有动心，而是想到要归还失主。他的行为就是孔子说的"义然后取"的一种表现，公叔文子有君子之风，能做到"义然后取"，这是一种高风亮节，因此孔子对于这种行为十分称赞。

现在社会有很多的物质诱惑，面对物质诱惑我们怎么办？是不管三七二十一能拿就拿吗？还是不择手段地坑蒙拐骗去攫取？一些人就因此犯了罪，坐了监狱，判了刑。特别突出的就是一些贪污受贿的人，收取不义之财，到头来还是害了自己。所以说，孔子说的"义然后取"仍然有很深刻的现实意义啊！

知其不可而为之

孔子看到了当时礼乐崩坏，天下无道，所以要出来改变这种不良状况。有些人不了解孔子的志愿，见孔子总是在外奔波，到处去跟人们和诸侯讲仁义，不知道在干些什么，感到不可理解。

像一个叫微生亩的人就对孔子说："孔丘你为什么老是栖栖遑遑地到处奔走？难道不是在逞口舌之能吗？"这个微生亩也许是孔子的一个长辈，孔子看到他在批评自己，就很恭敬地说："不敢称口舌之能啊，只是痛恨人们的那种顽固不化。"

子路在鲁国的石门过了一宿，和守门的人聊天，守门的人问起子路的来历，子路回答说："来自孔子门下。"这个守门的人也早已耳闻孔子的大名，对于孔子所从事的活动也很了解，说了一句："是知其不可为而为之者乎？"他理解孔子自己都知道这些拯救天下的行为在当时来讲是不可能成功的，而孔子仍然在为实现自己的目标一直努力奋斗。

孔子的学说和思想在三百多年以后西汉大行于世，成为中国文化的主流思想，西方也同样具有孔子这种知其不可而为之的精神。在十六世纪西班牙作家塞万提斯创作的小说《堂吉诃德》中的主人翁堂吉诃德就是一个具有典型的知其不可而为之精神的人物。

● 感悟故事

堂吉诃德

西班牙文学世界里最伟大的作家塞万提斯写的《堂吉诃德》于1605年第一次出版，立即风行全国，一年之内竟再版了六次。评论家们称他的小说《堂吉诃德》是文学史上的第一部现代小说，同时也是世界文学的瑰宝之一。

小说的主人翁堂吉诃德因读骑士小说入了迷，不仅心中向往骑士生活，而且把这一愿望付诸行动，几度离家，要锄强扶弱，干一番轰轰烈烈的事业以名垂史册。可是时代变了，骑士制度早已成为历史，他自然当不成骑士了，于是他只得以幻觉来实现当骑士的向往。

他把骑士小说的描写当成现实生活，想以自己的游侠行为来复活过时的骑士制度，要单枪匹马打抱不平，主持正义、改造社会。他把穷旅店当作城堡，把理发师的铜盆当作魔法师的头盔，把啤酒囊当作巨人的头颅，把羊群当作魔法师的军队。

堂吉诃德出行遇见的第一件事是郊野里有三四十架风车，这是西班牙农民借用风力推转石磨，磨麦子和饲料的。堂吉诃德却把它当作三四十个巨人，把风车的翅翼看成是巨人的胳膊，要向前厮杀。微微刮起一阵风，转动了那些庞大的翅翼，堂吉诃德见了说："即使你们挥舞的胳膊比巨人布利亚瑞欧的还多，我也要和你们见个高低！"

说罢，他把盾牌遮稳身体，横托着长枪飞马向第一架风车冲杀上去。他一枪刺中了风车的翅膀，翅膀在风里转得正猛，把长枪截成几段，一股劲儿把堂吉诃德连人带马直扫出去，堂吉诃德滚翻在地，狼狈不堪。他的侍从赶紧骑驴来救，跑近一看，他已经不能动弹，把他摔得太厉害了。

堂吉诃德并没有因第一次出行就遇到失败而感到沮丧，而是更加勇敢地继续自己的冒险旅程。虽然他闹出了很多的笑话，甚至也做出了很多愚蠢的行为，干出许多荒唐甚至疯狂的事，最后也无法复活骑士制度，但是他的这种知其不可为而为之的精神为人们所赞赏，也流传到了世界各地，为全世界的人们所喜爱。

● 现代小启示

孔子这种知其不可而为之的精神，在古代寓言愚公移山的故事中也有表现。塞万提斯通过对小说主人翁堂吉诃德的描写，同样塑造了一个典型的"知其不可为而为之的"形象。堂吉诃德想要恢复中古的骑士精神，做出了很多不符合时代的荒唐事情，他的动机和目的是很纯粹的，虽然他注定不能成功，但他的勇敢精神和可爱行为受到了全世界读者的喜爱。

孔子的动机和目的比堂吉诃德的要高尚和伟大，仁德对于社会比骑士精神更具有意义，孔子的这种知其不可而为之的行为，对中国文化和中国历史产生了积极深远的影响，所以他的行为虽然在当时没有明显的成功，从后世来看，他是成功的。对我们自己来讲，也应该要具备这种知其不可而为之的精神。我们对一些自己知道不一定能成功的事情，但是有意义有必要去做的，我们仍然要去做，这种事情在我们的人生中会碰到很多。

见义不为，无勇也

子路很勇敢，总是想要老师来表扬一下他的这个优点，所以子路故意问孔子说："君子尚勇乎！"意思是君子应该崇尚勇吗？孔子告诉他："君子义以为上。"孔子并没有否定勇敢，但是认为"义"更加重要。认为作为一个君子，应该把道义放在更重要的位置。如果只有勇敢而不讲道义，位居高位就会作乱，小人则会铤而走险去做强盗。

孔子还认为仁德的人必定是有勇的，但是有勇的人不一定有仁德。所以一个人的勇敢只有表现在维护道义上才是正当的，因此，有仁德讲道义的人在关键的时候必定会把自己的勇敢表现出来。孔子说："见义不为，无勇也！"看见道义在前面，却不敢去作为，这肯定是没有勇的。而有仁德的人必定是有勇的，所以可以判断，见义不敢为那就肯定是没有仁德的人了。

可以说见义勇为是人类社会的普遍现象，在各个时期都有，而在中国社会中表现得更加突出，这种见义勇为的事例在人类的历史上层出不穷，不管是东方还是西方。因为孔子的这种思想也反映了人类的一种本性，宋朝的开国之君赵匡胤就是这样一个见义勇为的典范。

● 感悟故事

赵匡胤

宋太祖赵匡胤在年轻的时候，生性豪爽，行侠仗义，胸有大志，上演了一曲见义勇为的好戏，这就是流传甚广的"千里送京娘"的故事。

赵匡胤喜欢游历名山大川，结交天下英雄，一次他乘兴南下，前往武安探望旧友，行至武安西北的摩天岭清油观，因夜色已晚借宿观中，与观主长谈。忽听窗外隐约传来女子的啼哭声，顿觉奇怪，便向观主打听是何缘故，得知啼哭女子原来是被一伙强盗打劫所抢。

这女子名叫京娘，是山西永济人，随父到曲阳上香还愿，途中碰到一伙强盗。为首的两个首领一个叫周进，一个叫张广，二贼见京娘貌美，顿起不良之心，将京娘抢走，准备带回山寨做压寨夫人，决定暂将京娘藏匿于清油观，等再抢一个女子后，再回山上。

赵匡胤一听，侠义心肠油然而生，怒道："朗朗乾坤，岂容贼人胡作非为！"赵匡胤艺高人胆大，赶走强盗，将京娘解救出来，怕京娘路上不安全，于是提出要亲自护送京娘返回老家永济，京娘听后面呈难色，赵匡胤也觉不妥，为避嫌疑，于是由道长做主，双方结拜为兄妹，护送京娘赶赴山西永济。

一起走了一段路，二贼又纠集喽罗追赶上来，欲将京娘夺回。赵匡胤大怒，奋起将为首的两贼人打死，继续前行。兄妹二人借宿在驿站之内，由于多日劳累，京娘请义兄将身上脏衣脱下，拿到驿站旁的滴翠潭清洗备用。

在几日的交往之中，京娘感到赵匡胤是个顶天立地的英雄，是个正人君子，爱慕之情油然而升。几日后来到京娘家中，全家喜出望外，一番喧谢之后，设宴款待赵匡胤。

当夜京娘的兄嫂私议，觉得妹妹先被贼人所抢，后又与一红脸大汉同行而归，毕竟男女有别，就与父母商量，欲将京娘许配给赵匡胤。在随后全家设宴为赵匡胤送行席间，京娘之父将此事提出，赵匡胤很不高兴，说："我救京娘，出于仗义，别无他意，若娶京娘，那又与贼人有何区别！"京娘之兄又说："毕竟男女有别，你一路相随，难免有人说三道四，叫京娘今后如何见人？"赵匡胤听后大怒，愤然离去。

事后，京娘暗自思量，父亲和哥哥虽属好意，但有损恩兄美名，预料赵匡胤极有可能再到武安探访好友，于是再度离家，寻找恩兄下落，想将此事说明，消除误会。沿途来到搭衣岩驿站时，还没找到，这时的她身心疲惫，思想："危难之中得赵匡胤仗义相救，以身相报只不过是自己和家人的一厢情愿，并非赵匡胤之过，但此时若再回到老家，难免又遭非议"。联想到自己一个微弱女子，命运悲苦，前思后想，便产生了以死相报的念头，一番打扮之后，饮恨纵身投入湖中。

京娘投湖以死相报的故事在武安广为流传，后来赵匡胤的朋友将此事告诉已登基为帝的赵匡胤，赵匡胤闻听后极为震惊，深感自己的鲁莽之举，既救京娘，又害京娘，感于京娘的贞节，即下诏追封为"贞义夫人"，以示纪念，并常到武安祭奠京娘。

赵匡胤自幼爱好骑射和练武，练得一身好武艺。而他并不是仅仅会武术的一介武夫，他还好学，已达到了"手不释卷"的程度，必定也熟知古代圣贤的教诲。就是他有很高的文化素养，养成了一身正气，这就是他和其他武夫的区别，所谓的文武双全才能成就大事。赵匡胤见义勇为的行为是他品德的必然表现，也是他秉性的自然流露。

赵匡胤千里送京娘的故事就是他勇敢的体现，从这种勇气中，可以看出大智大勇来，这正是孔子所称赞的，也是真正的勇敢。见义勇为需要勇气，而这种勇气需要有德行作为基础，没有道德的人是不会有见义勇为的。用孔子的话来说，就是看到道义受到损害，却不敢去作为，这个人肯定是没有勇气。其实这种勇气不是只有古代才有的，在我们每个人的心灵深处都会有这种愿望，现代的社会同样有很多见义勇为的故事，我们也会经常在报纸上、电视上、生活中看到和遇见这种事情，看了都会很感动。

直道而行

孔子说："人之生也直。"认为人生下来就是直的，就是说直是人的本性，也是一种优秀的品德。微生高是当时社会上的一位名人，他的一些行为引起了人们的兴趣。人们都称赞他很直，是一个正直之人，但是孔子并不这样认为。孔子说："谁说微生高这个人直啊？有人曾经跟他去借醋，他却跟他的邻居借了再借给那个人。"微生高自己没有，又不好意思直说，所以只好跟邻居借再给别人，这事看起来好像很直，其实是不直。孔子就从这件事上看出了微生高这个人并不直率而是做作。

对于古人的直率，孔子十分赞赏，认为古代的人虽然朴素粗糙了一些，但是很诚实、真实。孔子认为今天的人愚昧却很狡诈，狡诈的人自以为聪明，却是愚蠢的一种表现。并且现在的狂而不直，即是狂放而不直率，让人无法理解，孔子认为夏商周三代的古人都是直道而行的。

他说："吾之于人也，谁毁谁誉。如有所誉者，其有所试矣。斯民也，三代之所以直道而行也。"大意是孔子对于别人有些是批评了，有些是赞誉过了。如果是赞誉过的人，那一定是自己考察过了的，并且孔子认为，这种直率的做法就是效仿三代时期人们的直道而行，自己和三代古人的做法是一样的。在孔子看来，直是值得我们贯彻在行为之中的，汉朝的董宣就是孔子所说的这样一个直道而行的人。

● 感悟故事

董　宣

　　京都洛阳是全国最难治理的地方，聚居在城内的皇亲国戚、功臣显贵常常纵容自家的子弟和奴仆横行街市，无恶不作。朝廷接连换了几任洛阳令，还是控制不住局面，最后，东汉光武帝刘秀百般无奈，决定任命年已69岁的董宣做洛阳令。

　　湖阳公主是汉光武帝刘秀的姐姐，湖阳公主有一个家奴仗势行凶杀了人，董宣带人拦住了公主的马车。湖阳公主坐在车上，看到这个拦路的白胡子老头如此无礼，便傲慢地问道："你是什么人？敢带人拦住我的车驾？"董宣上前施礼，说："我是洛阳令董宣，请公主交出杀人犯！"

　　那个恶奴在马队里看到形势不妙，就赶紧爬进公主的车子里，躲在公主的身后。湖阳公主一听董宣向她要人，仰起脸，满不在乎地说："你有几个脑袋，敢拦住我的车马抓人？你的胆子也太大了吧？"

　　董宣猛地从腰中拔出利剑向地下一划，厉声责问她身为皇亲，为什么不守国法？湖阳公主一下子被这凛然的气势镇住了，目瞪口呆，不知所措。董宣又义正词严地说："王子犯了法，也得与老百姓一样治罪，何况是你的一个家奴呢？我身为洛阳令，就要为洛阳的众百姓做主，决不允许任何罪犯逍遥法外！"董宣一声喝令，洛阳府的吏卒一拥而上，把那凶犯从公主车上拖了下来，就地砍了脑袋。

　　这一下差点儿把湖阳公主气昏过去，公主认为董宣在她面前杀她的仆人，是在欺负她。她赶到宫里，向汉光武帝哭诉董宣怎样欺负她，汉光武帝听了，十分恼怒，想要打死董宣替公主消气。

　　董宣说："让我说完话再死吧。"汉光武帝说："你还有什么话可说的？"董宣说："皇上您有圣德，是中兴之主，而纵奴仆杀人，还能治理天下吗？我不用你打，我自己先死吧！"说罢，他挺起头就向柱子撞去，撞得血流满面。

　　汉光武帝知道董宣有理，便要董宣给公主磕个头赔礼了事。内侍把董宣的脑袋往地下摁，可是董宣用两手使劲撑住地，挺着脖子，不让把他的头摁下去。

　　内侍知道汉光武帝并不想把董宣治罪，可又得给汉光武帝下个台阶，就大声地说："回陛下的话，董宣的脖子太硬，摁不下去。"汉光武帝也只好笑了笑，下命令说："把这个强项令撵出去！"

　　湖阳公主见汉光武帝放了董宣，心里很气，对汉光武帝说："你从前做平民的时候，还收留过逃亡的和犯死罪的人，官吏不敢上咱家来搜查，现在做了天子，怎么反而对付不了小小的洛阳令？"汉光武帝说："正因为我做了天子，就不能再像做平民时那么干了。"

汉光武帝不但没办董宣的罪，还赏给他三十万钱，奖励他执法严明。以后，董宣继续打击不法的豪门贵族，洛阳的土豪听到他的名声都吓得发抖，人们都称董宣是"卧虎"。

● 现代小启示

对于夏商周三代的社会风气，孔子经常称颂，也十分向往那时代的生活。那时民风淳朴，行为做事都是直率不虚伪的，就是孔子所说的"直道而行"，孔子认为这种直是人的天性。董宣保持了这种直的天性，他不畏权势，秉公执法，把杀人恶奴绳之以法，这是其他官员不敢做的，因为惧怕湖阳公主的打击报复。

董宣很直，就是汉光武帝要他低头，他也是宁死不屈，因为正义在他这一边。现在的社会风气不是很好，在这样的环境下，我们也会经常做一些违心的事，说一些违心的话，明明知道某个事情错了，我们还要去做，明明清楚某句话错了，我们也要说是对的。这就是不直，就是不能直道而行，因为这样枉曲的话，对自己是有利，但这是一种自私和软弱的表现。

言语篇

从语言中探寻深刻的道理

言而有信

在《论语》中，孔子在很多的地方强调说话要有信，他说："谨而信。"意思是做人要谨慎而说话要讲信用。又说："言忠信，行笃敬，虽蛮貊之邦行矣。言不忠信，行不笃敬，虽州里行乎哉？"

即是说，一个人如果说话忠实而有信用，行为厚道恭敬，就是到了那些落后没有开化的地方，也是可以行得通的。而如果一个人说话不忠实而有信，行为不厚道恭敬，就是在自己的乡里也是行不通的。当弟子子张听到老师的这句话，觉得很有道理，恭敬地记在了自己腰带上。

子夏也说："与朋友交，言而有信。"和朋友交往，说过的话自己一定要去履行。商鞅在做秦国的任左庶长的时候，想要推行政治上的变法，他先要取信于民，就是从言而有信这一点上开始的。

● 感悟故事

商 鞅

秦孝公拜商鞅为左庶长，并且说："从今天起，改革制度的事全由左庶长来拿主意。"商鞅于是起草了一个改革的法令，但是怕老百姓不信任他，不按照自己颁布的新法令去做，就先叫人在都城的南门竖了一根三丈高的木头，跟人们说："谁能把这根木头从这里扛到北门去，我就赏给谁十两金子。"

不一会，南门口围了一大堆人，都觉得很新奇。大家都议论纷纷，有的说："这根木头谁都拿得动，哪儿用得着十两赏金？"有的说："这大概是左庶长成心在开玩笑吧。"大伙儿你瞧我，我瞧你，不相信有这么便宜的事。过了一段时间，还是没有一个上去扛木头的。

商鞅知道大家还不相信他的命令，就宣布把赏金提到五十两，没有想到赏金越高，看热闹的人越觉得不近情理，仍旧没人上去扛。正在大伙儿议论纷纷的时候，人群中有一个人跑出来，说："我来试试吧。"他说着真的把木头扛起来就走，一直搬到北门。

商鞅立刻派人传出话来，赏给这个扛木头的人五十两黄澄澄的金子，一分也没少。这件事立即传了出去，一下子轰动了秦国，大家都说："左庶长的话一点也不含糊啊。"

商鞅觉得大家相信他的话了，取得了国人的信任，就把他起草的新法令公布了出去。新法令赏罚分明，规定官职的大小和爵位的高低要以打仗立功为标准，贵族如果没有军功的，就没有爵位；多生产粮食和布帛的，免除官差；凡是因为做买卖和因为懒惰而变得贫穷的，连同妻子儿女都罚做官府的奴婢。秦国自从商鞅变法以后，农业生产增加了，军事力量也强大了。

● 现代小启示

孔子强调言语上的诚信，他清楚诚信的重要性。这一点在商鞅身上表现得很明白，本来秦国的人民不相信商鞅，但商鞅通过一次兑现了自己诺言而得到了人民的信任，为实行自己的变法政策打下了坚实的基础。

一个人言语上不诚信，在社会上是行不通的。不仅是在社会上，其实在自己的家里、单位里、学校里都是行不通的。没有取得别人的信任，做事情就肯定做不好，对自己的发展也是不利的，同时言而有信，是人们评判一个人品德的重要标杆。

言寡尤

子张跟孔子学习多年以后，觉得自己的学问也很不错了，于是想去做做官，拿些俸禄，因此向孔子问一些做官的方法，即取得俸禄的技巧。孔子就告诉他："多闻阙疑，慎言其余，则寡尤；多见阙殆，慎行其余，则寡悔。言寡尤，行寡悔，禄在其中矣。"

孔子从言行上给子张分析，告诉子张，要多去听取别人的意见和观点，而保留自己有疑问的地方，可以谨慎地把自己清楚的东西说出来，这样就让自己的语言很少出现过失了；同时多去考察了解事实，保留自己不能理解的地方，可以把自己了解和掌握的东西付诸实施，这样就很少有后悔的。在言语上很少有过失，在行动上很少有后悔，俸禄就在其中了，这个官也就能做得顺利了。

子张也许是想从孔子那里学一些做官的秘诀，可能孔子的话并不是什么秘诀，但是确实是很有用处的。在言语上老是有过失，行为上老是犯错误，那么这个官肯定是做不好的，也肯定是做不长的，那么也就得不到官职所给予的薪水了，这也是一种做官的最为实用的方法。五代时期的名臣冯道，能够在事四朝，相六帝而长盛不衰，自有他的道理，可以说是践行了孔老夫子的教诲。

● 感悟故事

冯　道

冯道为人能自刻苦为俭约，在随军当书记时，住在草棚中，连床和卧具都不用，睡在草上。发到的俸禄与随从、仆人一起花，与他们吃一样的伙食，毫不在意。在丧父后辞去翰林学士回到景城故乡时，正逢大饥荒，他倾家财救济乡民，自己却住在茅屋里，还亲自耕田背柴；有人田地荒废又没有能力耕种，他在夜里悄悄地去耕种，主人得知后登门致谢，他却感到没有什么值得别人感谢的地方，对地方官的馈赠也一概不受。

后唐天成、长兴年间，连年丰收，中原比较安定，冯道却告诫明宗："我以前出使中山，在经过井陉天险时，怕马有闪失，小心翼翼地紧握着缰绳，但到了平地就认为没有什么值得顾虑了，结果突然从马上颠下受伤。在危险的地方因考虑周到而获得安全，处于太平的环境却因放松警惕而产生祸患，这是人之常情。我希望你不要因为现在丰收了，又没有战事，便纵情享乐。"

后唐明宗问他："丰收后百姓的生活是不是有保障了？"冯道说："谷贵饿农，谷贱伤农，历来如此。我记得近来聂夷中写过一首《伤田家诗》道：'二月卖新丝，五月粜秋谷，医得眼下疮，剜却心头肉。我愿君王心，化作光明烛，不照绮罗筵，偏照逃亡屋。'"明宗让左右抄下这首诗，经常自己诵读。

明宗年间，冯道还与李愚等委派官员，将原来刻在石上的儒家经典用雕版印刷，这是见于记载的首次以雕版印刷《九经》，是中国印刷史和文化史上的一件大事，此事竟然发生在战乱不绝的五代时期，与冯道个人的作用是分不开的。

冯道唐末投刘守光作参军，刘败后投河东监军张承业当巡官。张承业重视他的"文章履行"，推荐给晋王李克用，任河东节度掌书记。后唐庄宗时任户部尚书、翰林学士，明宗时出任宰相，后晋高祖、出帝时均连任宰相，契丹灭晋后，被任为太傅，后汉代晋后任太师，后周代汉后依然任太师。

冯道同时代的人对他赞誉备至，冯道死时七十三岁，正好与孔子同寿，当时人们都对冯道的一生表示赞叹。宋初的名臣范质对冯道的评价是："厚德稽古，宏才伟量，虽朝代迁贸，人无间言，屹若巨山，不可转也。"

● 现代小启示

孔子告诉子张做官的秘诀就是"言寡尤，行寡悔"这六个字，言语上少说错话，行为上少做错事，这个官位就稳了，和职位相应的俸禄自然就不会少。冯道做官，也是实践了孔子的这句话，所以他能在不同的朝代做高官。他是不是自觉的去实践孔子的话，我们不得而知了，但他学儒家，受到孔子的影响则是肯定的。

"言寡尤，行寡悔"对于我们的现实生活仍然具有深刻的指导价值，对于我们的做事做人，都有现实意义。我们在工作中也好，生活中也好，说错话少了，做错事少了，工作自然也就干得更好了，人际关系也就会更融洽了。

巧言乱德

孔子说："巧言乱德。"意思指花言巧语是败坏道德的。因为这些话是不符合道德的，所以要用一些奸巧的话去掩饰，还想要使别人相信，过分巧妙的话语当中，往往背后隐藏了一些见不得人的企图。孔子在当时的生活中想必也遇到过这种巧言乱德的人，可能这种人还不少。

孔子也曾经说过："巧言令色鲜矣仁。"就是说，那种说话说得很精巧的人，不一定是有道德有修养的，喜欢花言巧语的人，必定是奸人，都是为了自己的私利而去欺骗讨好别人。凡是这种人，都说那些虚假的好话，肯定是有不良目的的。想必在孔子当时也遇到过很多这种奸巧的小人，要是孔子没有遇到过这种人，他怎么会对这种巧言之人深恶痛绝呢？秦代的赵高可以说是这样一个奸巧的小人。

● 感悟故事

赵　高

赵高是一个巧言乱德的典型人物，公元前210年，秦始皇病死沙丘，赵高策划阴谋，巧言厉色拉李斯下水，瞒天过海，矫诏逼杀公子胡苏，将大将军蒙恬史弟下狱，成功帮助胡亥篡位。事后升为郎中令，控制朝纲。

接着他充分施展其凶残手段，诛杀异己，腰斩同盟者李斯，又取而代之成为丞相。他指鹿为马，玩秦二世股掌之上，最后发动政变，逼杀二世。千古一帝秦始皇在天之灵他怎能明白，铁打的大秦江山竟然毁于一阉人之手。

胡亥和赵高这对暴君奸臣曾在一起制造出一幕又一幕令人发指的惨

剧。不久，赵高又想办法要除掉李斯，公元前208年7月，经过一系列精心策划，李斯的罪名终于被赵高罗织而成，再也无法改变了，奔赴刑场腰斩的李斯，悔恨交加却为时晚矣。李斯死后，赵高名正言顺地当上了丞相，事无大小，都完全由他决断，几乎成了太上皇。羽翼已丰的他，渐渐不把胡亥放在眼里了。

一天，赵高趁群臣朝贺之时，命人牵来一头鹿献给胡亥，说："臣进献一马供陛下赏玩。"胡亥虽然糊涂，但是鹿是马还是分得清，他失声笑道："丞相错了，这明明是头鹿，怎么说是马呢？"

赵高板起脸，一本正经地问左右大臣："你们说这是鹿还是马？"周围的人有的慑于赵高的淫威，缄默不语；有的惯于奉承，忙说是马；有的弄不清赵高的意图，说了真话。胡亥见众口不一，以为是自己冲撞了神灵，才会认马为鹿，遂召太卜算卦，太卜道："陛下祭祀时没有斋戒沐浴，故至于此。"胡亥信以为真，便在赵高的安排下，打着斋戒的幌子，躲进上林苑游猎去了。胡亥一走，赵高便将那些敢于说"鹿"的人纷纷谋害了。

后来人民起义已严重危及到秦朝的政权，怠于政事的秦二世对此有所察觉，对长期专权的赵高产生了不满。坏事做尽的赵高害怕二世追究他的过失，决定先下手为强，利用自己掌握的宫内外大权派亲信强迫秦二世自杀，然后操纵政局，欲立秦二世之子公子婴为秦王。

秦王婴认识到赵高的险恶用意，经过周密的策划，在赵高督促其到宗庙受玺的时候，令早已埋伏好的手下人挥剑杀死了赵高，结束了赵高罪恶滔天的一生。随后子婴素车白马，手捧玉玺向刘邦投降，至此秦朝灭亡。

● 现代小启示

赵高本来就是一个无德的小人，要是孔子肯定能识破赵高的奸诈之言，可惜秦始皇和李斯都没能识破，由此导致了后来李斯被陷害以及秦朝的灭亡。甚至连指鹿为马的这种荒唐事也堂而皇之地发生在庄重的朝廷之中，岂不怪哉！

一个人地位高，操纵国家大权，如果巧言乱德的话，遭殃的是整个国家。一个人没有什么地位，如果是巧言乱德的话，受害的可能是一个家庭或者某个人。所以对于巧言乱德的人不可不注意啊。通过孔子的话我们可以认识到巧言的危害，所以我们宁愿听那些朴实无华的话，甚至是一些愚钝的话，也不要相信那些巧舌如簧的语言。花言巧语虽然好听，确实十分有害，而朴实的话语虽然不动听，却值得我们去听取和思考。

侃侃如也

子贡的口才在同学之中是最好的，子贡也喜欢聊天，一次子贡和同学冉有在孔子旁边聊谈。论语上记载："闵子侍侧，訚訚如也；子路，行行如也；冉有、子贡、侃侃如也，子乐。"

就是说一次弟子闵子骞、子路、冉有、子贡侍奉在旁边的时候，闵子骞表现得很恭敬，子路则很威武，而冉有和子贡在那里两人侃侃而谈，很是投机，孔子看到这种场景，感到十分的快乐。看到子贡和冉有在谈话，孔子也会感到很高兴，说明子贡和冉有的口才十分了得。

孔子的口才也是十分出众的，他虽然在自己乡里表现得很温和恭敬，好像不会说话一样，但他在宗庙和朝廷上却是畅所欲言的，只是还有些谨慎。和上大夫说话，是恭敬谨慎的，而和下大夫说话时，孔子也是侃侃而谈，十分的从容健谈，表现得很愉快。当然孔子的口才为弟子们所佩服，听老师讲话，弟子们肯定会感到很舒服的，要么弟子们怎会去编辑这一本《论语》呢？林肯也是这样一位很有口才的人。

● 感悟故事

林 肯

林肯早年在读书时，有一次考试，老师问他："你愿意答一道难题，还是两道容易的题目？"林肯很有把握地答："答一道难题吧。""那你回答，鸡蛋是怎么来的？""鸡生的。"老师又问："那鸡又是从哪里来的呢？""老师，这已经是第二道题了。"林肯微笑着说。

在林肯当律师时，有一次，他得悉朋友的儿子小阿姆斯特朗被控为谋财害命，已初步判定有罪，他以被告律师的资格，到法院查阅了全部案卷。知道全案的关键在于原告方面的一位证人福尔逊，因为他发誓说在10月18日的月光下，清楚地目击小阿姆斯特朗用枪击毙了死者，对此，林肯要求复审。在这场精彩的复审中，有以下一段对话。

林肯问证人："你发誓说看清了小阿姆斯特朗？"福尔逊："是的。"林肯："你在草堆后，小阿姆斯特朗在大树下，两处相距二三十米，能认清吗？"福尔逊："看得很清楚，因为月光很亮。"

林肯说："你肯定不是从衣着方面看清他的吗？"福尔逊："不是的，我肯定看清了他的脸，因为月光照亮了他的脸。"林肯："你能肯定时间是在11时吗？"福尔逊："充分肯定，因为我回屋看了钟，那时是11时

15分。"

林肯问到这里，就转过身来，发表了一席惊人的谈话："我不能不告诉大家，这个证人是一个彻头彻尾的骗子，他一口咬定10月18日晚上11时在月光下看清了被告的脸，请大家想想，10月18日那天是上弦月，晚上11时月亮已经下山，哪里还有月光？退一步说，也许他时间记得不十分精确，时间稍有提前，但那时月光是从西往东照，草堆在东，大树在西，如果被告的脸面对草堆，脸上是不可能有月光的！"大家先是一阵沉默，紧接着掌声、欢呼声一起迸发出来，福尔逊傻了眼。

一次，某议员批评林肯总统对敌人的态度时，质问道："你为什么要试图跟他们做朋友呢？你应当试图去消灭他们。""我难道不是在消灭政敌吗？当我使他们成为我的朋友时，政敌就不存在了。"林肯温和地说。

林肯的脸较长，不好看。一次，他和道格拉斯辩论，道格拉斯讥讽他是两面派，林肯答道："要是我有另一副面孔的话，我还会戴这副难看的面孔吗？"有一次，林肯在擦自己的皮鞋，一个外国外交官向他走来说："总统先生，您竟擦自己的皮鞋？""是的，"林肯诧异地反问，"难道你擦别人的皮鞋？"

● 现代小启示

子贡的口才很好，说话的时候总是侃侃而谈，孔子看到很高兴。孔子的口才也很好，他们的这种口才，不仅仅是能说会道嘴皮子的功夫，而是言之有物的，他们的修养和品德能通过语言表现出来。

林肯有这样的口才，也是建立在他的学识、品德和修养之上的。如果林肯肚子里面空空如也，他在辩护以前没有经过仔细地考察和思考，他就不可能在法庭上侃侃而谈击败对手，如果他没有具备那样的素质和能力，也就不会当上总统。

现在有很多关于演讲和口才的书，看的人也很多，看了这些书能起什么作用吗？作用可能会有一些，但是并不能把我们训练成一个演说家。孔子并没有给学生们开专门讲口才的课，林肯那时也未必有关于口才的专业知识，为什么他们口才那么好，而我们却不行呢？区别就是在于我们才识和能力不够。

巧言令色，鲜矣仁

孔子说："巧言令色，鲜矣仁。"这里肯定包含了孔子的生活经验，和孔子打交道的人形形色色，看到一些花言巧语，经常装作很和善的那种人，往往是很少有仁德的，也就是说，那些巧言令色的人往往是一些奸诈的小人。

而那种很会说话的人往往能一时打动人心，那种装着和善的人往往能迷惑人，让人放松了对他的警惕。孔子当然不会上这种人的当，因为孔子对人性是很了解的，完全能够看清楚这种巧言令色的人的本来面目。

李林甫和人相处，在表面上显得和善而友好，有人向他提出意见，他也装出非常乐意接受的样子。在别人面前，说尽所有动听、善意的话语，可是实际上，他的性情和他的表面态度完全相反，他就是一个典型的巧言令色之人。

● 感悟故事

李林甫

唐玄宗想把李林甫提为宰相，跟张九龄商量，张九龄看出李林甫不是正路人，就直截了当地说："宰相的地位，关系到国家的安危，陛下如果拜李林甫为相，只怕将来国家要遭到灾难。"

这些话传到李林甫那里，李林甫把张九龄恨得咬牙切齿。朔方将领牛仙客，目不识丁，但是在理财方面，很有点办法。唐玄宗想提拔牛仙客，张九龄没有同意。李林甫在唐玄宗面前说："像牛仙客这样的人，才是宰相的人选，张九龄是个书呆子，不识大体。"

有一次，唐玄宗又找张九龄商量提拔牛仙客的事，张九龄还是不同意。唐玄宗发火了，厉声说："难道什么事都得由你做主吗！"唐玄宗越来越觉得张九龄讨厌，加上听信了李林甫的诽谤，终于借个理由撤了张九龄的职，让李林甫当宰相。

李林甫一当上宰相，第一件事就是要把唐玄宗和百官隔绝，不许大家在玄宗面前提意见。有一次，他把谏官召集起来，公开宣布说："现在皇上圣明，做臣下的只要按皇上意旨办事，用不到大家七嘴八舌。你们没看到立仗马吗？它们吃的饲料相当于三品官的待遇，但是哪一匹马要是叫了一声，就被拉出去不用，后悔也来不及了。"

有一个谏官不听李林甫的话，上奏本给唐玄宗提建议，第二天，就接到命令，被降职到外地去做县令。大家知道这是李林甫的意思，以后谁也不敢向玄宗提意见了。李林甫知道自己在朝廷中的名声不好，凡是大臣中能力比他强的，他就千方百计地把他们排挤掉。他要排挤一个人，表面上不动声色，笑脸相待，却在背地里暗箭伤人。

尽管李林甫装扮得那么巧妙，他的阴谋诡计到底被人们识破了，人们都说李林甫这个人是"嘴上像蜜甜，肚里藏着剑"。李林甫当了十九年宰相，一个个有才能的正直的大臣全都遭到排斥，一批批钻营拍马的小人都受到重用提拔。

在这个时期，唐朝的政治从兴旺转向衰败，"开元之治"的繁荣景象消失，接着出现的就是"天宝之乱"。李林甫是一个非常阴险狡猾的人，经常在暗处使坏，谋害与他意见不合的人，最后导致朝政彻底衰败。

● 现代小启示

口蜜腹剑的成语就是从李林甫这里来的，他表面上对别人说得很好听，其实在暗地里做坏事，刚好应验了孔子说的"巧言令色，鲜矣仁。"李林甫这种人本来就没有什么道德修养，话说得好听只是用来骗别人的，以此来掩饰自己的奸诈而已。

在我们的社会生活中，也同样会碰到很多会说漂亮话的人。而这些人往往只是表面上说得很好，实际的行为并不会如此，往往和那些漂亮话相反，在背后暗箭伤人。反而是那种不怎么说话，甚至是语言迟钝的人要可靠多了。从现代的这些人身上，同样可以得出孔子的结论："巧言令色，鲜矣仁。"

一言而丧邦

在孔子晚年的时候，其实有一个政府资政的身份，君主们都喜欢跟孔子请教国家大事和政治问题。一次鲁定公问孔子："一言而可以兴邦，有这种事吗？"孔子回答说："话不可以这样说的，有跟这相近似的情况，有人说：'为君难，为臣不易。'假如知道为君的难处，不是接近一言而兴邦吗？"

鲁定公也许更关心失去国家的危险，所以又问"一言而丧邦，有这种事吗？"孔子回答说："话不可以这样说的，有跟这相近似的情况，有人说过：'我对于做君主没有觉得有什么高兴的，高兴的只是说出去的话没有人来违背我'，如果是善言而没有违背的，不亦善乎？如不善而没有人来违背，不就近于乎一言而丧邦吗？"孔子的这些话很深刻，也是有历史根据的，比如周幽王就是一个差不多一言而丧邦的范例。

● 感悟故事

周幽王

周幽王有一个妃子叫褒姒，他十分宠爱褒姒，可是褒姒自从进宫以后，心情闷闷不乐，没有露过一次笑脸。幽王想尽办法叫她笑，她怎么也笑不出来，为博取褒姒的一笑，幽王下令，宫内宫外人等，能让褒姒一笑者，赏赐一千两金子。

虢石父替周幽王想了一个鬼主意，就是献上烽火戏诸侯的计策，在骊山上把烽火点了起来，这就是"幽王烽火戏诸侯"的故事。虢石父对周幽王说："现在天下太平，烽火台长久没有使用了，我想请大王跟娘娘上骊山去玩几天。到了晚上，咱们把烽火点起来，让附近的诸侯见了赶来，上个大当，娘娘见了这么多兵马扑了个空，保管会笑起来。"周幽王拍着手说："好极了，就这么办吧！"

他们上了骊山，真的在骊山上把烽火点了起来。临近的诸侯得了这个警报，以为犬戎打过来了，赶快带领兵马来救。没想到赶到那儿，连一个犬戎兵的影儿也没有，只听到山上一阵阵奏乐和唱歌的声音，大伙儿都愣了。

幽王派人告诉他们说，大家辛苦了，这没什么事，不过是大王和王妃放烟火玩儿，你们回去吧！

诸侯知道上了当，憋了一肚子气回去了。褒姒不知道发生了什么事情，看见骊山脚下来了好几路兵马，乱哄哄的样子，就问幽王是怎么回事，幽王一五一十告诉了她，褒姒真的笑了一下。幽王见褒姒露出笑脸，就赏给虢石父一千两金子。

幽王宠着褒姒，后来干脆把王后和太子废了，立褒姒为王后，立褒姒生的儿子伯服为太子。原来王后父亲是申国的诸侯，得到这个消息，就联合犬戎进攻镐京。

幽王听到犬戎进攻的消息，惊慌失措，连忙命令把骊山的烽火点起来，烽火倒是烧起来了，可是诸侯因为上次上了当，谁也不来理会他们。烽火台上白天冒着浓烟，夜里火光烛天，可就是没有一个救兵到来。

犬戎兵一到，镐京的兵马不多，勉强抵挡了一阵，被犬戎兵打得落花流水。犬戎的人马像潮水一样涌进城来，把周幽王、虢石父和褒姒生的伯服杀了，那个不开笑脸的褒姒，也给抢走了。

到这时候，诸侯们知道犬戎真的打进了镐京，这才联合起来，带着大队人马来救。犬戎的首领看到诸侯的大军到了，就命令手下的人把周朝多少年聚敛起来的宝贝财物一抢而空，放了一把火才退走。中原诸侯打退了犬戎，立原来的太子姬宜臼为天子，就是周平王，诸侯也回到各自的封地去了。

没想到诸侯一走，犬戎又打过来，周朝西边大多土地都被犬戎占了去。平王恐怕镐京保不住，打定主意，把国都搬到洛邑去。公元前770年，周平王迁都洛邑。因为镐京在西边，洛邑在东边，所以历史上把周朝在镐京做国都的时期，称为西周；迁都洛邑以后，称为东周。

● 现代小启示

孔子对鲁定公提出的"一言而兴邦"、"一言而丧邦"的观点不赞同。把语言的作用放大这种程度，是严重了一点。而孔子认为这种情况差不多是有的，比如某些人说做君主没有什么意思，只是自己说的话别人不敢违，这就可能丧邦。如果有人说"为君难，为臣不易"这就可能兴邦。

周幽王的故事就是差不多一言丧邦的证明。他为了博得美人一笑，不惜烽火戏诸侯，欺骗了诸侯，结果招来杀身之祸，连周朝的半壁江山也被犬戎占去了。说一言而丧邦虽然还不至于这么严重，而说出的话造成的后果却很严重。我们也一样，平时说出去的话，也会产生对自己影响很大的结果，一不小心说错了话，情况就可能变得很糟。说对了一句话，情况会很好的，所以我们说话时要慎重。

君子不失言

孔子总结出了跟长辈和有道德君子讲话的三种过失："言之未及之而言谓之躁；言及之而不言，谓之隐；未见颜色而言，谓之瞽"。意思在面对有道德君子，不该说话的时候说了话，就是过于急躁；在应该说话的时候不说话，就是有所隐瞒；没有注意君子的神色反应之下便轻易开口，那就像盲者看不见一样。"这是在跟长辈和有道德修养的人讲话的时候所应该具有的谨慎。

孔子还根据语言想的不同和内容不同做了深入的分析，他说："可与言而不与言，失人；不可与言而与之言，失言。知者不失人，亦不失言。"可以讲的语言而不跟人讲，叫做失人；不可以讲的而跟人讲，叫做失言；有智慧的人是不失人也不失言的。

指说话要看对象，对于什么对象说什么话，有些话该不该说，有些人是不是该跟他说，是要仔细考虑的。美国的前总统福特，也有失言的时候，同时也很幽默，我们可以把他失言的故事当作趣闻来看。

● 感悟故事

福　特

福特是美国第38届总统，1963年他被选为众议院少数党领导人，他任众议员直到1973年。在水门事件高潮时期，当时的副总统辞职后福特被任命为副总统，尼克松辞职后福特继任美国总统。

福特是历史上最老实的总统，生性温厚的他谦逊、随和，以至于有人说他是"白宫里的童子军"。或许也是因为这个原因，尽管历经30年政治斗争，福特的政敌却少得惊人。福特在任期间没有什么太突出的政绩，却常常因为走路摔跤和说话失言而被新闻界嘲笑。

美国喜剧演员切维·蔡斯七十年代就是以模仿福特频频出意外的糗事起家，走红于电视圈，后来还拍电影，赚了不少片酬。1986年，福特"报仇"的机会来了，他邀请许多喜剧演员和前白宫助手，出席一次以总统与幽默为主题的研讨会。第二天开会时，福特趁切维·蔡斯没有防备，突然伸出脚，把他绊倒，制造了一场娱人娱己的小意外。

福特1976年同卡特进行的总统选举辩论，福特当时断言："根本没有苏联支配东欧这回事！在福特政府下，将来也决不会允许苏联控制东欧国家。"卡特马上抓住福特的痛脚，死缠烂打，逼得福特失去招架之力，加上福特接任总统后赦免尼逊，不为当时的选民谅解，卡特于是奠定了胜局。

福特喜欢打高尔夫球，但球艺不精，球儿常不听使唤，几次击伤旁观者。他的球伴一个著名谐星就曾这样调侃他："在高尔夫球场不难找到福特，只要见到伤者，就能找到他。"

这个谐星到过越南战场劳军，他还说："我喜欢跟福特打球，他使我回味在战区演出的日子。"福特倒懂得自嘲的艺术，他后来说："我知道自己的球艺进步了，被我误伤的观众已越来越少。"

美国媒体在福特去世后详细报道了他的生平和政治业绩，却也不讳言他的糗事和笑话，让年轻一代认识到这位严肃呆板的前总统充满情趣的另一面。老同事老朋友在丧礼上对他的衷心赞美，尤其叫人感动。

● 现代小启示

孔子对于语言的研究相当的全面和深刻，因为他有了这样的一种功底，因此就可以做到不会失言，所以中庸里面讲，孔子是"言而世为天下则"。这时因为说得好才会说得对，别人才会接受，才会用来作为典范准则。福特的失言也只是在媒体的放大镜之下而出现的，或者是在和对手的辩论之下受到了攻击，这其实并不是真正意义上的失言。我们可以把福特的这些故事当作趣闻来读。

孔子所说的这些道理，我们也可以在平时的日常生活中去体会，失言会让我们感到尴尬，也会对于我们行为和交往产生不良影响。失人的话，我们就可能没有尽到我们应有的责任，表达出我们应该有的关怀，因此我们平时要注意。

我们可以从孔子这里学到一些在语言与了解一个人的方法，只有真正有智慧的人，该说的是要说的，不该讲的就不讲，所以不失人也不失言。既表达了自己的友好和关怀，也避免了自己的难堪和无谓的行为。

道听而途说

孔子十分讨厌那种巧言令色的人，说这种人是扰乱社会道德的因素根源。同时，孔子也认为那种随便传播谣言的人，也是要被道德所抛弃的。孔子说："道听而途说，德之弃也！" 意思是在路上听到的事情，就跟别人去传播，这种行为是要被道德所抛弃的，这样一定会妨碍道德的正确传播。

因为在路上听到的一些事情，对错是非善恶都是没有经过证实的，就向别人来传播，自己还没有搞明白，还没有做出正确的判断，如果是错误的信息，肯定是要造成误导的。

如果是牵涉到一些别人的道德品质的事情，就可能造成不良的伤害和后果，孔子对这种情况肯定是有经验的，所以他深恶痛绝。三国时候，周瑜的火烧赤壁能够成功，首先要归功于蒋干的道听途说了。

● 感悟故事

周 瑜

周瑜在赤壁之战中是东吴三军大都督，赤壁大战前夕，曹操亲率百万大军，驻扎在长江北岸，意欲横渡长江，直下东吴。东吴都督周瑜也带兵与曹军隔江对峙，双方剑拔弩张，准备大战一场。

蒋干是曹操手下的谋士，他因自幼和周瑜同窗读书，便向曹操毛遂自荐，要过江到东吴去做说客，劝降周瑜，免得大动干戈。曹操闻知大喜，亲自置酒为蒋干送行。

这天，周瑜正在帐中议事，部下传报"故人蒋干相访"。周瑜闻讯，已经猜出蒋干来意，他眉头一皱，计上心来，连忙吩咐众将依计而行，随后带着众人亲出帐门迎接。二人相见，寒暄一番，周瑜挽着蒋干手臂同入大帐，设盛宴款待蒋干，请文武官员都来作陪。

席上，周瑜解下佩剑交给太史慈，命他掌剑监酒，吩咐道："蒋干和我是同窗契友，虽从江北到此，却不是曹操的说客，诸位不要心疑。今日宴席之上，只准共叙朋友旧交，有人提起两家战事，即席斩首！"蒋干听了，面色如土，哪敢多言！周瑜又对蒋干说道："我自领兵以来，滴酒不饮，今日故友相会，正是：江上遇良友，军中会故知。定要喝个一醉方休！"说罢，传令奏起军中得胜之乐，开怀畅饮。

酒至半酣，周瑜举杯祝酒道："在座各位，都是江东豪杰，今日之会，可称作群英会！真是同窗契友会'群英'，江东豪杰逞威风！"随后，乘着酒兴，起身舞剑作歌："丈夫处世兮立功名，立功名兮慰平生，慰平生兮吾将醉，吾将醉兮发狂吟。"直喝得酩酊大醉。

宴罢，蒋干扶着周瑜回到帐中，周瑜说道："很久没和子翼兄共寝，今夜要同榻而眠。"说着，朦朦胧胧地睡去。蒋干心中有事，想起在曹操面前曾经夸下海口，不知回去如何交代，听听外面鼓打二更，哪里还睡得着？他见周瑜鼾声如雷，便摸到桌前，拿起一叠文书偷看起来。

正翻着，忽见里面有一封书信，细看却是曹操的水军都督蔡瑁、张允写给周瑜的降书。蒋干看罢，大吃一惊，慌忙把信藏在衣内。再要翻其他文书，却听周瑜梦中呓语："子翼，我数日之内，定叫你看曹操首级！"蒋干口中含糊答应着，连忙吹了灯，匆匆睡下。

清晨，有人入帐叫醒周瑜，说道："江北有人来……"周瑜急忙止住他，看看蒋干，蒋干只装熟睡。周瑜和那人轻轻走出帐外，又听那人低声说道："蔡瑁、张允说，现在还不能下手……"声音越来越低，蒋干心中着急，可又不敢乱动，不一会儿，周瑜回来躺下睡了。蒋干怕惊动周瑜，等周瑜睡熟，偷偷地爬起来，径直走出军营，守营军士也不阻拦。他来到江边，寻着小船，飞一般驰过长江，回见曹操。

其实，这一切都是周瑜定下的反间计，曹操果真上了当，斩了蔡瑁、张允。等到众人将蔡瑁、张允的头送上时，曹操才省悟过来，已经晚了，只好另换了两个水军都督。结果，赤壁一战，曹操水军一败涂地，赤壁之战奠定了三国鼎立局面的基础。

● 现代小启示

孔子知道道听而途说来的信息、知识是靠不住的，而通过这种方式去判断别人的道德肯定不行，这样会对道德的传播十分不利。因此经过自己真实考察过的信息和验证过的知识才能够去相信，确定了的事实，才能够去相信。

蒋干自以为聪明，把自己看到的和听到的当作了真实的事情，去向曹操汇报，结果这些事情都是假的，没有经过自己的验证就信以为真，结果中了周瑜的计谋。曹操相信蒋干道听途说来的信息，也是犯了大错。

一个人走在路上，听到别人在说什么，过去一听，觉得很有意思，继续走路，就在路上跟别人说起了刚才听来的事情。你说这有多大的可信度？是对的还好，要是错的，就会对别人造成伤害，社会上的谣言就是这样起来的。当别有用心的人在那里制造谣言，一些喜欢道听途说的就去传播这些谣言，这样就会危害社会，危害别人。

一言以为智

陈子禽觉得子贡比孔子要贤能，于是就跟子贡说："您是恭敬了吧，仲尼怎么能比您要贤能呢？"子贡听到这种话，肯定是很不高兴，说："君子一言以为知，一言以为不知，言不可不慎也。"意思是君子可以通过一句话体现出他是有智慧的，也是可以通过一句话体现出他是没有智慧的。

因此说话不能不慎重，子贡在批评陈子禽讲话没有智慧了，居然说自己比孔子还要贤能，这当然是让子贡生气的。

子贡认为陈子禽是不聪明的，陈子禽在不了解事实的情况之下，就把自己的想法说出来了，这不能说明其他的什么，只能说明陈子禽的无知。本来是想巴结一下子贡，反而被训斥了一顿。

因此一个人是否有智慧，是可以从这个人的语言中看出来的。墨子是春秋战国时的一位智者，我们可以从下面故事中墨子的语言来了解他的智慧。

● 感悟故事

墨　子

墨子生活在公元前五世纪左右，他是墨家学派的创始人。当时中国还是一个由许多诸侯国组成的国家，其中楚国是一个大国，宋国是一个小国。一个著名的工匠公输般，为楚国制造了一种称为云梯的新式兵器，这种武器又高又大，用于攻打敌国的墙门，在当时可以说是战略性武器。云梯造成后，楚国就准备攻打宋国了，以便检验这种新式武器的效用。

墨子听到这个消息后，走了十天十夜，赶到楚国国都，拜见了公输般，希望能够阻止这场战争。墨子见到公输般后说："北方有一个人欺侮我，我希望借你的力量杀死他"。公输般不知是计，听了很不高兴，也没有任何表示，墨子接着说："我可以给你很多钱，作为你杀人的报酬。"

公输般回答说："我讲道义，不会因为报酬去杀人。"墨子说："楚国是大国，人口多而土地辽阔，可是它却准备攻打弱小的宋国，这是非正义战争，你口头上说不杀人，可是一旦发生战争，有多少无辜的平民会因为你的新式武器而死去，这跟你亲手杀人有什么区别呢？"

公输般被问得哑口无言，推诿说攻打宋国的计划是楚王的决定，于是墨子和公输般去见楚国国王。见了楚国国王，墨子并没有先说战争，他对国王说："我想请教大王一个问题。"楚王问他是什么问题，墨子说："现在有人放着自己漂亮的车子不要，却想偷邻居的破车，舍弃自己漂亮华贵的衣服不要，却想偷邻居的旧衣服，这是怎样一种人啊？"

楚王不知是计，马上说："这人有偷窃的毛病。"墨子抓住时机，马上说："楚国有广阔的土地，而宋国只是一个小小的国家，这就如同一辆漂亮的车与一辆破车的对比；楚国物产丰富，而宋国物产贫乏，这如同漂亮衣服和旧衣服的对比，所以我认为楚国攻打宋国，跟那个犯了偷窃病的人正是一类人。"

楚王一下子不知如何回答才好，蛮横地说："你说得好，但是公输般已经为我造好了云梯，我是一定要攻打宋国的。"墨子不慌不忙地说："云梯并没有想象的那样厉害，不信我可以与公输般模拟作战。"

楚王于是为他们准备了道具，包括城墙、守城的器械、云梯及其他攻城的兵器。公输般模拟攻打宋国的城墙，结果任由他多次改变攻城的战术，都被墨子抵挡住了，公输般攻城的器械用完了，墨子守城的方法还有余。

公输般不甘心失败，对墨子说："我知道怎么来对付你，我不说。"墨子也说："我也知道如何对付你，我也不说。"楚王问墨子其中的原因，墨子说："公输般的意图，不过是杀了我。他以为杀了我，宋国就没有人来防守楚国的攻打了。可是，我已经把方法教给了我的徒弟，即使杀了我，也不能攻入宋国的城门。"

楚王见大势已去，迫不得已地说："我决定不攻打宋国了。"这样，墨子凭自己的机智和勇敢解除了宋国的一场灾难。

● 现代小启示

子贡认为陈子禽所说的自己比孔子要贤能的话是错误的，通过陈子禽的这些话，就可以看出他的不智，所以子贡毫不客气地批评了他。墨子在和公叔班的斗智斗勇中，充分展示了他的智慧，他的语言中包含了道义，所以是智慧的，最终墨子用自己的道义战胜了楚王和公叔班的不道义。通过他们的这些语言，谁有智慧，谁没有智慧就很清楚了，所以说，一句话就可以暴露出一个人是有智慧还是没有智慧。

在我们的生活中，必须用语言来和别人交流，同样的，别人通过我们的一句话就可以知道我们是不是有智慧，是不是真的聪明。我们也许在那里说了很多，侃侃而谈，自以为很厉害，其实别人早就听出了你是什么样的人了。我们有时想掩饰想欺骗别人，其实终究还是没用的，结果还是说明了自己不聪明。

工作篇

展现我们的才能和承担责任

少能多鄙事

孔子被看作是圣人，不是后来才有的，其实在孔子生前就有人已经把他看作圣人了。鲁国的太宰就觉得孔子是圣人，因为孔子太能干了，很多事情都会干，不是一般人可以做到的。子贡听到太宰这样说，就补充说："这固然是上天的旨意将要让他成圣的，又让他有很多的技能。"

孔子知道了他们的对话，就解释说："太宰知道我吗？我小时候也是很鄙贱的，所以才有这么多的技能。我这个君子的技能太多了吗？不多啊！"孔子跟其他的贵族子弟是不一样的，因为他三岁的时候父亲就去世了，成了一个孤儿，和母亲一起生活长大，备尝了生活的艰辛，所以他从小什么都干，这也是生活的压力所导致的。

而其他的贵族子弟过着富足而安逸的生活，也不需要自己动手去干那么多的杂事。恰恰是这种艰苦的环境，加上孔子的勤奋好学，让孔子拥有了超越常人的技能，这也就是孔子称为圣人的一种基础，所以孔子很谦虚地说自己"少能多鄙事"。明朝的开国之君朱元璋在少年时期和孔子有很多相似相同的地方，这也可以说是朱元璋能够成大事的一个基础。

● 感悟故事

朱元璋

朱元璋自幼贫寒，到了10岁时，其父亲朱世珍为了躲避沉重的赋役，再次搬家，后来就在太平乡的孤庄为地主刘德种地，朱元璋就为刘德家放牛。

在放牛的过程中，朱元璋结识了徐达、汤和、周德兴等人，并成为要好的朋友。日后，徐达、汤和、周德兴等人为建立明朝南征北战，立下了功勋，成为开国元老。

朱元璋自幼聪明顽皮，并曾读过几天书，所以鬼主意最多。常玩的游戏就是扮皇帝，他穿着破衣烂衫，把棕树叶撕成丝丝缕缕，粘在嘴上当胡子，用一块车板放在头上顶着当作平天冠，然后往土堆上一坐，就装模作样称起皇帝来，还让伙伴每人捡一木块，用双手捧着，三跪九叩，高呼万岁。

当放牛娃，不仅常挨主人打骂，而且经常吃不饱，只有饿肚子放牛，于是发生了朱元璋宰牛的事情。一天放牛时，朱元璋和徐达、汤和、周德兴都觉得肚子饿，于是朱元璋出点子，将一头小牛犊杀掉，大家烤着吃了。没多久，只剩下一张牛皮、一堆骨头和一条牛尾巴。

吃完了，但回去怎么向地主交代呢？大家都发愁了，于是互相埋怨。朱元璋于是站出来，想了个办法，他让大家把牛骨和牛皮埋了，把血迹掩盖起来，然后把牛尾巴插到山上的岩缝里，就说小牛钻进山洞里去了，拉不出来，小伙伴都纷纷赞同。这个天真的想法当然瞒不过地主刘德，结果是朱元璋被毒打一顿并赶回了家，而且给父亲增添了赔偿小牛的债务。但是朱元璋却因敢做敢当而深得小伙伴的信任。

后来父母兄长均死于瘟疫，孤苦无依，无路可走的朱元璋被家人送到附近的寺庙，去当一个打杂的小和尚，好歹也可以混一碗饭吃，兼任清洁工、仓库保管员、添油工。

入寺不到两个月，因荒年寺租难收，寺主封仓遣散众僧，朱元璋只得离乡为游方僧。因其友汤和的一封信，被迫参加了起义军，在郭子兴手下，率兵出征，有攻必克。郭死后统率郭部，任小明王韩林儿的左副元帅，接着以战功连续升迁，1356年诸将奉朱元璋为吴国公，1364年即吴王位。洪武元年在基本击破各路农民起义军和扫平元的残余势力后，于南京称帝。

● 现代小启示

朱元璋小时候家境贫穷，因为生活的压迫，做了很多的事情：兼任清洁工、仓库保管员、添油工。这一点和孔子有很多相同的地方。孔子成为人们所尊崇的人物，他所做的那些鄙事不但不是障碍，而且还是一种推动力和优势。朱元璋也一样，他小时候的这些生活的磨难和工作经历，反而是他日后成功的一种资本，这也培养了他坚韧刚强的品格，成就了伟大的人格。

现在的学校教育，不注重实践，以至于学生的动手能力很差。像孔子那样从小什么事情都做，学到了很多的技能，也锻炼了自己的能力，自然做起事情来就会变得更容易。还有现代社会的分工越来越精细，行业也越来越多，也许我们觉得某一些行业地位很低贱，不屑去干，孔子喂猪喂牛的工作都做过，我们有什么不可以做的呢？

发愤忘食

有一次叶公问子路，他的老师孔子是一个什么样的人，子路也许觉得这个问题太复杂，不好回答，所以没有回答叶公的提问，而是回去问孔子。孔子就跟子路说你为什么不说："老师这个人是快乐的忘记了忧愁，干起事来是发愤忘食的，不知道自己的年纪大了，忽然之间快要老了还不知道啊。"这是孔子在评价自己。

孔子一生十分勤奋，不管是学习、教人、著述，都是全心地投入，以至于要经常忘记吃饭。要么孔子的一生就不可能做出那么多的事业，这种工作的精神，来源于孔子的人生追求，同样也来源于他对社会人类的责任感。

这种工作态度，不仅在很多古代人身上体现出来，其实在现代人身上也同样有孔子的这种优秀品质。法国的伟大作家巴尔扎克，写出了很多脍炙人口的文学作品，他的工作精神和孔子的工作的精神几乎一样，我们下面就以巴尔扎克的事例来印证孔子的这种工作精神。

● 感悟故事

巴尔扎克

巴尔扎克在小时候就很爱好文学，而父亲却硬要他去学习法律。他个性很强，就是不服从父亲，父子俩常为此事发生冲突。

一天，父亲再也按捺不住气愤，就质问巴尔扎克："我让你学习法律，你为什么要学习文学？""爸爸，您知道我对法律没有兴趣。"巴尔扎克非常亲切地对父亲说。"没有兴趣？"父亲暴怒地跳了起来，"你有兴趣的是什么？是文学！搞文学哪有这么容易，我看你根本不是一块搞文学的料！"

"那不一定！"巴尔扎克摇了摇头，然后很自信地说，"一个人的成功，往往取决于他的信心和努力。""信心和努力？那好，从今天起，给你两年的期限，到时搞不成，就得学习法律，你敢答应吗？""敢！"巴尔扎克斩钉截铁地回答。

从这以后，巴尔扎克被父亲关在屋子里，整天埋头写作。这期间，他写了一部历史剧，由于自己的阅历有限，对剧本的特点了解不够，出版社不给他出版，所以没有成功。但巴尔扎克并没有丧失信心，他坚信只要有决心和肯努力，一定能在文学上取得成绩。

一段时间的写作实践，使巴尔扎克感到自己的知识和经验都很浅薄，于是，他拼命阅读世界文学名著，广泛地接触社会和了解人生。他天天出入图书馆和书店，总是来得最早，离开最晚。有一次，他在图书馆里翻阅资料，边看边记，忘记了时间的早晚，图书馆的人员下班了，也忘记招呼巴尔扎克一声，第二天早晨，图书馆的人员来上班了，发现巴尔扎克还在边看边记。为了读书，巴尔扎克真是到了废寝忘食的地步。

巴尔扎克在一部小说中需要描述打架斗殴的情节，就到街上去观察，好容易遇到两个青年人争执，他就故意从中煽风点火，想让两个人打起来，谁知两人看穿了他的"诡计"，就合起来把他轰走了。他写起文章来，一心一意地投入到其中，闭门谢客，甚至家里人也不让进。有一次他把屋门锁了，从窗户跳进屋里，再把窗紧闭上，来访的人见锁了门就自动回去了。

经过几年的努力，巴尔扎克终于出版了小说《朱安党》，赢得了法国文学界的一致赞扬，从此以后他又陆续完成了《人间喜剧》等97部小说，成为了一个世界闻名的文学家。

● 现代小启示

巴尔扎克对于写作达到了废寝忘食的地步，是基于他对文学事业的热忱，他自己想要把文学这个事业做好，就全心全意地投入其中。其实现代也有很多的人对于自己的工作十分投入，像孔子这样发愤忘食的人也有很多，关键是否找到了自己愿意为之付出的工作和可以实现自己人生价值的事业。

当然，对于工作的责任感也是十分的重要，废寝忘食不仅是一种工作态度，其实也是一种人生态度，一个人要有所追求，具有奉献精神的人都能做到这一点。

我们对于工作是否有热情取决于我们的态度，同样，对于工作的责任感也是十分的重要。我们找到了自己热爱的事业，也就可以做到孔子的这种废寝忘食的状态。

先之劳之

子路向孔子问关于行政的事，孔子回答说："先之劳之。"意思是自己在执政、在行使自己的政令时，自己就要带头行动，以身作则，并且自己还要不怕劳累，要吃苦在前。这样作为领导，才能起到一个好的带头作用，而不是仅仅在那里发号施令，自己却无动于衷。

孔子认为搞政治工作，不是人们所想象的在那里当老爷，要别人服侍，而是要自己动手，身先士卒。当子路还要老师给他更多一些指教的时候，孔子说"无倦"，意思是还要努力地带头行政，工作起来不要倦怠。

在中国历史上，有一本与《孙子兵法》并称的著名兵书——《吴子兵法》，其作者就是战国前期著名的政治家、军事家吴起。吴起在军事上的成功，和他带兵打仗能身先士卒有着紧密的联系，这就和孔子所说的先之劳之的思想是一致的。

● 感悟故事

吴 起

吴起出生于一个"家累千金"的贵族家庭，少年时，就立志成就一番伟业。为此，他耗尽家中财产，外出游学。他在辞别母亲时发誓："我不为卿相，就再也不返回卫国了！"

吴起先到了鲁国，拜在曾参门下学习儒术，母亲病故时，没有回家奔丧。这在儒家看来实在是违反伦理，大逆不道，曾参于是跟吴起断绝了师生关系，吴起不得已舍弃儒术，改习兵法。

周威烈王十四年，即公元前412年，鲁君终于任命他为将军，率领军队与齐国作战。吴起治军严于己而宽于人，与士卒同甘共苦，因而军士皆能效死从命。吴起率鲁军到达前线，没有立即同齐军开仗，表示愿与齐军谈判，先向对方"示之以弱"，以老弱之卒驻守中军，给对方造成一种"弱"、"怯"的假象，用以麻痹齐军将士，骄其志，懈其备，然后出其不意地以精壮之军突然向齐军发起猛攻。齐军仓促应战，一触即溃，伤亡过半，鲁军大获全胜，大破齐兵。

然而终被鲁穆公猜疑，闻魏文侯下诏求贤，遂奔魏任将，击秦，拔其五城。周威烈王十七年，攻取秦河西地区的临晋、元里，并增修此二城。次年，攻秦至郑，筑洛阴合阳，尽占秦之河西地，置西河郡，任西河郡守。

镇守西河期间，强调兵不在多而在"治"，首创考选士卒之法：凡能身着全副甲胄，执12石之弩，12石指弩的拉力，一石约今30公斤，背负矢50个，荷戈带剑，携三日口粮，在半日内跑完百里者，即可入选为"武卒"，免除其全家的徭赋和田宅租税，并对"武卒"严格训练，使之成为魏国的精劲之师。吴起担任将领，处处身先士卒，以身作则，为人表率。他和普通士兵吃同样的饭菜，穿一样的衣服，行军时不骑马，不乘车，背负干粮，坚持与士兵一样步行，他体恤士兵，将士兵的冷暖放在心上。著名史学家司马迁曾赞扬："起之为将，与士卒最下者同衣食。卧不设席，行不骑乘，亲裹赢粮，与士卒分劳苦。"

吴起爱兵，最典型的例子莫过于他为士兵吮脓了。有一年，吴起统率魏军攻打中山国，军中有一个士兵身上长了毒疮，疼痛难忍。吴起巡营时发现后，为减轻他的痛苦，竟不顾脏臭，跪下身子，亲自用嘴将这位士兵毒疮中的脓血一口一口吸吮出来。

吴起的这一举动迅速传遍军营，不仅震动全军，更是感动全军。吴起由此赢得了将士的爱戴和拥护，将士都乐于为他效命，战场上都愿意拼死作战。高昂的士气，是吴起成为常胜将军的奥秘所在。

● 现代小启示

吴起治军成功的奥秘在于他虽然是军队的最高统帅，但是处处身先士卒，以身作则，为人表率。这正是孔子所说的先之劳之的一个典范。吴起跟曾子学习过儒家的知识，后来还曾拜子夏为师，想必也是知道孔子说的这种道理，吴起把儒家的思想用到了军事上是很成功的。

这也是一种十分有用的领导方式，我们现在的领导者，不管是政府的领导，还是企业的领导，都可以从中得到一些有益的借鉴。往往有些领导喜欢指挥别人，自己却在那里坐着不动，这样是达不到好的效果的。只有领导带头，起到了好的示范作用，下面的人才能有干劲，才能有更好的进展。

不在其位，不谋其政

孔子在鲁国做过中都宰，后来还做到了大司寇，并且代理宰相。他的官位在当时也是不小的，做了四年的官，在自己的每一个位置上都做得很好，所以升职也快。孔子政绩十分突出，把鲁国治理得"门不闭户，路不拾遗"，井井有条，得到了世人的称赞。

孔子把国家治理得这么好，当然大家都是很高兴的，但是也有人不高兴，那就是鲁国的邻国齐国。他们很妒忌和害怕，想办法让鲁国的君主和大臣季恒子不再任用孔子，孔子只好离开了鲁国。孔子虽然在自己的位子上尽心尽责，但是他如果不是在那个职位上，也就不去考虑那个职位所属的事情，孔子说："不在其位，不谋其政"就是这个意思。

毋庸置疑，孔子的这种态度是正确的，在工作中，不是自己分内所干的事，老是去想着也没有用处，甚至去做不是自己职责的事情，看起来好像是很热心，很乐于助人，其实效果反而不好。下面故事也很能说明这一点。

● 感悟故事

玛 丽

彼得经常进出医学院附属儿童医院，与那里的医生、实习生接触。

负责接待彼得的是马麦罗医生手下的两个实习医生，一男一女，接触多了，彼得发现两人的工作态度有天壤之别。

男实习生吉米总是神采奕奕、白大褂一尘不染。女实习生玛丽则总是马不停蹄地从一个病房赶到另一个病房，白大褂上还经常沾着药水、小病号的果汁和菜汤。

吉米严格遵守印第安纳州的医生法定工作时间，一分钟也不肯超时，一直是到了时间就下班回家了，除了夜班，他从来不会在上午8点前出现，下午5点之后便消失得踪影全无。玛丽则是刚好相反，每天清晨还没有上班就走进病房，有时按时回家，有时却一直加班到深夜。

吉米总是神闲气定，平易近人，但是彼得觉得他对医生的责任划分过于泾渭分明了，彼得不止一次听他说："请你去找护士，这不是医生的职责。"玛丽正相反，她身兼数职：为小病号量体重——这是护士的活儿；给小病人喂饭——这是护士助理的活儿；帮家长订食谱——这是营养师的活儿；推病人去拍X光片——这是输送助理的活儿。很多人都对玛丽赞赏不已，彼得也觉得玛丽是好样的。

医学院每年期末都要评选5名最佳实习医生，彼得想玛丽一定会入选，但评选结果却令彼得大吃一惊，玛丽落选了，吉米却出现在光荣榜上。这怎么可能呢？彼得急忙找到马麦罗医生，问他是否知道最佳实习医生评选的事。马麦罗医生说："当然知道，我是评委之一。"彼得愤愤不平地问："为什么玛丽没当选？她是所有实习医生中最负责的人。"

马麦罗医生的回答令彼得感到心服口服，并且终生难忘，也彻底改变了彼得对"职责"一词的认识。马麦罗医生认为玛丽落选的原因是她"负责过头了"，她把为病人治病当成了自己一个人的职责，事无巨细统统包揽。但世界上没有超人，缺乏休息使她疲惫不堪，情绪波动，工作容易出错。吉米则看到了职责的界限，他知道医生只是治疗的一个环节，是救死扶伤团队中的一员。病人只有在医生、护士、营养师、药剂师等众多医务工作者的共同努力下，才能更快康复。他严格遵守游戏规则，不越雷池半步，把时间花在医生的职责界限内，因此，吉米能精力充沛，注意力高度集中，很少出错。

马麦罗医生最后说："玛丽精神可嘉，但她的做法在实践上行不通，医学院教了她4年儿科知识，并不是让她来当护士或者营养师的，我们希望她能学会只负分内的责。"

● 现代小启示

故事中的玛丽，做事非常的勤快，自己也很辛苦，但是在评选最佳实习医生的时候落选了，而按时上下班，一分钟也不肯超时的吉米则榜上有名。原因是玛丽常犯错误，做了自己不该做的事情，这正是孔子所说的"不在其位不谋其政"一个最好的证明。

我们在工作中也会经常犯和玛丽一样的错误，本来不是自己的职责范围，要么是为了表达自己乐于助人的良好品德，要么干脆就是为了在同事和领导面前表现，来取得别人的好感和赞扬。其实这是大可不必的，因为自己本来有自己的职责，把自己的分内之事干好就行了，其他的事情有其他人在负责。越俎代庖，不仅是自己的本职工作无法干好，还容易出错，不仅达不到好的工作效果，还让自己很辛苦。现代社会的职责都是有界限的，每人都必须学会分工协作，"负责过头"未必是好事。

以道事君

一个叫做季子然的人问孔子："仲由和冉求可以称得上是大臣吗？"孔子回答说："我以为您要问的是别人呢，原来是问仲由和冉求啊。所谓的大臣，是以道事君，不可则止的。现在的仲由和冉求，还只能是具臣而已。"

孔子认为大臣是有很高标准的，自己的弟子虽然有很高的才干，但是离大臣的标准还有一段距离。因为大臣的一个重要指标是"以道事君"，就是以道义来为君主服务，如果不符合道义的事情是不会去干的，如果君主要求去干没有道义的事情，大臣是要拒绝的，甚至要辞职的。仲由和冉求在这一点还无法做到，只能是有大臣所需的才干，还没达到大臣道义的高度。

这个道也就是孔子从政的原则，虽然孔子自己很想在政治上干出一番事业，道的这个原则是不可违背的。当官不是去拍君主的马屁，也不是为了贪污腐败，而是为了行道。唐代的魏征就是这样为政为行道义的一个人。

● 感悟故事

魏　征

魏征是唐代初期杰出的政治家，玄武门之变以后，李世民由于早就器重他的胆识才能，不记前仇，非但没有怪罪于他，而是器重魏征的正直，任命他做了谏议大夫，即是负责向皇帝和朝廷提意见的官员。魏征不断向李世民提出好的建议，让李世民对他十分佩服，李世民经常将魏征请入居室，询问得失。

魏征越来越被重用，先后被李世民任为秘书监、侍中、宰相，并封他为魏国公。魏征喜逢知己之主，竭诚辅佐，知无不言，言无不尽，加之性格耿直，往往据理抗争，只要是不符合道义的事情，魏征从不委曲求全。

有时候，唐太宗听得不是滋味，沉下了脸，魏征还是照样说下去，叫唐太宗下不了台阶。但是唐太宗不但不记恨他，反而夸奖魏征说："人家都说魏征举止粗鲁，我看这正是他妩媚可爱的地方！"在魏征为官期间，提了很多好的建议，也阻止了很多不符合道义的事情，他为唐朝贞观年间的繁荣做出了很大贡献，贞观七年，魏征被封为郑国公。

有一次，唐太宗从长安到洛阳，中途在洛阳的昭仁宫休息，因为他的用膳安排不周到而大发脾气。魏征就当面批评唐太宗说："隋炀帝就是因为常常责怪百姓不献食物，或者嫌进献的食物不精美，遭到百姓反对而灭亡了。陛下应该从中吸取教训，兢兢业业，小心谨慎，如能知足，今天这样的食物陛下就应该满足了，如果贪得无厌，即使食物好一万倍，也是不会满足的。"唐太宗听后，不觉一惊说："若不是你，我就不能听到这样中肯的话了。"

李世民曾经说："我就好比山中的一块矿石，矿石埋在深山中是一块废物，但经过匠人的锻炼打磨，就成了宝贝，魏征就如同我的匠人！"

公元643年，魏征病死，唐太宗很难过，亲自去他家吊唁，这在古代中国是至高无上的荣誉。魏征去世后，李世民说，用铜制成的镜子，可以照见衣帽是否端正；用古史的镜子，可以参照政治的兴衰；用人作为的镜子可以知道自己的成绩与过错。我经常保持着这三面镜子，现在魏征去世了，我少了一面镜子。

魏征对唐太宗能直言相谏诤，他的这种谏诤，当然是以道义来说服唐太宗，这样就使唐太宗能够多做一些符合道义的事，行一些仁政。魏征是中国古代著名的贤臣，唐太宗则是中国历史上著名的明君，他们两人之间的故事在历史上为人广为传诵，魏征可以说是孔子所说的大臣了。

● 现代小启示

魏征经常批评唐太宗，正是因为唐太宗做得不对，这些不对的事情，大都是不符合道义的，是对老百姓不利的。魏征在这些事情上毫不含糊，虽然是在主观上维护了唐太宗的利益，其实客观上是保护了人民的利益，所以说魏征的行为是符合于道义的。假如魏征心中没有道义，心中没装着老百姓的话，他也就不会这样做，所以说魏征是历史上以道事君的一个典范。

现在我们看到有很多人为了保留自己的一份工作，几乎什么事情都敢干，不管这份工作是不是符合法律。魏征给皇帝干事情，却还有自己的原则，这个原则就是看是否符合道义，是否符合老百姓的利益。世界上有很多对社会有利的工作，也有很多不利于社会的工作。比如一些人生产有毒的食品，你就不能去为他工作，比如说某种工作是污染环境的，我们不管赚多少工资也不能去做。所以作为大臣能以道事君，我们也要从道义的原则来从事自己的工作，更不能因为自己的工作而危害到社会。

其身正，不令而行

孔子说："其身正，不令而行，其身不正，虽令不从"，这是在谈做领导的道理。孔子自己做了四年的长官，对于做领导的见解是很深刻的，孔子认为，如果一个领导自己的行为处事正直，就不用去命令，别人也知道按照正确的方式去做。如果一个领导自己立身不正，就是下了命令，别人也不会去执行的。因此作为一个领导，要有好的修养，才能赢得下属的拥护和尊敬。

我们从孔子的政绩来看，孔子的领导才能是很高深的，一个真正能领导别人的人，首先自己就要站得正，这是任何时代都无法改变的标准。领导要以身作则，才能使自己的命令显得有力量和合法性，日本的企业家土光敏夫做到了其身正。

● 感悟故事

土光敏夫

土光敏夫是日本的经济巨头、日本经济团体联合会会长，曾是日本东芝电器的社长。他是一位地位崇高、受人尊敬的企业家。

土光敏夫在1965年出任东芝电器社长，当时的东芝人才济济，但由于组织太庞大，层次过多，管理不善，员工松散，导致公司绩效低落。土光敏夫接掌之后，立刻提出了"一般员工要比以前多用三倍的脑，董事则要十倍，我本人则有过之而无不及"的口号，来重建东芝。

他的口头禅是"以身作则最具说服力"。他每天提早半小时上班，并空出上午七点半至八点半的一小时，欢迎员工与他一起动脑，共同来讨论公司的问题。他认为："身为一名主管，要比员工付出加倍的努力和心血，以身示范，激励士气。"

土光为了杜绝浪费，还借一次参观的机会，给东芝的董事上了一课。

有一天，东芝的一位董事想参观一艘名叫"出光丸"的巨型油轮。由于土光敏夫已看过九次，所以事先说好由他带路。那一天是假日，他们约好在"樱木町"车站的门口会合，土光敏夫准时到达，董事乘公司的车随后赶到。

董事说："社长先生，抱歉让您久等了，我看我们就搭您的车前往参观吧！"董事以为土光敏夫也是乘公司的专车来的。土光敏夫面无表情地说："我并没乘公司的轿车，我们去搭电车吧！"董事当场愣住了，羞愧得无地自容。

原来土光敏夫为了杜绝浪费，使公司合理化，就以身示范搭电车，给那位浑浑噩噩的董事上了一课。这件事立刻传遍了整个公司，上上下下立刻心生警惕，不敢再随意浪费公司的物品。由于土光敏夫以身作则点点滴滴的努力，东芝的情况逐渐好转。

这样一位率领日本工业大军声名显赫的土光敏夫，对于公众来说，是一位谨慎的、几乎有些神秘的人物。有一次，由于一桩案件的牵连，人们才有机会窥探一下这位经济界巨头的私生活。

便衣警察在土光敏夫的住地找到一幢小木屋，警察们愕然了。土光敏夫当时已八十高龄，担任经济团联会长已经两年，却住在这样简陋的木屋里，每天挤火车去上班，警察们结束了险些闹出大笑话的搜查。从此，关于土光敏夫私生活的消息在东京不胫而走，这位沉默寡言、谦逊谨慎、严肃刻苦、位尊荣极的人物巨大形象从此家喻户晓了。

● 现代小启示

土光敏夫自己有相当高的道德修养，能够严格要求自己，所以他的领导是很成功的。作为社长，土光敏夫搭电车上班，这样的节约，公司上上下下自然也就不好意思随意浪费公司的物品了。以孔子的话来说，土光敏夫是"其身正"，能起到很好的带头作用，别人自然就来效仿。从后面的一段故事中，我们更能了解土光敏夫高尚的品格。

在社会中，作为领导，如果自己做得不好，行为不正，不能以身作则，那是无法把一个团队领导好的。俗话说："上梁不正下梁歪"也是表明了同样的一个意思。作为领导，是大家所瞩目的中心人物，一举一动都为人们所效仿，上面做得不好，下面也一定要去效仿。就算是一名家长，自己做得不对，也无法要求自己的孩子要做得好。

为之不厌

在当时有很多人已经把孔子称为圣人了，比如仪封人就说："天将以夫子为木铎"，意思是上天将要把孔子作为人类的导师。太宰也曾对子贡说："夫子圣者与，何其多能也。"你老师难道是圣人吗？为什么有这么多的才能呢？

当孔子听到这样的赞美，说："要说是圣和仁，那么我怎么敢呢？不过说为之不厌，诲人不倦，那么可以这样说罢了。"为之不厌，这是一种很高的工作境界，孔子被当时和后来的人们称为圣人，跟他不知厌烦的著述、育人分不开的。

为之不厌的这种工作态度，不是人人都可以做得到的，对于某种工作能够有孔子这样为之不厌的工作态度，往往可以取得很高的成就。比如英国的发明家瓦特，对于自己的发明事业尽情地投入，从来不知道厌烦，对于自己的成就从来不感到满足，以至于他的发明一发而不可收，最终成为推动世界近代工业发展的伟大发明家。

● 感悟故事

瓦　特

瓦特是英国著名的发明家，小时候是一个智慧非凡的孩子，他勤奋好学，勇于探索，对发明创造最感兴趣。有一天，父亲的朋友前来做客，正好看到小瓦特坐在炉子旁边发呆，手里拿着笔和纸，地上有许多画过的图。

朋友好心地说："小瓦特应该上学了，别光在家用玩耍来打发宝贵的时光了。"父亲莞尔一笑，说："谢谢你，我的朋友。不过，你还是看看我的儿子在玩什么吧……"原来，小瓦特在设计各种各样的玩具，还画了许多图样，这年小瓦特刚好6岁整，客人吃惊地说："这孩子真了不起！"

又有一次，家里人全出去了，只留下瓦特一个人看家。他呆呆地看着炉子上烧水的茶壶，水快烧开了，壶盖被蒸汽顶起来，一上一下地掀动着……他想：这蒸汽的力量好大啊，如果能制造一个更大的炉子，再用大锅炉烧开水，那产生的水蒸气肯定会比这个大几十倍、几百倍。用它来做各种机械的动力，不是可以代替许多人力吗？这就是后来人们传说中的"瓦特发明蒸汽机"的故事。小瓦特是这样设想过，只不过真正

127

试制蒸汽机，却是后来的事情。

小瓦特为搞发明创造，发愤学习科学知识，他13岁开始学习几何学；15岁读完了《物理学原理》；17岁开始当学徒工。此后，他才真正投入蒸汽机的研制和发明，一发而不可收。

1769年，瓦特在大量试验的基础上，经过了无数次失败，终于制成了一台单动式蒸汽机，并且获得了第一台蒸汽机的专利权。1782年瓦特又研制成功一种新式双向蒸汽机，并且可以广泛地应用在各种机器上。

1788年，英国政府正式授予瓦特制造蒸汽机的专利证书。从1775年到1800年，瓦特和波尔顿合办的苏霍工厂，就制造出183台蒸汽机，全用于纺织业、冶金业和采矿业，到了19世纪30年代，蒸汽机推向了全世界，从此人类社会进入了"蒸汽时代"。

瓦特是工业革命时期的重要人物，是英国皇家学会会员和法兰西科学院外籍院士。他对当时已出现的蒸汽机原始雏形做了一系列的重大改进，发明了单缸单动式和单缸双动式蒸汽机，提高了蒸汽机的热效率和运行可靠性，对当时社会生产力的发展做出了杰出贡献。他改良了蒸汽机、发明了气压表、汽动锤，后人为了纪念他，将制中功率和辐射通量的计量单位称为瓦特，常用符号"W"表示。

● 现代小启示

瓦特把自己的工作和自己的志向结合在一起，所以从来不会感到厌烦，而且还会感到津津有味。孔子教育学生，推行仁道，也是乐在其中。一个人有所追求，有奉献社会的一种思想，工作起来是不会感到厌倦的。

人们有时对工作不免会产生厌烦心理，这是现代社会的一个普遍现象。大家感到工作很累，觉得很疲倦，原因在于这些人往往把工作看作是生活和养家糊口的手段。其实我们不管从事什么样的工作，都是奉献社会的途径，同样是可以实现个人的人生价值。学习也是如此，看了一会儿书就厌倦了，这是因为没有找到学习的动力呀！

用之则行，舍之则藏

阳货想去拜见孔子，目的是想让孔子出来做官，孔子觉得阳货这个人不怎么样，不愿意见。阳货就赠送孔子一头小猪，当然这小猪是制作好了可以食用的。孔子看到送来了礼物，来而不往非礼也，就等到阳货不在家的时候去回礼，却刚好在路上相遇了。

阳货看到孔子就说："过来，我要跟你说句话。"又说："怀其宝而迷其邦，可谓仁乎？"意思是说孔子怀抱着高深的本领，但是自己的国家却混乱不已，这样可以称得上仁吗？因为阳货知道孔子在到处宣扬仁义，这样说想激将孔子出来做事。孔子终究还是没有被阳货的激将法所打动，并没有听从阳货的话。当然孔子确实是怀抱着本领，只是他不愿意跟着阳货干，宁愿把自己的本领藏起来。

一次孔子跟颜渊说："用之则行，舍之则藏，唯我与尔有是乎。"孔子的意思是说，自己的本领拿出来用就行得通，不用就可以自己收藏起来，只有我和你有这样的能力啊。孔子大概是想让颜渊做他的接班人，在这里唯独把颜渊和自己放在一块来谈。认为在众多的弟子中，只有颜渊和自己最为相似，或许也觉得颜渊的本领和自己差不多吧。春秋时的范蠡也是具有很高的本领。

● 感悟故事

范　蠡

范蠡出身贫寒，但聪敏睿智、胸藏韬略，年轻时就学富五车，上晓天文、下识地理，满腹经纶，文韬武略，无所不精。然纵有圣人之资，在当时贵胄专权、政治紊乱的楚国，范蠡却不为世人所识。

周景王二十六年，阖闾之子夫差为报父仇与越国在夫椒决战，越王勾践大败，仅剩5 000兵卒逃入会稽山，范蠡遂于勾践穷途末路之际投奔越国，献"卑辞厚礼，乞吴存越"之策。

三年后归国，他与文种拟定兴越灭吴九术，是越国"十年生聚，十年教训"的策划者和组织者。为了实施灭吴战略，也是九术之一的"美人计"，范蠡亲自跋山涉水，终于在苎萝山浣纱河访到德、才、貌兼备的巾帼奇女——西施，在历史上谱写了西施深明大义献身吴王，里应外合兴越灭吴的传奇篇章。范蠡事越王勾践二十余年，苦身戮力，卒于灭吴，成就越王霸业，被尊为上将军。

范蠡在帮助越王勾践成功之后，立刻离开了越国，他从齐国写信给文种说："飞鸟尽，良弓藏；狡兔死，走狗烹。越王为人长颈鸟喙，可与共患难，不可与共乐。子何不去？"

范蠡第三次迁徙至陶，在这个居于"天下之中"的陶地，东邻齐、鲁；西接秦、郑；北通晋、燕；南连楚、越的最佳经商之地，操计然之术根据时节、气候、民情、风俗等，人弃我取、人取我与，顺其自然、待机而动。没出几年，经商积资又成巨富，遂自号陶朱公，当地民众皆尊陶朱公为财神。

后来，他辗转来到齐国，变姓名为鸱夷子皮，带领儿子和门徒在海边结庐而居。戮力垦荒耕作，兼营副业并经商，没有几年，就积累了数千万家产。他仗义疏财，施善乡梓，范蠡的贤明能干被齐人赏识，齐王把他请进国都临淄，拜为主持政务的相国。

范蠡喟然感叹："居官至于卿相，治家能致千金；对于一个白手起家的布衣来讲，已经到了极点。久受尊名，恐怕不是吉祥的征兆。"于是，才三年，他再次急流勇退，范蠡就把相印交还了齐君，把大部分资财散发给乡邻好友，一家人又重新迁居。

史学家司马迁称："范蠡三迁皆有荣名。"史书中有语概括其平生："与时逐而不责于人"。世人誉之："忠以为国；智以保身；商以致富，成名天下"。范蠡是我国古代的儒商之鼻祖。

● 现代小启示

范蠡是越王用他的时候，能够帮助越王做出一番惊天动地的事业来。自己隐居，又把自己的才能用在了经商做生意上，同样也取得了成功，这说明了范蠡的本领超群。范蠡的这种能力实在是让人羡慕，他具有了孔子所说"用之则行，舍之则藏"的这种高度。在孔子看来，只有颜渊和自己才达到了这种高度，大概范蠡也是差不多吧。

现在的社会找工作是一件不容易的事情，甚至有很多大学生毕业之后也很难就业。一个原因是有些工作不愿意干，有些工作自己有没有能力干。如果我们可以有范蠡那样的本领，又何愁找不到工作呢？当然，我们也许不能和范蠡相比，但是要加强自己能力的培养，就是真的没有别人来用你，你自己也可以开创出一番事业来。

交往篇

建立我们期待的人际关系

有朋自远方来

孔子在卫国有一个很好的朋友叫蘧伯玉，孔子几次到卫国去，都是住在蘧伯玉家，可见孔子与伯玉相交之厚。孔子就是回到鲁国了，还经常打听蘧伯玉的消息，关注他的情况。

孔子还有一个朋友叫原壤，一屁股坐在地上等待孔子，这是很没有礼貌的。孔子就骂他"老而不死，是为贼"。骂了不足，还举起棍子，打那坐在地上原壤的腿，虽然是这样的一个朋友，在原壤母亲去世的时候，孔子还去帮他办理丧事，原壤居然还在那里唱歌。弟子们劝孔子跟原壤断交，孔子觉得老朋友依旧是老朋友，仍然包容他，珍惜这一份友谊。

朋友在社会生活中显得十分重要，我们都会有这样的经验，有朋友从很远的地方来了，许久没有见面了，你是不是很高兴？这种高兴是不是发自内心的？孔子就是把我们的这种真挚的感情清楚地说出来了！孔子的："有朋自远方来，不亦乐乎"就说出了我们的这种心态。

这种朋友的感情在每个人的身上都有，虽然庄子不是十分赞同孔子学说，庄子重视友情则是和孔子是一致的。庄子和惠施是很好的朋友，他们经常交流思想和学问，两人之间的友谊也是很深厚的。

● 感悟故事

庄 子

庄子是战国时期著名的思想家、哲学家、文学家。庄子有着旷达的心境，视富贵荣华有如敝屣，其高超之生活情趣，自然超离人群与社群。无怪乎在他眼中，"以天下为沉浊，不可与庄语"。既然这样，就只好"独与天地精神往来"了。像庄子这样绝顶聪明的人，要想找到一两个知己，确是不容易。平常能够谈得来的朋友，除了惠施之外，恐怕不会再有其他的人了。他们都好辩论，辩才犀利无比，他们也很博学，对于探讨知识有浓厚的热忱。

惠施做了梁国的国相，庄子去看望他，有人告诉惠施说："庄子到梁国来，想取代你做宰相。"于是惠施非常害怕，在国都搜捕三天三夜，庄子前去见他，说："南方有一种鸟，它的名字叫什么你知道吗？它从南海起飞飞到北海去，不是梧桐树不栖息，不是竹子的果实不吃，不是甜美如醴的泉水不喝。在此时猫头鹰拾到一只腐臭的老鼠，鸟从它面前飞过，猫头鹰仰头发出'吓'的怒斥声，现在你也想用你的梁国来'吓'我吧？"

惠施喜欢倚在树底下高谈阔论，疲倦的时候，就据琴而卧，倚树而吟。这种态度庄子是看不惯的，但他也常被惠施拉去梧桐树下谈谈学问，或在田野上散步。一个历史上最有名的辩论，便是在他们散步时引起的。庄子和惠施在濠水的桥上游玩，庄子说："小白鱼悠闲地游出来，这是鱼的快乐啊！"惠施问："你不是鱼，怎么知道鱼是快乐的？"庄子回说："你不是我，怎么知道我不晓得鱼的快乐？"

惠施辩说："我不是你，固然不知道你；准此而推，你既然不是鱼，那么，你不知道鱼的快乐，是很明显的了。"庄子回说："请把话题从头说起吧！你说：'你怎么知道鱼是快乐的'，就是你知道了我的意思而问我，那么我在濠水桥上也就能知道鱼的快乐了。"

庄子送葬，经过惠施的坟墓，回头对跟随他的人说："楚国郢人捏白土，鼻尖上溅到一滴如蝇翼般大的污泥，他请匠石替他削掉。匠石挥动斧头，呼呼作响，随手劈下去，把那小滴的泥点完全削除，而鼻子没有受到丝毫损伤，郢人站着面不改色。宋元君听说这件事，把匠石找来说：'替我试试看。'匠石说：'我以前能削，但是我的对手早已经死了！'自从先生去世，我没有对手了，我没有谈论的对象了！"

惠施死后，庄子再也找不到可以对谈的人了。在这短短的寓言中，流露出淳厚真挚之情。能设出这个妙趣的寓言，来比喻他和死者的友谊，如此神来之笔，大概除非庄子之外没有人做得到了。

● 现代小启示

孔子对于朋友的这些界定和说明，绝对是很深刻的。见到朋友来了，会从心底流出来一种高兴的情绪，这是一种自然的情绪。庄子和惠施的友情很真挚，也很深刻，就算是在很多问题上两人的观点不尽相同，但这并不会对他们之间的友情造成障碍。庄子和惠施之间发生了一些很有意思的故事，其实也是体现了两人之间深厚的友谊。虽然庄子在书中的寓言说惠施害怕庄子来取代自己的相位，就派人在国都搜捕三天三夜，其实这是庄子的寓言，并不会真有其事。就如庄子也在孔子的身上编出一些故事来，仅仅是为了表达他自己的一些观点而已。

现代人的友情似乎没有古代人那么淳厚，那么深刻了。所以我们现代人容易感到孤独，即便是生活在熙熙攘攘的城市当中也是如此。所以现代人动不动就有心理疾病，精神疾病，就是把像友情这样人类的一种本性淡化虚无了。

可欺也，不可罔也

宰我是一个很调皮的学生，他和另一位同学子贡同时以言语而出名，是孔门十杰之一。宰我爱打瞌睡，被孔子批评为"朽木不可雕也"，因为他很会说话，爱提出刁钻古怪的问题，他一次故意跟孔子说："仁者，虽告之曰：'井有仁焉。'其从之也？"

意思是一个有仁德的人，如果有人告诉他说："井里面有你要追求的仁德。"那么这个人也要跳下去吗？这也许是宰我看到老师老是跟别人讲仁，所以跟老师开了一个玩笑，也是在给孔子出难题。

孔子很明确地否定了宰我的这个假设，认为君子是不会像宰我说的那样傻的，孔子说："何为其然也？君子可逝也，不可陷也；可欺也，不可罔也。"孔子转为白话文就是说："那怎么会这样呢？君子可以被摧折，但不可以被压服的；可以被欺骗，但是不可以被蒙蔽的。"

也就是说，一个君子，一个追求真理的人，他又不是傻瓜，他可以被摧折，可以杀身成仁，为真理而牺牲，但绝不会被外界的恶势力所压服，不会被这样荒唐的说法而引诱去跳井。另一方面，你可以欺骗他，但你必须有合乎情理的说法，而无法用不合情理的方式去蒙蔽他。

宰我的这种假设是一种很笨拙的欺骗手段，孔子认为君子是根本不会上当的，因为在孔子看来，君子的智慧和品质是绝对过硬的，这种小伎俩根本逃不过君子的眼睛。当时要以一种符合情理和道义的方式欺骗一个君子，这是有可能成功的。子产是春秋时郑国的政治家，也是孔子所称赞的人物，是一个君子。但是他却被一个管理鱼池的小官员骗了，而孟子认为这是正常的，不能说明子产不是君子，也不能说明子产傻。

● 感悟故事

子 产

子产是春秋时政治家，公元前554年任郑国卿后，实行一系列政治改革，承认私田的合法性，向土地私有者征收军赋；铸刑书于鼎，为我国最早的成文法律。他主张保留"乡校"、听取"国人"意见，善于因才任使，采用"宽孟相济"的治国方略，将郑国治理得秩序井然。

有人送条活鱼给子产，子产叫主管池塘的人把它畜养在池塘里。那人却把鱼煮来吃了，回报说："刚放进池塘里时，它还要死不活的；一会儿便摇摆着尾巴活动起来了，突然间，一下子就游得不知去向了。"

子产说："它去了它应该去的地方啦！"那人从子产那里出来后说："谁说子产聪明呢？我早就已经把鱼煮来吃了，可他还说'它去了它应该去的地方啦！'"子产这个人也许有后来佛家所说的慈悲之心，不忍心把鱼杀了来吃。当别人告诉他鱼已经被放到鱼池里去了，而且还是活蹦乱跳的，子产认为这条鱼到了它应该去的地方，还感到很高兴，全然没有觉察出那人是在骗他。

而孟子从这件小事中看出来的不是子产太傻容易上当，而是子产所体现出来的君子品格。孟子评论这件事情说："故君子可欺以其方，难罔以非其道"。被合乎情理的方法所欺骗正是子产可贵的地方，但是不符合道义的方法是无法蒙蔽子产的。

郑国人在乡校里走动，议论着当前执政的人管理好坏，郑大夫然明告诉子产说："干嘛不把乡校取消呢？"子产说："为什么要这样？乡人们白天（上午）工作，傍晚工作完毕到乡校走走，谈论执政者的好坏，他们提到我办得对的地方，我就继续执行；他们提到我办得不对的地方，我就加以改进，这些人都是我的老师呀！如果情况正是这样，为什么要毁掉乡校呢？我听说过忠善可以减少民怨，却没有听说过压制可以堵住民怨，岂不是很快就能消除怨恨吗？这如同预防水患，大的堤坝溃决，伤人必多，我也一时抢救不过来，不如开出小决口，让水从这里流出来。正如犯了小的毛病，我听到了还可以用药物治疗（意即不要等到病入膏肓）。"

然明说："从今以后我知道你确是能办成大事的，我确实没有才能，如果真的能这样干下去，郑国便有了强有力的依靠，岂止我们这些官吏呀！"孔子听到了这番话后说："照这些话看来，人们说的子产不仁，我不相信。"

● 现代小启示

孔子把子产称作君子，这是孔子承认的少数几个具有君子品德的人。子产是一个大人物，他很有智慧，这一点毫无疑义。而子产这样聪明的人，却被一个看池塘的小人物骗了，不仅被骗了，而且被骗了还很高兴。看起来子产很傻，这在常人来说是不好理解的，而我们从孔子的角度就可理解了，这就是"君子可逝也，不可陷也；可欺也，不可罔也。"

从子产这种被欺骗的事情来看，其实可以体现出子产的仁爱之心，他认为鱼到了它应该去的地方，也就是如同现在佛家所说的放生，所以子产很高兴。而看池塘的人觉得鱼应该去的地方就是他的胃里，两者一比较高低优劣顿时显现，我们是赞同子产还是赞同看池塘的人呢？

以文会友

曾子说："君子以文会友，以友辅仁。"以文会友指通过文字来结交朋友，以友辅仁是说通过朋友来相互提高道德修养，这可以说是曾子对当时孔子弟子之间关系和交往的一个形象描述。

孔子的弟子众多，而且是永远都不会毕业的。弟子们相处融洽，大家在向孔子求教的同时，也就是本着以文会友的一种愿望而来的，并且大家在一起切磋文艺和道德。从此这一个以文会友的形式就在中国社会中形成了一种传统。

后来成为人们交往、交友的礼俗，人们相交轻财物而重情谊、才学，故多以诗文相赠答，扬才露己，以表友情。杜甫是唐代伟大的诗人，他和李白之间的友谊是千古传颂的佳话，也是一个以文会友的典型范例。

● 感悟故事

杜　甫

唐朝天宝三载，杜甫在东都洛阳认识了比他大11岁的诗人李白，杜甫"性豪业嗜酒，嫉恶怀刚肠。"其抱负是"致君尧舜上，再使风俗淳。"与李白意气相投，他们情同手足，"醉眠秋共被，携手日同行"。

次年秋，杜甫将西去长安，李白准备重游江东，他们在兖州分手，此后没有再会面，这是他们的第一次见面，也是最后一次见面。在一起的那段日子里，二人畅游齐鲁，访道寻友，谈诗论文，有时也议论时事，两人结下了深厚的友谊。

两人分手后，杜甫为此写过不少怀念李白的感人诗篇，其中一首《春日忆李白》最为经典："白也诗无敌，飘然思不群。清新庾开府，俊逸鲍参军。渭北春天树，江东日暮云。何时一樽酒，重与细论文"。

那是在一个闲暇的春日，阳光明媚，到处都是一派生机勃勃的景象。杜甫触景生情，忽然想起了李白，而且是越来越思念，所以就写下了这首诗。诗中表达了杜甫对李白诗歌高超造诣的称赞。说李白的诗是无人可比的，出尘拔俗，他的才思敏捷，水平超群。李白的诗清晰俊逸，就像以庾开府和鲍参军一样，并且在诗中寄托了对李白遥远的思念，很希望再和李白一起喝酒谈论诗歌。赞李白"白也诗无敌，飘然思不群。"也可说是对李白诗歌的最高评价了，后人为了说明李白诗的高妙，往往都引用杜甫的这句。

李白也在《沙丘城下寄杜甫》中表达了他对杜甫的思念，全诗如下："我来竟何事，高卧沙丘城。城边有古树，日夕连秋声。鲁酒不可醉，齐歌空复情。思君若汶水，浩荡寄南征。"也同样表达了李白对杜甫深切的思念之情。

李白还有一诗是写杜甫的，是《鲁郡东石门送杜二甫》，全诗是这样的："醉别复几日，登临遍池台。何时石门路，重有金樽开。秋波落泗水，海色明徂徕。飞蓬各自远，且尽手中杯。"表达了李白对杜甫的深厚感情。

杜甫和李白，一个是诗圣，一个是诗仙，在中国文化历史上都具有无上的位置，他们深厚的友谊也是文学史上的一段佳话。

● 现代小启示

现代社会中还有没有像杜甫和李白之间那种纯粹而深厚的友谊？当然会有，但是恐怕不多了。其实在古代像这样的友谊在人与人之间是一种普遍的现象，曾子所说的以文会友是对这种友谊的描述罢了。

在儒家来讲，交朋友的目的就是要来相互提高，相互督促道德修养的，而现在的朋友大部分带上了一层功利的色彩，甚至完全流于酒肉朋友，这就失去了朋友的真实内涵了。

宽则得众

子张这个人对于道的信仰很坚定，为人也很严谨，达到子张这样境界相当的难，但是他有些矜持，总是不能容人，有一种拒人于千里之外的架势。孔子对于子张的教育，总是针对他的矜持来讲的。

子张问仁于孔子，孔子给他的回答和其他同学不一样，孔子说："能行五者于天下为仁矣。"子张想知道具体的内容，孔子就跟他说："恭、宽、信、敏、惠。恭则不侮，宽则得众，信则人任焉，敏则有功，惠则足以使人。"孔子告诉子张，恭敬就不会招致侮辱，宽厚则能够得到众人的支持，守信则能够得到别人任用，勤敏则可以有功劳，施惠则足以使唤人。

子张的毛病就是在于不够宽容别人，不能得到别人的支持和帮助。孔子还告诉过子张，要"尊贤而容众。"也是针对子张的这种毛病来说的。当然子张也把这些话记在心里了，至于子张是否按照孔子的教导去改变了，这就是不得而知了。

孔子也曾经批评那些居于高位而不宽厚的人，他说："居上不宽，为礼不敬，临丧不哀，吾何以观之哉？"孔子看到当时一些执政管理社会的人失去了应有的宽厚，不仅没有去为人民做事，而只是想着自己狭隘的私人利益，境界实在是太卑贱了！处在上位的人，如果不能宽厚待人，是得不到别人的拥护和帮助的。而汉朝的创立者刘邦，正是因为待人宽厚，所以在众人的帮助下而建立了汉朝。

● 感悟故事

刘　邦

汉高祖刘邦于秦二世元年，即公元前209年9月在沛县聚众响应陈胜、吴广起义，称沛公，不久投奔项梁。公元前206年10月进抵霸上，秦王子婴投降，秦灭亡。刘邦废秦苛法，与关中父老约法三章："杀人者死，伤人及盗抵罪。"灭秦后和项羽争天下，取得胜利，建立了汉朝。

刘邦在当了皇帝后，于洛阳召开的庆功会上对群臣说："夫运筹策帷帐之中，决胜于千里之外，吾不如子房；镇国家，抚百姓，给馈饷，不绝粮道，吾不如萧何；连百万之军，战必胜，攻必取，吾不如韩信。此三者皆人杰也，吾能用之，此吾所以取天下也。项羽有一范增而不能用，此其所以为我擒也。"

陈平弃楚投义，刘邦观其有才，便大胆使用，封为都尉，兼掌拥军，出入和自己同坐一辆车子。于是引起部下诸将的不满，便在刘邦面前说陈平的坏话。有的说陈平初至，心迹未明如何引以为亲？还说陈平虽美如冠玉，未必有真才实学，还有的说陈平作风不正派等。

刘邦却没有轻信这些话，而是亲自做了一番调查后，更加信任和重用了，把陈平又升为护军中尉，监督全军将领。别人再不敢说三道四了，使陈平十分感动，全力匡扶汉室，矢志不渝，曾六出奇计，为汉朝立了大功。

韩信投奔项羽后，项羽不予重用，又投刘邦，又不被了解和重用，于是又想逃跑。可是，刘邦的相国萧何深知韩信的军事才能，灭项楚定天下，没有韩信不成。

于是，萧何月下追韩信，并说服刘邦要重用韩信。刘邦立即采纳萧何建议，破格提拔韩信为"大将军"，统率全军。并下令，若有不服者"杀头"，使韩信感动不已，竭力扶汉诛项，帮助刘邦四年一统天下。

● 现代小启示

子张这个人有些清高，他的同学曾参也说他："庄重大方的子张啊，却很难跟他一起去修养仁道。"所以孔子老是提醒子张要待人宽厚一些。刘邦的成功不是偶然的，他作为一个领导者，做到了孔子所说的宽则得众，所以得到了萧何、韩信、陈平、张良等人的辅助，假如刘邦不能容人，他们也不会聚到一起来终成大事。

与人的交往，我们也同样需要一种宽厚的态度。所谓人无完人，谁都不是十全十美的。如果看到别人有缺点，就不跟人交往，或者去斥责，拒人于千里之外，那么在世界上我们还能和谁去交往呢？又如作为一个领导，对待下属不能宽厚，吹毛求疵，那还有谁来帮你做事呢？

久而敬之

晏子使楚的故事为大家所熟知，故事的主角晏子和孔子是同时代的人。虽然孔子是鲁国人，晏子是齐国人，他们在国家利益上有不同甚至对立，如齐鲁两国在夹谷之会中孔子胜利了，晏子所在的齐国失败了，但是孔子对晏子的品德是十分赞赏的。孔子说："宴平仲善与人交，久而敬之。"宴平仲就是晏子，仲是晏子的字，平是晏子去世后的谥号。

孔子认为晏子善于和人交往，因此，别人跟晏子交往越久，就越敬重他，这是很难做到的。这就说明了晏子有很高的人格魅力，和他交往的人，会被他的人格魅力所吸引，这来源于晏子的品德修养。

● 感悟故事

晏 子

晏子是春秋后期齐国一位重要的政治家、思想家、外交家。史载晏子身高不满六尺，其貌不扬，但头脑机敏，能言善辩，是我国历史上的一代名相。晏子是齐国上大夫晏弱之子，以生活节俭，谦恭下士著称。齐灵公二十六年晏弱病死，晏子继任为上大夫，历任齐灵公、庄公、景公三朝，辅政长达50余年。

晏子生活在春秋时期相对稳定的时代，各诸侯国间没有爆发大规模的战争，因此，各国争相追求奢侈豪华生活之风。晏子则崇尚节俭，"以节俭力行重于齐"，身为三朝宰相，始终过着清贫的生活，住在低矮的房屋，吃的是粗茶淡饭，从自己的日常生活做起，以自己的行动为表率，为国人垂范，并对当时奢侈之风进行了坚决抵制，尚俭贯穿他一生的政治活动和个人生活中，与早期辅佐齐桓公称霸的管仲奢侈作风形成鲜明对比，故后世有"管侈晏俭"之说。

齐景公特别喜欢鸟，有一次他得到了一只漂亮的鸟，就派一个叫烛邹的人专门负责养这只鸟。可是几天后，那只鸟飞跑了，齐景公气坏了，要亲手杀死烛邹。晏子站在一旁请求说："是不是先让我宣布烛邹的罪状，然后您再杀了他，让他死得明白。"齐景公答应了。

晏子板着脸，严厉地对被捆绑起来的烛邹说："你犯了死罪，罪状有三条：大王叫你养鸟，你不留心让鸟飞了，这是第一条。使国君为一只鸟就要杀人，这是第二条。这件事如果让其他诸侯知道了，都会认为我们的国君只看重鸟而轻视老百姓的性命，从而看不起我们，这是第三条。所以现在要杀死你。"说完，晏子就回身对齐景公说："请您动手吧。"

听了晏子的一番话，齐景公明白了晏子的意思，他干咳了一声，说："算了，把他放了吧。"接着，走到晏子面前，拱手说："若不是您的开导，我险些犯了大错误呀！"

孔子曾称赞晏子说："救民百姓而不夸，行补三君而不有，晏子果君子也！"高度赞扬晏子是一个真正的君子。司马迁对晏子十分敬佩，他感慨地说："假如晏子还活着，我就是为他执鞭驾马，也是十分向往"。晏子的节俭美德，在当时乃至后世都产生了积极的影响。

● 现代小启示

晏子的为人，可以达到这样的高度：别人和他交往越久，就越觉得他这个人好，越想和他交往。这不是一般人可以做到的，这是跟他的品德修养联系在一起的。我们可以从中看出晏子很会为别人来考虑，别人跟他交往会感到很舒服，所以喜欢和他来交往。他对于国君的进谏，也如此，都是从道义出发，没有掺杂自己的一点私心，也没有去为自己的利益来考虑，因此齐景公也愿意来听。

不知我们有没有这样的体验：看到陌生的朋友，心里面总有几分敬意，我们大概都是如此。刚刚和别人交往的时候，大家都会相互的敬重对方，时间一长，大家的很多缺点就暴露出来了，一些不好的德行也表现出来，就显得不那么可爱了，相互的恭敬自然就会减少很多。因此要做到晏子的这种"久而敬之"的状态很不容易，难怪孔子要特别来称赞他呢！

益者三友

孔子很看重朋友，而他在交朋友上也很慎重。他认为要交对自己有益的朋友，孔子说："益者三友，损者三友。友直，友谅，友多闻，益矣。友便辟，友善柔，友便佞，损矣。"跟三种朋友交往是有好处的。

这三种朋友是正直的人，诚信的人和多闻的人。有三种朋友是有害处的，这三种朋友不能交：谄媚逢迎的人，没有原则善变的人，花言巧语的人。

孔子曾经告诉子贡，要去跟那种有仁德的人交朋友。孔子甚至还说过，不要去和那些不如自己的人交朋友，因为我们要求上进，我们可以从朋友那里得到益处，和那些不求上进甚至不如自己的人交朋友，对于我们是无益的。

我们也知道，跟那些没有修养的人交朋友对于自己是没有好处的，孔子对于朋友看得很清楚，分析得很深刻。中国历史上有一个著名的伯牙遇知音故事，讲的就是交朋友的故事。

● 感悟故事

伯 牙

伯牙是春秋时著名的琴师，擅弹古琴，技艺高超。既是弹琴能手，又是作曲家，被人尊为"琴仙"。《吕氏春秋》记有伯牙鼓琴遇知音，钟子期领会琴曲志在高山、流水的故事。

有一年，伯牙奉晋王之命出使楚国，八月十五那天，他乘船来到了汉阳江口，遇风浪，停泊在一座小山下。晚上，风浪渐渐平息了下来，云开月出，景色十分迷人。望着空中的一轮明月，伯牙琴兴大发，拿出随身带来的琴，专心致志地弹了起来。

他弹了一曲又一曲，正当他完全沉醉在优美的琴声之中的时候，猛然看到一个人在岸边一动不动地站着。伯牙吃了一惊，手下用力，"啪"的一声，琴弦被拨断了一根。伯牙正在猜测岸边的人为何而来，就听到那个人大声地对他说："先生，您不要疑心，我是个打柴的，回家晚了，走到这里听到您在弹琴，觉得琴声绝妙，不由得站在这里听了起来。"

伯牙借着月光仔细一看，那个人身旁放着一担干柴，果然是个打柴的人。伯牙心想：一个打柴的樵夫，怎么会听懂我的琴呢？于是他就问："你既然懂得琴声，那就请你说说看，我弹的是一首什么曲子？"

听了伯牙的问话，那打柴的人笑着回答："先生，您刚才弹的是孔子赞叹弟子颜回的曲谱，只可惜，您弹到第四句的时候，琴弦断了。"

打柴人的回答一点不错，伯牙不禁大喜，忙邀请他上船来细谈。那打柴人看到伯牙弹的琴，便说："这是瑶琴！相传是伏羲氏造的。"接着他又把这瑶琴的来历说了出来。听了打柴人的这番讲述，伯牙心中不由得暗暗佩服。接着伯牙又为打柴人弹了几曲，请他辨识其中之意，当他弹奏的琴声雄壮高亢的时候，打柴人说："这琴声，表达了高山的雄伟气势。"当琴声变得清新流畅时，打柴人说："这后弹的琴声，表达的是无尽的流水。"

伯牙听了不禁惊喜万分，自己用琴声表达的心意，过去没人能听得懂，而眼前的这个樵夫，竟然听得明明白白。没想到，在这野岭之下，竟遇到自己久久寻觅不到的知音，于是他问明打柴人名叫钟子期，和他喝起酒来。两人越谈越投机，相见恨晚，结拜为兄弟，约定来年的中秋再到这里相会。

和钟子期洒泪而别后第二年中秋，伯牙如约来到了汉阳江口，可是他等啊等啊，怎么也不见钟子期来赴约，于是他便弹起琴来召唤这位知音，可是又过了好久，还是不见人来。第二天，伯牙向一位老人打听钟子期的下落，老人告诉他，钟子期已不幸染病去世了。临终前，他留下遗言，要把坟墓修在江边，到八月十五相会时，好听俞伯牙的琴声。

听了老人的话，伯牙万分悲痛，他来到钟子期的坟前，凄楚地弹起了古曲《高山流水》。弹罢，他挑断了琴弦，长叹了一声，把心爱的瑶琴在青石上摔了个粉碎，他悲伤地说：我唯一的知音已不在人世了，这琴还弹给谁听呢?"

● 现代小启示

伯牙和钟子期知音的故事，不知打动了多少人。伯牙居高位，钟子期只是一个乡野村夫，当伯牙看到钟子期听懂了自己的琴声以后，心中的那种友情就油然而生，把钟子期当作了自己的知音，相见恨晚，这就是友情的力量，音乐艺术的力量让两个阶层不同的陌生人走到了一起。也可以从中看出，当时人和人之间是没有隔阂障碍的，大家还保持了一种纯真。伯牙交到了钟子期这种朋友，是一种幸运，作为钟子期来讲，也是一种幸运，两位"知音"的友谊感动了后人，人们在他们相遇的地方，筑起了一座古琴台。直至今天，人们还常用"知音"来形容朋友之间的情谊。

放在现代社会中来说，有伯牙和钟子期这种感情，显得弥足珍贵，当然我们遇到知音会很不容易。像孔子说的那样，交朋友要交有益的朋友，特别是在青少年时期，交朋友要格外慎重，因为这关系到个人的人生走向和幸福。如果交到了有益的朋友，对于个人的进步和修养都会有好处，如果是交了坏朋友，那么自己也会变坏，人生就可能走向堕落的深渊。

以直报怨

老子说："以德报怨。"就是要以德去回报怨，对于和别人之间产生的怨恨，不但不去报复，而且要主动地施德于对方。孔子就不同意老子的这种观点，虽然孔子也曾经问学于老子。有人拿老子的这句话来问孔子：以德报怨，何如？或许是想试探一下孔子，孔子说："何以报德？以直报怨，以德报德。"在这里孔子想到的是如果以德去报怨，拿什么去报德呢？所以要以直报怨，以德报德。

按照老子的这种观点，就是对德和怨没有区别对待了，这也违背自然的规律，那么大家都可以去和别人结怨了，反正都是得到一个德的结果，这样也就没有人去做好事了，孔子对于这样的问题看得很清楚。

而老子又说了一句："和大怨必有余怨。"他知道有大怨虽然能用以德报怨的方式去和解，但是心中必然还会有不快，还会有不良的后遗症。这样还不如像孔子那样，很直接的对待恩怨，该怎样就怎样对付，完事以后也就了结了，怨恨烟消云散，心中也落得一个清静。

孔子是一个直率的人，他曾经说："匿怨而友其人，左丘明耻之，丘亦耻之。"把怨恨藏在心里，去跟他做朋友，左丘明认为是可耻的，孔子自己也认为是可耻，这也是孔子以直报怨的一种表现。现代文化史上，顾颉刚和鲁迅的恩恩怨怨，也是孔子所说的以直报怨的一种表现。

● 感悟故事

鲁迅和顾颉刚

作为古史辨派创始人和国学大师，顾颉刚一生与同时代许多名人学者过从甚密，有的关系非同一般，其中与鲁迅的关系最富戏剧性，也最值得玩味。这里的是是非非、恩恩怨怨也是十分复杂，难以一言蔽之。

顾颉刚与鲁迅之间真正的冲突发生在厦门大学共事期间，在此之前，两人虽同在北京，但并没有多少直接的接触，如果说两人之间有什么联系，顾颉刚至多是因为鲁迅与胡适、陈源的论战，间接受到一些波及。

两人真正接触，是在1926年应聘厦门大学成为同事之后。二人成为同事之后，各种因素凑到一起，冲突也就在所难免，最后竟发展到分道扬镳甚至势同水火的地步，这不仅是顾颉刚没有想到的，大概也是鲁迅始料未及的。顾颉刚后来在自传中感慨地说："我一生中第一次碰到的大钉子是鲁迅和我过不去。"

顾颉刚一向缺少心机，乐于助人，同学朋友求他推荐工作基本上来者不拒。到厦门大学后，碍于同乡和同学关系，顾颉刚先后推荐了潘家洵、陈乃乾、容肇祖等人。后来听说林语堂有意聘川岛来厦门大学任国学院出版部干事兼图书馆编辑，顾颉刚又写信通知了他。在川岛到厦门大学当天，"又有顾先生派人给我们送来一大碗红烧牛肉和一碗炒菜花"。如此一来，便给鲁迅留下了口实，觉得顾颉刚是一个口是心非的阴谋家。同时，由于顾颉刚不善于处理人际关系，也给人留下了一些话柄，进一步扩大了他与鲁迅之间的裂痕。但两个人在厦门大学时并没有发生直接公开的冲突。

与顾颉刚等人的矛盾是鲁迅决定离开厦门大学的一个主要原因。鲁迅离开厦门大学还有另外一个原因，林文庆任用化学博士刘树杞担任教务长、校长秘书，兼任国学院顾问，刘树杞不懂国学，却掌握财权，权欲很重，经常干涉国学院工作。

1926年12月31日，鲁迅向林语堂提出辞职，开始学校和林语堂竭力挽留，但鲁迅执意要走，学校和林语堂最后也只能同意。林语堂后来在《悼鲁迅》一文中谈及此事时说："我请鲁迅至厦门大学，遭同事摆布迫逐，至三易其厨……鲁迅顾我，我喜其相知，鲁迅弃我，我亦无悔。"其无奈也是可以想象的，鲁迅辞职后，林语堂不久也辞职了。

鲁迅的离职在厦门大学引起很大振动，学生发起留鲁运动，几乎成为学潮，为了转嫁矛盾，林文庆故意向媒体放风说鲁迅离开是因为胡适派排挤，这一点在川岛文章中也得到证实。在鲁迅看来，校方与现代评论派的人，主要指顾颉刚，已经站在同一条战线上了，他在致许广平的信中说："'现代评论'派势力，在这里我看要膨胀起来，当局者的性质，也与此辈结合。"

● 现代小启示

鲁迅为人率直一点，和他的秉性有关系，但是和孔子的这种"以直报怨"的思想是完全一致的。

假如别人对你不好，还要去跟他装笑脸吗？如果我们自己心中有怨气而放在心里不发泄出来，你会舒服吗？像孔子弟子子路说的那样：老子的以德报怨，是一种角度，但是他的这种角度不适合于我们的日常生活，也不符合于我们的一般心理。所以只有孔子的"以直报怨"对于我们来讲才是可效仿的。

可与适道

孔子自称"述而不作"，就是说，自己对于古代的文化和道的传承是很直接和纯粹的，并不是自己独创的。他所述的就是古代的圣人之道，是尧、舜、禹、汤、文武周公的仁道。孔子召集了三千学生，他的目的不仅仅是教育本身而已，他的目的在于培养一些志同道合的人才，一起来帮助社会来实现仁道。

孔子说："可与共学，未可与适道；可与适道，未可与立；可与立，未可与权。"

意思是 "可以一起来学习的人，不一定就可以一起来行道；可以一起来行道的人，不一定会坚持一样的立场；站在同一个立场的人，不一定可以一起来商量权衡事情。" 孔子发现同样在他门下学习的人，就不一定相信他所传授的道，相信他的道的人，也不一定和他有一样的立场；站在一样立场的人还是不一定可以和他来筹谋权衡传道和行道的事情。

或许在孔子这么多的弟子之中，只有颜回、仲弓、子游、子路、冉有等少数弟子达到了和孔子一起来权衡的高度。这也是孔子自己的经验之谈，透露出他当时行道心切的一种状态。

● 感悟故事

左 权

左权是中国工农红军和八路军高级指挥员、著名军事家。在长期的革命生涯中，左权与刘伯承同志结下了深厚的革命情谊。左权作为黄埔军校第一期的一名优秀学员，于1925年12月被保送到苏联学习，他先入苏联中山大学，两年后来到伏龙芝学习。刘伯承到伏龙芝时，左权已经在这里学习一年多时间了。

通过交往，刘伯承发现左权为人极为忠厚、诚恳、热情，对革命无比坚贞，于是十分喜欢与这个小自己十几岁的同学探讨疑难问题，交流学习体会。刘伯承在后来回忆左权时说："记得他在学习中，凡教员指定的参考书籍，必一一阅读，并以红蓝铅笔标出要点。所以在军事政治考试中，必能旁征博引，阐其旨趣。

我们在高加索战术作业时，战术指导员很器重其谨厚，常称赞于同学中，他在自修与教学时，非常勤勉虚心，笔记教材都整理有次。"刘伯承对左权的优秀品行和学业不仅十分称赞，而且还非常注重学习吸取，用以充实提高自己。

左权对刘伯承则更加钦佩、尊敬。他虽然早就知道刘伯承是南昌起义的参谋长，是我军的高级将领，但以前并不见过面。尽管刘伯承转入伏龙芝后他们才相识，但在接触中，他感到身穿将军服的刘伯承，并不因为革命资历深、贡献大而摆官架子，更不因实践经验丰富，理论基础扎实而炫耀自夸。在日常生活中，他待同志如和蔼可亲的兄长，像蜡烛一样，总愿把自己的一切光亮分给周围的每一个人；在学习工作中，他又像海绵一样，时时处处吸取知识和养分。

在志同道合的基础上，左权和刘伯承结成了一对密友，他们常常在一起学习俄语、钻研军事，探讨中国革命的发展道路。同学们都说，他俩真是一对亲密的好伙伴、好战友。在取长补短、相互帮助中，左权和刘伯承一起顺利完成了伏龙芝规定的课程。

1930年初，根据国内斗争形势的需要，中央决定从苏联抽调一部分正在学习的军事干部回国。4月，左权和刘伯承等人在伏龙芝军事学院提前毕业，返回祖国，投身到火热的革命斗争中。

1937年8月，根据中共中央革命军事委员会的命令，红军改名为国民革命军第八路军，左权奉命出任八路军副参谋长，刘伯承则担任了八路军第129师的师长，这对患难与共的好同学、好同事、好朋友又一道奔赴了华北抗日前线。

● 现代小启示

左权和刘伯承能够走到一起，就是因为他们有一个共同的追求，他们的志同道合。他们之间的故事生动诠释了孔子的"可与适道"这一段话。左权和刘伯承在一起学习，一起学习军事，一起来追求一个道，都是为了革命，他们也一直站在同样的革命立场，他们在一起筹谋事业。

所以说，现在坐在一起学习的同学，其实在孔子来说，有很大的不同。我们要找到真正的志同道合不是很容易，但是在我们社会和历史上的同道还是很多的，左权与刘伯承就是可与适道的一个生动的例子，值得我们学习。

四海之内皆兄弟也

弟子司马牛大概是患了忧郁症，应该说在当时的社会中还是比较少有的。他的老师和他的同学都知道这一点，司马牛可能是心胸比较狭窄，而且多话，孔夫子老是叫他不要忧愁不要担心，要少说一些话，可是他的这些毛病还是很难改掉。

一次，司马牛又很忧伤地在那里说了："别人都有兄弟，只有我没有啊！"他认为没有兄弟也是他伤心的理由。这次是他的同学子夏在旁边，子夏就来安慰他说："商闻之矣……四海之内皆兄弟也，君子何患乎无兄弟也？"子夏的这个商闻之矣大概就是从孔子那里听来的。

子夏告诉司马牛，不要因为没有兄弟而悲伤，作为一个君子，四海之内的人都是自己的兄弟。有这么多的兄弟，还有什么好忧伤的呢？也就是说，天下的人都是自己的兄弟。马克思发表的《共产党宣言》也正是表达这种四海之内皆兄弟的理念和情怀。

● 感悟故事

马克思

马克思在写《共产党宣言》的时候，伦敦共产主义者给他提供了一叠资料，其中至少包括三份各自独立的《共产党宣言》暂定稿。恩格斯起草了一份草稿，其中吸收了1847年6月底第一次大会的观点，这份草稿在夏末秋初的多次小组会议上讨论过。

这份草稿的题目是《共产主义原理》，由25个问答组成，马克思极为广泛地吸收了其中的思想。但是，公正地讲来，恩格斯和马克思之间有一个明显的不同，即恩格斯根源于启蒙运动和他在工业化英国的经历而来的乐观的、决定论的方法和马克思根据法国工人阶级经验而来的更多对政治的强调。

恩格斯后来说它"基本上是他的著作"，并说"基本思想完全属于马克思一个人的"。虽然在《共产党宣言》的封面上出现了他们两个人的名字，并且长期以来被认为是两个人共同的作品，而实际上它完全是马克思一个人完成的。

《共产党宣言》包含的几乎所有思想在以前，尤其是在法国社会主义者中都有过清晰阐述，《共产党宣言》坚定地继承了法国社会主义者传统。巴贝夫关于革命的思想、圣西门的历史时期的划分和对工业的重视、孔西得朗的《宣言》，所有的这些都给马克思多方面的思想启发。他本人第一个承认他开始使用的阶级概念，很久以前法国资产阶级历史学家已经使用了。但有力的、全面的分析和一贯的唯物主义方法却完全是崭新的。

《共产党宣言》分为四个部分。第一部分叙述了中世纪以来阶级社会的历史，末尾预言了无产阶级对当前统治阶级——资产阶级的胜利。

第二部分描述了共产党在无产阶级中的地位，反驳了资产阶级对共产主义的批评，接着叙述了共产主义革命的特点、无产阶级取得胜利要采取的措施以及未来共产主义社会的性质。第三部分广泛地批判了其他几种类型的社会主义保守、资产阶级的空想。最后一部分简短叙述了共产党对其他对立党派采取的策略，结尾呼吁无产者团结起来。

这种思想和中国传统文化有相同的地方，在某种意义上也可以和儒家思想相通。有人曾把"社会主义"译成"均贫富，等贵贱"的"大同之学"。刘少奇说他1921年到莫斯科，看到卢布票子上的"全世界无产阶级联合起来"的中文翻译是"四海之内皆兄弟也"，正是因为马克思的这种四海之内皆兄弟的博大胸怀，而产生了国际共产主义运动。

● 现代小启示

马克思说的"全世界无产阶级联合起来"的思想和儒家"四海之内皆兄弟也"的思想有惊人的相似。其中也是因为孔子和马克思的抱负和目的从某种角度来讲是一致的，难怪可以用来通译呢。孔子和儒家的这种思想是从仁爱出发的，所以能够得出"四海之内皆兄弟也"的结论。

现在世界就是一个地球村，人和人、民族和民族、国家和国家之间的交流比以往任何时候都要密切。孔子当时所说的天下和四海，当然也包括现在的全世界，但是孔子当时并不知道还有欧洲和美洲等存在，所以他的这句"四海之内皆兄弟"就更具有现实意义了。

教育篇

包含了一些永恒的教育原则

庭　训

　　孔子的庭训在中国的教育史上是十分有名的，这个典故很简单：一天孔子独自站在庭院里，他的儿子鲤从庭院中走过，孔子看到了，就问鲤有没有在学诗，鲤说没有，孔子就告诉鲤，不学诗就说不好话，鲤就赶紧回去学诗。

　　又有一天，孔子又独自站在庭院里，鲤从庭院中走过，被孔子看见了，于是又问鲤有没有在学礼，鲤说没有。孔子就告诉鲤，不学礼就没法在社会中立足，鲤就赶紧回去学礼。孔子对于自己儿子的家庭教育，就不外乎要求鲤学会说话，做人做事的道理罢了。没有其他所谓的特殊方法，和孔子教其他学生没有什么不同。

　　这就是孔子的家庭教育，特点是十分重视德育。这种重视家庭教育的传统，一直在中国的社会中延续传承。南北朝时期的颜之推，就是一个著名的例子。颜之推虽然生活在混乱的南北朝，而他却继承了孔子的庭训传统，提倡的是儒家的思想。颜之推为了教育自己的后代而写的《颜氏家训》，对于中国社会的影响很大，经久不衰，是中国家教的一个典范。

● **感悟故事**

颜之推

　　颜之推是南北朝时期的文学家和教育家，他出身于士族家庭，家传有《周官》《左氏》之学，早年受到良好的家庭教育。他的教育理论和实践对于后人颇有影响。

　　颜之推经历四个动乱的朝代，目睹当时士大夫子弟无能及士族教育的腐败，认为教育必须改革，才能为国家社会培养有用人才。他将自己亲身见闻及立身、治家、处世的道理，写成《颜氏家训》，教诫子弟。该书是他对自己一生有关立身、处世、为学经验的总结，被后人誉为家教规范，影响很大。

　　他认为，幼年时期是奠定基础的重要阶段，因此主张早教。颜之推认为家庭教育要及早进行，有条件的还应在儿童未出生时就实行胎教，儿童出生之后，便应以明白孝仁礼义的人"导习之"。稍长，看他"识人颜色，知人喜怒"之时，就该加以"教诲"，该做的事就引导他去做，不该做的就不让他做。如此教育下去，到9岁以后，自可"少成若天性，习惯如自然。"

颜之推认为，人在小的时候，精神专一，长大以后，思想分散。因此，必须早些教育，不要失去机会，并且以自己的亲身体会说：我在七岁时，就读东汉王延寿作的《灵光殿赋》，一直到今天，每十年温习一次，依然不曾遗忘。但二十以后所背诵的东西，只要搁置一个月就忘记了。

颜之推的三个儿子颜思鲁、颜愍楚、颜游秦，四个孙子颜师古、颜相时、颜勤礼、颜育德都很有名气。尤其是颜之推的嫡长孙颜师古，更是唐代最著名的音韵学家、训诂学家和文学家。

颜之推四世孙颜昭甫、五世孙颜元孙、颜惟贞均属名家。六世孙有名的更多，尤为"颜氏三卿"——颜真卿、颜杲卿、颜春卿更为显赫。颜真卿受封"鲁郡开国公"，世称颜鲁公，谥号"文忠"。颜杲卿被封为常山公，谥号"忠节"，二人并称"双忠"。

● 现代小启示

孔子的学生多，教育工作也很忙，而他并没有忽略对儿子鲤的教育。孔子不是手把手的来教，而是告诉鲤一些要学习的重点，然后让鲤自己去学习。孔子教给儿子的东西和教其他学生一样，并没有像现在所说的那样给鲤开小灶。颜之推的家训对后代的教育起到了重要的作用，还形成了一种家族的传统。

为人父母，都希望自己的子女成才成人，希望自己的子女有出息。于是要求自己的孩子要考高分，把孩子送到各种各样的学习班、特长班，忽略了对孩子的家庭教育。结果是孩子长大以后，大都是没有达到自己的期望，有的孩子甚至还走上了不良的人生道路。我们看看孔子的庭训，看看颜之推的家庭教育，就可以得出一个答案：现代缺少了做人的教育，忽视了孩子的道德教育，不重视家庭教育，以为把孩子送到学校自己就没事了，这是一个教育的误区。

有教无类

孔子教育学生，不分国籍，不分年龄，不分社会的阶层，不分职位的高低，只要是来跟孔子学习的，孔子都会教育。孔子说："有教无类"。就是说，在教育的对象上是不分类别的。孔子的弟子来自鲁、齐、晋、宋、陈、蔡、秦、楚等不同国度，这不仅打破了当时的国界，也打破了当时的夷夏之分。

孔子吸收了被中原人视为"蛮夷之邦"的楚国人公孙龙和秦商入学，还欲居"九夷"施教，就说明了后一点。孔子弟子中有来自贵族阶层的，如南官敬叔、司马牛、孟懿子，但更多的是来自平民家庭的，如颜回、曾参、闵子骞、仲弓、子路、子张、子夏、公冶长、子贡等。

在孔子的观念中，人人平等，人人都有受教育的必要。和孔子这种有教无类精神十分相同的只有佛祖释迦牟尼了。

● 现代小启示

孔子说过自束脩以上，没有他不教育的。有一次一个叫互乡的地方，童子要求见孔子，因为互乡这个地方的风俗不好，孔子的弟子不愿意见，但是孔子没有拒绝。并且认为只要别人想学习，就应该鼓励他的这种上进的精神，至于以前怎么不好就不要计较了。

孔子有这么博大的胸怀，从而体现贯彻在他们的教育活动中。

循循然善诱人

现在读《论语》时仍然可以想象当时孔子上课时的情景：生动又不乏严谨，细致而又深入，让弟子们总是听得津津有味。我们从颜渊的话中就可以看出孔子讲课的魅力来。孔子教学的魅力，颜渊最有体会，也最有发言权了，他说："夫子循循然善诱人。"就是现在"循循善诱"这个成语的出处。颜渊觉得老师教导的知识太有意思了！老师教育学生的时候善于循序渐进地引导学生，能让学生不知不觉就学到了高深的知识。

颜渊还说："博我以文，约我以礼，欲罢不能。"就是说，孔夫子教给知识时，自己想停下来不去学习确实做不到，以至于想不去学习也很难啊。因为老师讲课太有吸引力了，太有意思了。不像现在很多的讲课，让学生一听就想睡觉。

孔子的教学很讲究方法，也有一套自己行之有效的方式，这种方式的目的就是在于让学生真正学到知识，孔子把自己的大部分精力放在了教书育人上面。

陈鹤琴是中国的教育家，也同样把自己的一生奉献给了教育事业。他研究适合于现代教学的理论，通过自己的实践来充实和完善自己的教育理论，对中国的现代教育做出了卓著的贡献。

● 感悟故事

陈鹤琴

陈鹤琴是中国现代教育家，1914年，即是民国3年8月毕业，同年考取公费"庚款"留学美国，与陶行知同行。就读于约翰斯·霍普金斯大学、哥伦比亚大学，获哥伦比亚大学师范学院教育学硕士学位，就学于著名教授克尔柏屈克、孟禄、桑代克等。

1919年回国任南京高等师范学校教育科教授，1923年兼任东南大学教务主任，同年创办南京鼓楼幼稚园兼园长，1925年鼓楼幼稚园定为东南大学教育科实验幼稚园，使之成为我国最早的幼稚教育实验中心。

陈鹤琴一生致力于幼儿教育研究与教学，是我国现代幼儿教育事业的开拓者。陈鹤琴在幼儿教育方面总结中出丰富的经验，而其中影响最大的是他的"活教育思想"。

陈鹤琴的"活教育"主张：目的是"做人，做中国人，做现代中国人"。就是要使受教育者具备健全的身体，要有建设的能力，要有创造的能力，要有合作的态度，要有服务的精神。教学方法是"做中教，做中学，做中求进步"，这种观点脱胎于杜威的"寓教于做"，但较杜威的主张更进了一步，"不但要在做中教与学，还要不断地在做中争取进步"。

所谓"做中学"、"做中教"，就是强调学生要通过活动和体验来获得知识，而不是传统的课堂教学，因此，"活教育"的教学重视室外活动，生活体验，以实物为研究对象，以书籍为辅佐的参考。即注重直接经验，不重视间接知识，"活教育"根据儿童生活的需要及儿童的学习兴趣，组织儿童活动场所。

陈鹤琴在我国现代学前教育的理论和实践方面有着独到的建树，给我国现代教育理论留下了一份宝贵遗产，被称为"东方的福禄倍尔"，"和陶行知一样，是中国近代西学东渐大潮中站在历史前沿的大教育家"。

● 现代小启示

陈鹤琴一生在从事教育，把自己的一生奉献给了教育事业，积累了很多的教育经验，研究教育，取得了很多的教育成果。他很会教育学生，做到了孔子那种循循善诱，是当代教育工作者需要学习的。

中国现在提倡的素质教育可以视为现代的"活教育"，素质教育所克服的"应试教育"正是陈鹤琴在半个多世纪前所指出的"死教育"。

其实教育的方法可以多种多样，而目的就是要让学生真正的学到知识，掌握知识，还要让学生在学知识的时候感到有兴趣，问题在于怎样地把知识真正传达给学生。

中人以上可以语上也

孔子虽然教育的对象是有教无类，但是他会根据对象的不同采取不同教育方式。同时对于教学对象的材质，孔子也是有所注重的。他说"中人以上，可以语上也；中人以下，不可以语上也。"

即是孔子认为，具有中等以上智商能力的人，可以教给他高深的知识，而只有中等以下智商和能力的人就不能够交给他高深的知识。具有中等以上智力的人，跟他谈高等的知识，可以教给他高深的智慧。而只具有中等以下智力的人，跟他谈高深的知识是没有用的，只能教给他一般的知识。

这也是孔子有教无类的一种体现，为什么这样说呢？因为孔子自己是不管中人也好，下人也好，他都要教育的，就是采取不同的方式教给不同内容而已，目的就是要让受教者能学到对他自己有用处的知识。孔子又说："惟上知与下愚不移"。这些也可以看作是孔子的生活经验和教育经验。而且孔子也认识到，具有上等智力的人和迟钝愚蠢的人同样是不会改变的。

所以教育要有针对性，并不是逮着一个人就乱教一通，也可以说是孔子教育智慧的体现。可以教育的就教育，不可以教育的就不教育，对于孔子的这种教育理念，明朝的教育家王阳明理解很深刻，并且也在教学中具体实践了，这种思想主要体现在王阳明的"四句教"里面。

● 感悟故事

王阳明

王阳明是我国明代著名的文学家、哲学家、政治家和军事家，是"心学"流派的重要代表人物。王阳明有著名的四句教，这是他教育思想的精髓所在。

这四句教是："无善无恶心之体，有善有恶意之动。知善知恶是良知，为善去恶是格物。"他的教育内容千言万语，都可以归结到这四句话上面来。王阳明曾经和弟子深入探讨了这四句话的含义。王阳明认为四句教，不管是中人上人还是下人，都能从中得到收获。

1527 年 即明朝嘉靖六年，王阳明五十六岁，这年奉命九月出征思田。出征之前，在天泉桥上和弟子讨论了这四句话，史称为天泉证道。就在这个月的初八，弟子德洪与王畿拜访张元冲于舟中，讨论了为学的宗旨。王畿说："先生说知善知恶是良知，为善去恶是格物，此恐未是究竟话头。"德洪说："这话怎么讲？"王畿说："心体既是无善无恶，意亦是无善无恶，知亦是无善无恶，物亦是无善无恶。若说意有善有恶，毕竟心亦未是无善无恶。"德洪说："心体原来无善无恶，今习染既久，觉心体上见有善恶在，为善去恶，正是复那本体功夫。若见得本体如此，只说无功夫可用，恐只是见耳。"王畿说："明日先生启行，晚可同进请问。"

　　这天晚上，客人开始离开了，王阳明先生将入屋内，听见德洪和王畿在庭下站着等候，王阳明于是又出来了，叫人把桌席移到了天泉桥上，德洪举出了与王畿的论辩内容向王阳明请问。王阳明很欢喜地说："正要二君有此一问！我今将行，朋友中更无有论证及此者，二君之见正好相取，不可相病。汝中须用德洪功夫，德洪须透汝中本体。二君相取为益，吾学更无遗念矣"。德洪请问，王阳明先生说："有只是你自有，良知本体原来无有，本体只是太虚，太虚之中，日月星辰，风雨露雷，阴霾饐气，何物不有？而又何一物得为太虚之障？人心本体亦复如是。太虚无形，一过而化，亦何费纤毫气力？德洪功夫需要如此，便是合得本体功夫。"

　　王畿请问，王阳明先生说："汝中（王畿）见得此意，只好默默自修，不可执以接人。上根之人，世亦难遇。一悟本体，即见功夫，物我内外，一齐尽透，此颜子、明道不敢承当，岂可轻易望人？二君以后与学者言，务要依我四句宗旨：无善无恶是心之体，有善有恶是意之动，知善知恶是良知，为善去恶是格物。以此自修，直跻圣位；以此接人，更无差失。"

　　王畿说："本体透后，于此四句宗旨何如？"王阳明先生说："此是彻上彻下语，自初学以至圣人，只此功夫。初学用此，循循有入，虽至圣人，穷究无尽。尧、舜精一功夫，亦只如此。"先生又重嘱咐说："二君以后再不可更此四句宗旨。此四句中人上下无不接着。我年来立教，亦更几番，今始立此四句。人心自有知识以来，已为习俗所染，今不教他在良知上实用为善去恶功夫，只去悬空想个本体，一切事为，俱不著实。此病痛不是小小，不可不早说破。"这一天，德洪和王畿有很深的体悟。

孔子教育的对象是有教无类，别人只要想向他学习，他都会教育。当时孔子不是逮着一个人讲一通大道理，他是要看教育对象的材质的，根据不同的对象采取不同的教育方式和内容。

王阳明也继承了孔子的这种教育思想，他把教育的对象分为上根之人，中根之人和下根之人，根据不同的接受能力采取不同的方式，目的就是让不同的人都能懂，都能有所收获。对照我们现在的教育模式，好像还是孔子和王阳明的模式要科学一点，先进一点。我们现在是工厂化的生产式的教育，采取一刀切的方式，不管学生本人的接受能力和兴趣，都是教一样的内容，一样的方式，这样学生无法真正学到知识。

温故而知新，可以为师矣

可以说儒家思想是孔子开创的新学派，两千五百年以来一直主导着中国文化的发展和中国社会生活的各个层面，还对周边的国家产生了巨大的影响，诸如朝鲜、日本、越南等，无不得到孔子的恩惠。虽然创立了这样一个影响巨大而深远的学派，但孔子并不认为是自己的功劳，他认为这是从古代的圣人那里继承过来的，他说的"信而好古"就是说他崇信和喜欢古代的文化和思想。

其实儒家思想作为一个学派来讲，孔子是创始人，也就是说，儒家是孔子创立的新的学派。为什么孔子说"述而不作"呢？他认为自己的思想完全是古代流传下来的，自己只不过是在阐述罢了，其中没有自己个人凭空造作出来的东西。这就是说孔子从古代的文化中发展出了新的一种思想体系，他创立的儒家完全是建立在古代文化上的，所以孔子说："温故而知新，可以为师矣！"

学习过去的知识，继承和掌握古代的文化，就可以发展出自己新的知识和新的文化，孔子认为这种方式可以师法的，也是我们必须要效仿的。我们也可以这样理解：孔子自己把创造了古代文化的圣人作为自己的老师来学习，同样也要求弟子们学习古代的圣人。开创了近代物理学新时代的牛顿就是这样一个善于向古人学习的伟大科学家……

● 感悟故事

牛　顿

牛顿是伟大的物理学家，也是一位数学家、天文学家、自然哲学家、思想家和炼金术士。牛顿善于从前辈那里学习，他在伽利略等人工作的基础上进行深入研究，总结出了物体运动的三个基本定律。他通过论证开普勒行星运动定律与他的引力理论间的一致性，展示了地面物体与天体运动都遵循着相同的自然定律，从而消除了对太阳中心说的最后一丝疑虑，推动了科学革命。

1666年夏末一个温暖的傍晚，在英格兰林肯州乌尔斯索普，一个腋下夹着本书的年轻人走进他母亲家的花园里，坐在一棵树下，开始埋头读他的书，当他翻动书页时，他头顶的树枝中有样东西晃动起来。

一只历史上最著名的苹果落了下来，打在了牛顿的头上，恰巧在那天，牛顿正苦苦思索着一个问题：是什么力量使月球保持在环绕地球运行的轨道上，以及使行星保持在其环绕太阳运行的轨道上？为什么这只打中他脑袋的苹果会坠落到地上？正是从思考这一问题开始，他找到了问题的答案——万有引力理论。

当牛顿成为一个高龄老人的时候，有一天说："我好像还只是一个在海边玩耍的孩子，我常常因为拣到一个光滑的鹅卵石或一个美丽的贝壳而高兴，然而在我面前的真理大洋我仍然不了解，也未曾探索过。"

牛顿也说："如果说我比别人看得更远些，那是因为我站在巨人的肩上。"这些巨人就是古代的这些前辈，牛顿伟大的成果也是建立在学习了前辈已有的知识的基础上而取得的，可以肯定地说，没有亚里士多德、哥白尼、欧几里得、伽利略，就不会产生出物理学家牛顿。

● 现代小启示

学习和掌握古代的文化和知识，才能发展出新的文化和知识，学习人类社会过去的经验，才能有现在社会的进步，孔子把这种方式作为学习知识的一种重要方法。牛顿善于从先辈那里学习，他的成就建立在先辈所取得的成果上。牛顿看到苹果落地，发现了万有引力，他有深厚的知识积累，如果没有这些知识的贮备，自然也就不会有万有引力的发现了。

温故而知新，在教育上我们可以把它作为一个原则。其实我们的教育，就是把前人的经验和知识传授给学生，让学生掌握，然后再去实践和开创出新的知识来。当然，温故知新的这个道理包含了很广泛和深刻的意义在里面，不仅我们的教育，而且文化经济、政治道德等等，都适用这个原则。今天人类社会有这样的发展，正如牛顿所说的："因为站在巨人的肩膀上。"

吾党之小子狂简

孔子在小国陈国住了三年，当时晋国和楚国明争暗斗得很厉害，晋国又伐陈，同时南边吴国也来侵犯陈国，陈国经常有战争。孔子在这种动荡的社会环境之下，感到在陈国也不能有什么作为了，因此有了思归之想。

经过了长时间的在外奔波，也许孔子是有些累了，想回到家乡鲁国去。家乡有他的很多的弟子，于是孔子感叹地说："归与！归与！吾党之小子狂简，斐然成章，不知所以裁之。"孔子的意思是回去吧！回去吧！我的那些学生狂简，他们有斐然文采的文章，我都不知道怎么去教育他们了！想念起自己在鲁国的那些弟子来，很想要多花点时间去教导他们了！

这也是表达了孔子对弟子的一种强烈的思念情怀，从中也看出孔子对于自己的弟子是很得意的，也是对自己教育成果感到十分的自豪。孔子的弟子狂简，就是这些弟子很有进取心和直率，个个都是踌躇满志的，学有所成的，孔子觉得他们是可以干出一番事业来的，因此孔子感到十分的欣慰。

孔子对于自己多年来教育事业取得的成绩相当满意，还想用更多的时间和精力去教育他们！因为这些弟子个个都有出息，能不自豪吗？隋朝的大儒王通，他教育的学生也很有成就，也是值得自豪的。

● 感悟故事

王　通

王通是汉朝以来四百年间的第一个大儒，也是一位私人教育家。王通少年时即精通儒学，学问极好，十五岁时就有人向他求学，因此他在十五岁时就做了老师，开始教育学生从事教育活动了。18岁时有四方之志，游历访学，刻苦读书达到了不解衣者，其精志如此，学问大有长进。

二十三岁考中秀才后，就西游长安，见到了隋文帝，上奏太平十二策，尊王道，推霸略、稽今验古。尊崇古代圣君的王道，分析了霸业方略，借鉴古代，来验证时事，但没有受到重用。大概是由于同乡薛道衡的推荐，才被授以蜀郡司户书佐、蜀王侍郎，王通并不满意，所以不久就弃官回家，以著书讲学为自己的事业。

王通弃官归乡后，便潜心钻研孔子的《六经》，据说曾经受书于东海李育、学诗于会稽夏典，问礼于河东关子明，正乐于北平霍汲，考易于族父仲华。经过一番研究，王通觉得学有所成了，便以孔子为榜样，并开始在家乡的白牛溪聚徒讲学。

王通首先确定了续述《六经》的计划，决心以古代隐逸贤才为榜样，"退而求诸野"以著述和教学来为弘扬儒学做贡献。就这样，王通用了九年的时间著成《续六经》（亦称《王氏六经》），包括《续诗》《续书》《礼论》《乐经》《易赞》《元经》等，共80卷。其撰著的目的在于"服先人之义，稽仲尼之心。天下之事，帝王之道，昭昭乎。"在中国社会从动荡走向统一之时扯起振兴儒学的旗帜。

《续六经》完成后，王通名声大噪，求学者自远而至，盛况空前，有"河汾门下"之称。不仅及门弟子多达千余人，还结交了许多朋友和名流，其中学生薛收、温彦博、杜淹，房玄龄、魏征、王珪、杜如晦、李靖、陈叔达等均为隋唐之际历史舞台上的主要角色。

王通教学，分门授受，窦威、贾琼、姚义受《礼》，温彦博、杜如晦、陈叔达受《乐》、杜淹、房玄龄、魏征受《书》，李靖、薛方士、裴晞、王珪受《诗》，叔恬受《元经》，董常、仇璋、薛收、程元备闻《六经》之义。

在他门下学习的人常常上百人，其中河南董恒、南阳程元、中山贾琼、河东薛收、太山姚义、太原温彦博、京兆杜淹等十余人为俊颖，特别的优秀。这些人就犹如孔子门下的十哲一样，而以姚义慷慨，比之于子路；薛收理识，比之于庄子。

● 现代小启示

孔子对于自己的这些弟子感到很自豪，弟子们的表现总是让孔子很满意，弟子们的作为也体现了孔子多年来的教育成果，像颜回、子路、仲弓、子贡、子张等等弟子，都是很有出息的。他们这一批人对于当时和后来的社会和文化产生了很深刻的影响。从孔子的语气看来，他的这些弟子个个都是意气风发，都想干出一番事业来。

王通的教育事业也取得了很大的成功，他的这些学生也对当时的文化和政治产生了积极深刻的影响，像魏征、房玄龄都很有才华和能力，王通的教育在其中起到了很大的作用。现在看来，教育出来的学生都很有才能，对社会和国家做出了很大的贡献，而且这种学生不止一个两个，这样就可以说是桃李满天下了。

诲人不倦

孔子讲课是一对一、面对面的教学，因为孔子当时的学生是不会从他那里毕业的，做了孔子的学生，就是他一生的学生了。可以想象，孔子给这三千个学生传授知识，是相当辛苦的，孔子能够教育出这么多的学生，就是因为他有诲人不倦的精神。

按照通常的说法，孔子有三千弟子，有七十二名为有名的贤人。在现在也许教过三千个学生不是什么稀奇的事情，三四年就毕业了，而且一下就是几个班，一批有的甚至几百学生，十几年或者几十年下来就会很容易达到几千人了。

孔子对于自己是圣人，或者达到了仁这两点是不肯承认的，但是他对于自己勤奋教育学生这一点则很自信，孔子非常热爱教育事业，他把教育学生当作是自己的责任。

他说："为之不厌，诲人不倦，则可谓云尔已矣"，孔子对自己的诲人不倦毫不掩饰，并且引以为豪。有一次还来了一次夫子自道："默默的把知识牢记在心里，学习从不会感到厌烦，教育人不知疲倦，这一些我哪里做到了啊？"其实他都做到了，这样说，只是他的一种谦虚态度罢了。古希腊的哲人苏格拉底也有孔子这种诲人不倦的精神。

● 感悟故事

苏格拉底

苏格拉底出生于雅典一个普通公民家庭，他具有朴实的语言和平凡的容貌，生就扁平的鼻子，肥厚的嘴唇，凸出的眼睛，笨拙而矮小的身体和神圣的思想。

青少年时代，苏格拉底曾跟父亲学过手艺，熟读荷马史诗及其他著名诗人的作品，靠自学成了一名很有学问的人。他以传授知识为生，30多岁时做了一名不取报酬也不设馆的社会道德教师。许多有钱人家和穷人家的子弟常常聚集在他周围，跟他学习，向他请教，苏格拉底却常说："我只知道自己一无所知。"

苏格拉底终生从事教育工作，具有丰富的教育实践经验并有自己的教育理论，但是他并没有创办自己的学校。那么他在哪里施教呢？他怎么施教呢？广场、庙宇、街头、商店、作坊、体育馆等等，都是他施教的场所。青年人、老年人、有钱人、穷人、农民、手艺人、贵族、平民，都是他施教的对象，不论是谁，只要向他求教，他都热情施教。

当时的其他教师——智者，是收取学费的，他们以当教师作为赚钱的手段，而苏格拉底教人是不收学费的，他是为城邦的利益而教人，是义务教师，因此苏格拉底一生都很清贫。

苏格拉底很喜欢和青年人交往，希望青年人能受到良好的教育。他认为，一个人接受教育之后，不仅自身会幸福，能管好自己的家务，而且还能使别人和城邦幸福。他常根据不同情况，对青年人施以不同的教育，对于遗传条件优越而轻视学习的人，苏格拉底告诉他们，越是禀赋好的人越要受教育。这好比烈性而桀骜不驯的良种马，如果在小时候加以训练，就会成为最有力、最骁勇的千里马，否则，将始终是难以驾驭的驽马。

苏格拉底认为一个人如果受的教育不好，他的意志越坚强，就越容易犯罪。对于那些以财富自夸、认为不需要受教育、财富会成就他们的心愿、给他们带来幸福的人，苏格拉底就教导他们，只有愚人才会这样想。他指出，幸福不在于财富，而在于知识，在于对人类做出贡献，人只有这样，才能获得人们的尊敬。

苏格拉底的学生著名的有哲学家柏拉图、作家和哲学家色诺芬、哲学家安提斯泰尼等等。苏格拉底说："我的母亲是个助产婆，我要追随她的脚步，我是个精神上的助产士，帮助别人产生他们自己的思想。"

● 现代小启示

孔子的诲人不倦有他推行仁道的目的，同样有他对学生的关怀和爱护之情。他有对学生的这种责任感，所以他愿意付出，愿意帮助学生来成长，他的这种付出是完全心甘情愿的，是很纯粹的教育，绝对没有个人的功利在里面。

苏格拉底和孔子有同样的愿望，他希望青年人能受到良好的教育，并且常根据不同情况，对青年人施以不同的教育。从孔子和苏格拉底教育的成功来看，教育者不仅需要广博的知识，还需要责任感和爱心。当然，我们现在的教育状况不是很理想，这与教师的责任感和爱心有直接的关系，很多教育者还不具备孔子和苏格拉底的这种热情和奉献精神。

吾道一以贯之

《论语》中记载了孔子两次主动谈到了自己的道是"一以贯之"的

这个意思，也就是说，孔子清楚地表明，自己的学说是有一个中心贯穿起来的。这个中心究竟是什么呢？孔子自己也没有给出答案。

他的意思也就是说要大家自己去领会了，他在一次讲完课后跟曾子说："参（指曾参）啊，我的道是一以贯之的。"曾子回答："是。"等到孔子走出教室之后，其他的同学赶快问曾子："这是什么意思啊？"曾子说："老师的道，就是忠恕而已罢了。"

一次是孔子跟子贡主动谈起说："赐啊，你以为我是学了很多知识并且记下来的吗？"子贡当然是这样认为的，就说："是的。难道不是吗？"孔子说："不是的，我是一以贯之的。"孔子所说的一以贯之的道，应该是仁道，他心目中的这个道就是仁道，而不仅仅是曾子所理解的忠恕之道。

孔子正是用这个仁道来教育人的，这个仁几乎是无所不包，我们学习孔子的学说，只要抓住仁这个中心就好了。明朝的学者刘宗周，是一代理学宗师，他的学问，他自己也说只是一个"慎独"而已。和孔子的仁道一样，这个慎独也是刘宗周的学问一以贯之的中心。

● 感悟故事

刘宗周

刘宗周是明代的学者、教育家，因讲学于山阴蕺山，学者称蕺山先生。他为人清廉正直，操守甚严，立朝敢于抗疏直言，屡遭贬谪，不改其志。观其一生，从政时间很短，多半生从事于讲学育人，故其弟子遍天下。学术上，刘宗周对于《五经》《诸了百家》无不精究，并且有所论述，可以说是宋明道学史上里程碑式的人物，也是明朝三百年学术的一个集大成者。

刘宗周一生致力于讲学和著述，在北京曾参与首善书院讲会，又入东林书院与高攀龙、黄尊素等东林党相友善，往来切磋，并受黄尊素嘱托，收其长子黄宗羲为门人。

刘宗周撰成《论语学案》《曾子章句》两部重要著作。在《论语学案》中，刘宗周强调"学字是孔门第一义"，指示"君子学以慎独，直从声外立根基"，"视听言动，一心也；这点心不存，则视听言动到处皆病，皆妄矣。若言视思明，听思聪，言思忠，动思敬，犹近支离。"反映了他的学术思想既由心学中脱胎，又希望矫正心学之失的特征。这表明刘宗周对阳明心学开始了由"中而信"到"终而辨难不遗余力"的转变。

"慎独"说是刘宗周学说的宗旨，他在自己的著作中反复强调"慎独"之重要。他说：慎独是学问的第一义，言慎独而身、心、意、知、家、国、天下一齐俱到。故在《大学》为格物下手处，在《中庸》为上达天德统宗、彻上彻下之道也。又说：《大学》之道，一言以蔽之，曰慎独而已矣。《大学》言慎独，《中庸》亦言慎独，慎独之外，别无学也。可见刘宗周把"慎独"提到了很高的地位。他认为"君子之学，慎独而已矣"，"学问吃紧工夫，全在慎独，人能慎独，便为天地间完人。"

1635年5月，清兵攻破南京，福王被俘遇害，潞王监国。6月13日，杭州失守，潞王降清，刘宗周听到这一消息，正在吃饭，于是推案恸哭说："这就是我正命的时候了！"于是他决定效法伯夷叔齐，开始绝食。

当时江南士大夫纷纷降清，做了贰臣，玷污各教，背叛了平时所学之道。刘宗周要以自己的行动，成就自己的人格，为衰世作一表率。弘光元年，刘宗周前后绝食两旬而死，时年六十八岁。

● 现代小启示

孔子的教育内容有文、行、忠、信四个大的方面，又分德行、政事、言语、文学四科。又可以分为礼、乐、书、数、射、御六艺六个科目，还有诗教、礼教、乐教这三个大块。看起来让人眼花缭乱，摸不清门道，其实孔子认为自己的教育核心就在于仁道，用忠恕这个纲领贯穿着。

刘宗周的学问也相当的广博，而他认为自己的学问就在于"慎独"两个字。这和孔子吾道一以贯之的意思是一致的，不管学习哪方面的知识，都可以找到这门知识的核心和纲领，这样学习起来就容易多了。孔子的教学就是围绕纲领来教的，因此他的这么多弟子都学有所成。

躬行君子

孔子有时候很自信，比如他说："十室之邑，必有忠信如丘者焉，不如丘之好学也"。他认为在一个只有十个家庭的小村落里，必定能找出像孔子这样具有忠信品德的人，但是不会有像他这样好学的。

孔子有时候又很谦虚，比如别人说他达到了仁和圣的境界，他就是不肯承认。他又说："文莫吾犹人也，躬行君子，则吾未之有得。"意思是说，关于文献的知识，我没有赶不上别人的。至于身体力行的君子境界，则我还没有能够做到。孔子这样说，也表明了躬行君子不容易做到。

正如子贡所说的那样，这也是孔子在"夫子自道。"孔子其实是一个躬行君子，他是勇于实践、敏于行动的人。清代学者颜元，是一位教育家，他把孔子这种注重实践的思想深刻融入到了自己的生活以及教学活动中去了。

● 感悟故事

颜　元

颜元字易直，是清朝的理学家和教育家。他一生坎坷，其父从小过继给蠡县朱九柞为养子，遂改姓朱。其父于崇祯十一年随清兵去了关东，后死于关外。母亲王氏改嫁，颜元同养祖父母一起生活，颜元三十岁才知其本姓颜，四十岁归家认亲。他从小勤奋好学，以躬耕、行医自给，曾设立学塾教农家子弟学习。

颜元八岁从学于吴持明，吴能骑、射、剑、戟，精战守机宜，通医术，又长术数，因此，他从小所受的教育就与众不同。十九岁，又师从贾珍，贾主张以"实"为生活的准则，提倡"讲实话，行实事"。

颜元同年考中秀才，但不久放弃了参加科举。20岁就能"究天象、地理及兵略"。21岁读《资治通鉴》忘了吃饭和睡觉。22岁学医。23岁又"学兵法，究战守机宜"，曾经彻夜不眠，并且还学习技击，如此广泛的涉猎，为他思想上的创新打下了基础。

24岁时，颜元喜欢陆九渊和王阳明的手抄《要语》一册。26岁时，开始理解程朱理学的要旨，34岁时醒悟周公之六德、六行、六艺，孔子之四教才是正学。静坐读书程氏兄弟、朱熹、王阳明等影响下发展出来的观念，不是学者真正所要去做的。

从此以后，他力主恢复尧舜周孔之道，猛烈抨击程、朱、陆、王学说，从原来笃信宋明理学变成批判理学，他的学术思想发生了根本性的转变。针对长期以来的澄心默坐的学习风气，强调"习行"教学法，他35岁时认识到："思不如学，而学必以习"，认为学习必须要去亲身的实践，于是将家塾之名由"思古斋"改为"习斋"。

颜元六十二岁时受河北肥乡名流豪杰郝文灿之聘，赴肥乡主持漳南书院进行讲学，设文事、武备、天文、地理、数学、经史、礼、御、数、钱谷、水利、学医、学农等科，大大突破了前代的教学规范和内容，这在我国教育史上是一个大胆的创新。

● 现代小启示

孔子就是一个躬行君子，他是有志向就努力去实现，有理想就去追求的人。孔子弘扬仁道，就通过自己的教育、行政、著述等方面的行动来实践。颜元注重实践，他认为要获得真正有用的知识必须通过自己亲身的"习行"，"躬行而实践之"，要把学习到得知识落实到自己平时的行为中去，这是很实在的学问。

如今在学校里学到的知识，大都只是停留在书本上，很少有去实践的。大概考试结束以后，书本也就完成它的使命，没有用处了，过一段时间，也就忘得一干二净了，从这点上来说，多年的寒窗苦读就等于白学了。其中一个重要的原因是这些知识对于绝大部分人来讲，在生活中无法去实践。

同时，老师教育学生做到的事情又有多少是老师自己先做到了呢？所以说，不仅我们的学生要做一个躬行君子，老师也应该首先做到，这样我们教育质量才能真正的提高，我们的素质教育才能真正的落实。

亲情篇

重温生命深处那曾经的感动

孝悌仁之本与

孔子的弟子有子说："孝悌也者，其为仁之本与！"意思是说，对于父母的孝，以及对于长辈的恭敬，是一个人仁德的根本。一个人如果不知道孝顺父母，不知道尊重长辈，这个人就是表现得再好，再有爱心，也是假的。

孔子说："侍奉父母要婉言劝告，看到自己的规劝没有被听从，仍然要尊敬他们，不要违逆对抗，情愿自己辛苦一些而不怨恨父母。"大概孔子的这种态度才是最好的。

有子因其气质形貌酷似孔子，孔子死后，深受孔门弟子敬重。有子强识好古，明习礼乐，倡和睦，重礼教，因此他能够看到这样一个深刻的道理。

古代的虞舜，就是一个孝悌的典型，在中国文化和社会中影响十分深远和广泛，虞舜就是因为他的孝，而被尧提拔出来做了天子的继承人。

● 感悟故事

虞　舜

虞舜，本姓姚，名重华。相传舜的家世甚为寒微，虽然是帝颛顼的后裔，但五世为庶人，处于社会下层。舜的遭遇更为不幸，父亲瞽叟是个盲人，舜的母亲叫握登，非常贤良，但不幸在舜小的时候就过世了，于是父亲再娶，后母叫嚚，是个没有妇德之人，继母生弟名叫象。

瞽叟是一个不明事理的人，很顽固，对舜相当不好。舜生活在"父顽、母嚚、象傲"的家庭环境里，舜却能表现出非凡的品德，处理好家庭关系。这是因为虞舜守住了孝悌这一人性的根本，父母兄弟的恶劣对待，反而更能体现出虞舜孝悌精神的纯粹和可贵。

小时候，他受到父母的责难，心中所想的第一个念头是："一定是我哪里做得不好，才会让他们生气！"于是他便更加细心地反省自己的言行，想办法让父母欢喜。如果受到弟弟无理的刁难，他不仅能包容，反而认为是自己没有做出好榜样，才让弟弟的德行有所缺失。

舜经常深切地自责，有时甚至跑到田间号啕大哭，自问为什么不能做到尽善尽美，得到父母的欢欣。人们看到他小小年纪就能如此懂事孝顺，都很感动，对舜也非常敬重。

生了弟弟象以后，父亲瞽叟偏爱后母和弟弟，三个人经常联合起来

167

谋害舜。瞽叟让舜修补仓房的屋顶，却在下面纵火焚烧仓房。舜靠两只斗笠作翼，从房上跳下，幸免于难。后来瞽叟又让舜掘井，井挖得很深了，瞽叟和象却在上面填土，要把井堵上，将舜活埋在里面。幸亏舜事先有所警觉，在井筒旁边挖了一条通道，从通道穿出，躲了一段时间。

瞽叟和象以为阴谋得逞，象说这主意是他想出来的，分东西时要琴，把牛羊和仓房分给父母。象住进了舜的房子，弹奏舜的琴，舜去见他，象大吃一惊，老大不高兴，嘴里却说："我思舜正郁陶！"舜也不放在心上，一如既往，孝顺父母，友于兄弟，而且比以前更加诚恳谨慎。

舜一片真诚的孝心，不仅感动邻里，甚至感动了天地万物。他曾在历山这个地方耕种，与山石草木、鸟兽虫鱼相处得非常和谐，动物们都纷纷过来给他帮忙。温驯善良的大象，来到田间帮他耕田，娇小敏捷的鸟儿，成群结队，吱吱喳喳地帮他除草。人们为之惊讶、感佩，目睹德行的力量是如此巨大。即便如此，舜仍是那样的恭顺和谦卑，他的孝行得到了很多人的赞美和传颂，不久，全国各地都知道了舜是一位大孝子。

尧选择继承人，向四岳（四方诸侯之长）征询继任人选，四岳就推荐了舜。尧将两个女儿嫁给舜，以考察他的品行和能力。舜不但使二女与全家和睦相处，而且在各方面都表现出卓越的才干和高尚的人格力量，尧去世以后，把帝位就传给了舜。

● 现代小启示

虞舜是中国古代孝悌的典型人物，他的这种孝可以说是最为深刻和纯粹的，其实虞舜的孝就是体现出了人性的根本。我们会经常看到这种情形，当别人问一个人为什么不孝敬他父母的时候，一般的回答都会是："父母对我不好，父母对我偏心，或者父母没有帮我把生活搞好"等等，试问我们能赞成这样的理由吗？

不光是在古代社会，同样在现代的社会，我们都可以从一个人是否孝顺看出这个人的道德修养和人品。其实全世界都是如此，无论一个人表现得多么的善良，多么的爱帮助别人，但如果他不孝顺父母，甚至虐待父母，那么，这个人前面的所谓的爱都是假的，都是装出来的。

入则孝

孔子十分注重孝道，他说："弟子入则孝"，告诉我们在家里的时候要孝顺父母，这是一个人最为基本的品德。当时交通不发达，信息也不通畅，所以孔子也说："父母在，不远游。游必有方。"就是到外面去旅行或者工作也不要离家太远，如果一定要出去的话，一定要告诉父母自己到哪里去了，以免父母担心。

孔子还说："君子笃于亲。"意思是有道德修养的君子对于父母是很诚挚的，完全按照孝道的要求去做，毫不含糊。孔子还说："三年无改于父之道，可谓孝矣。"也就是说一个人能继承优良的家风，也是一种孝的体现。宋朝的范纯仁就是一个很孝顺的人，这与他的家风有很大关系。

● 感悟故事

范纯仁

范纯仁是北宋大臣范仲淹次子。范仲淹以孝悌传家，做官以后，他牢记穷苦百姓，以"先忧天下"为座右铭。他有两个儿子，一个是范纯佑，另一个就是范纯仁。他对两个儿子严格要求，常将自己艰苦求学的故事讲给他们听，要他们保持勤俭家风。在他的教导下，两个孩子都很懂事，也都学有所成。他的家风就是这种孝悌廉洁，两人都是有德行、有学问的人才。

范仲淹年老退休回家，范纯仁接到朝廷的邀请，请他出来做官，当时范纯仁因为家里老父在堂，而且有病，需要照顾，所以就婉言谢绝了朝廷的邀请。一般人看到朝廷皇上来邀请，早就去了，范纯仁先生说了一句话："岂可重禄食而轻父母。"意思是怎么能够为了功名富贵，为了禄食，而忽略了父母。这句话用现代话来讲，就是要把孝敬父母摆在第一位，把你的事业摆在第二位，范纯仁就是有这种孝心，行这样的孝道。

刚开始做官时，出任襄城县知县。县里有一处牧场，卫士在那里牧马，马践踏了百姓的庄稼，范纯仁抓捕了一个卫士处以杖刑。这牧场本来不隶属于县里，管理牧场的官员发怒说："这是皇上的宫廷值宿护卫，你一个县令怎么敢如此？"就把这件事向皇上禀报，要立即予以审理治罪。范纯仁说："供养军队的钱物是由田税所出，如果听任他们糟蹋百姓的农田而不许追究，那么税钱从哪里来呢？"皇上下诏释放了他，并且允许把牧场交由县里管理。

范纯仁结婚前，提出把婚事办得排场一些，认为这是一生的大事，破费也是应该的，就想购置一些上等的物品。但他深知父亲的脾气，便列出一张清单征求父亲的意见，范仲淹看后皱起了眉头，然后摇摇头说："这太过分了，哪能这么铺张！"说完见儿子低头不语，不像平时那样乐意听取自己的意见，便又亲切地说："孩子，我

169

不是舍不得花钱，我也知道是亲家那边想风光一下，但我们在任何时候都不能丢掉范家的家风，不能忘记。"范纯仁待人平易忠恕，他曾经说："但以责人之心责己，恕己之心恕人，不患不到圣贤地位。"

宋朝哲宗时范纯仁两度拜相。他一生遵奉儒学"内圣外王之道"的理想，勤政爱民，秉直敢言，公忠体国，宽厚仁恕，并积极通过自身努力试图抚平激烈的党争，在北宋政治舞台上产生了较大影响，为北宋政治、经济和文化的发展做出了重要贡献。范纯仁总结自己："吾生平所学，得之忠恕二字，一生用之不尽"。

● 现代小启示

范纯仁在家里能够孝顺父母，他认为以责备别人的那种心态来责备自己，以宽恕自己的心态来宽恕别人，就不担心达不到圣人的那种高度。也就是说他的道德这个根本保存得很好，因此他在外面做事情做得很好，做官也做得很成功。孔子看重孝的原因也就在这里，因此说只要世界上有家庭存在，这个孝就不会过时，只要有人类社会存在，这个孝就有存在的必要和意义，所以说孝是人类的一个永恒的话题。

在家庭中，如果不孝顺父母，那么这个家庭肯定是不和谐的，不幸福的，生活也是不欢乐的。其实我们也会看到一些动物，也是具有孝的这种品质，如小羊跪乳，乌鸦反哺等等，动物尚且如此，何况我们人呢？

伯牛有疾

冉伯牛是孔子的得意弟子，以德行而著称于世。《论语》中记载着这样一则故事：伯牛生病了，这个病可能不是小病，孔子去探望他，从窗外拉住冉伯牛的手，安慰伯牛说："忘了吧，这是命啊！这样的人却有这样的病啊！这样的人却有这样的病啊！"

因为冉伯牛的德行修养好，在当时通常看来是不应该有这样的疾病的，所以孔子发出了这样一番感慨。孔子作为老师看望自己的学生，关切之情跃然纸上，我们可以从中看出孔子和弟子的感情很深。

问疾探病是中国社会的一种传统，这个传统也许在很古老的时代就形成了，从孔子开始，这种问疾探病的事情也许就变得更加普遍频繁了。当然在其他社会中也有这样的传统，比如在佛家的《维摩诘经》谈到了一次很著名问疾，是说释迦牟尼的弟子维摩诘生病了，释迦牟尼派弟子们去探望，弟子们以维摩诘辩才太厉害而不愿去探望，最后是另一个弟子文殊答应去探望，我们以下选取其中的一部分。

● 感悟故事

文殊问疾

有一天，维摩诘长者自己忖念："像我如此卧病在床，怀有大慈心的世尊如来哪里会不加关怀呢？"佛祖知道维摩诘的心思，便对侍从舍利弗说："你去探望一下维摩诘的病情吧！"

舍利弗便向佛祖禀告："世尊，我恐怕不能去探望病情啦，为什么呢？往昔时候，我曾在林中清净处静坐，修习在一棵树下。这时，维摩诘来对我说：'嗨，舍利弗，不要认定你这样才是静坐，所谓静坐，不就是不在三界之中表现打坐的姿势，也不在心中生出打坐的意念吗？只要不舍弃佛道的精神，能够道俗一观，立身处世表现得与凡夫无异，也就是静坐了……'世尊啊，当时我听维摩诘这么一番言论，无言以对，不能开口……所以我不能担当前去向他探病的任务。"

佛世尊于是对大目犍连说："你去探望一下维摩诘的病情吧！"目犍连禀告佛祖说："世尊，我恐怕不能去探望病情哩，为什么呢？回想往昔时候，我曾有一次进毗耶离城中，在街坊巷间为人们说法。这时维摩诘来了，他对我说：'嗨，大目犍连啊！为白衣居士们说法，不该像你这么样一种演说方法啊。演说佛法，应当同佛法的本质精神契合如一吧？佛法的本质之相，不应有众生之相，因为佛法从本质上说，完全摆脱了众生虚妄分别的思想方法的秽垢缘故；佛法本质之相，没有自我之相……'维摩诘这样论说佛法本质的时候，八百位在场的白衣居士，全都发心求无上正等正觉了。世尊，我目犍连没有这样的辩才，我不敢去维摩诘那时探视病情哩。"

佛祖便对大迦叶说："你去那里探病吧？"迦叶禀告佛祖说："我也不敢去维摩诘那里探视哩，为什么呢？往昔的时候，有一次曾在贫困里巷中沿门乞食，维摩诘走过来对我说：'大迦叶啊！你这样有慈悲心但却尚未遍及一切哩……迦叶！如果以这样的态度乞食进食，也就不辜负人们的施舍了……'听他劝谕，有谁会不萌企求无上正等觉的道心呢？从那时至今，我不再劝人追求声闻道和独觉道了，世尊！我所以不敢去维摩诘那里探视病情哩。"

佛祖又对其他几位弟子说了，都是不愿意去维摩诘那里探病，因为维摩诘辩才太厉害了，怕自己说不过他。

这时候，佛祖便对文殊师利说道："那你去看望维摩诘居士吧！"文殊师利禀告佛祖:"世尊,像他这样上智之人,交谈应对可不容易哩。维摩诘深刻了解一切诸法实相,善于解说一切诸法的纲要精髓,其辩才畅而无滞,其智慧明而无碍,完全了解菩萨所行的一切仪式,深刻把握诸佛如来的身口意秘密所在,能降伏一切魔障,于神通变化运用自如,其智慧深入浅出,因人设教,已达究竟解脱的境地。尽管如此,既然得我佛如来圣旨,我一定去维摩诘那里探病。"

● 现代小启示

孔子关心弟子,在弟子生病的时候不辞辛劳跑过去安慰一番,可谓是一个十分厚道的长者。佛祖的弟子维摩诘生病了,佛祖同样十分关心,要派弟子去慰问,而奈何弟子们有苦衷而不愿去,只有文殊肯过去问疾。从这两件事情上,可以看出,这两位人类的导师都很关心自己的弟子,特别是在弟子生病的时候。

为什么两位伟人做了这样相同的事情?因为就是体现了一种大爱在里面,人都是吃五谷杂粮的,生病也是很平常的事,不管是自己还是别人生病了,也应该像维摩诘那样得到一些关怀和温暖。在别人生病的时候伸出自己关爱之手,带去一些安慰和帮助,表达自己的关爱之情,这时更能温暖人心。

父为子隐

有一次孔子跟叶公聊天,叶公很自豪地告诉孔子说:"我们乡里有一个做事很正直的人,他的父亲顺手牵走了别人家的羊,他的儿子去告发了他的父亲。"孔子则说:"我们乡里很正直的人的做法不同于这样,父亲会为儿子隐瞒,儿子也会为父亲隐瞒,正直也就在这里面了。"这是孔子不赞成叶公的观点。

孔子认为父亲为儿子隐瞒,以及儿子也为父亲隐瞒,这才是真正的正直。因为孔子更看重父子之间的亲情,虽然社会的正义很重要,但是要在不伤害亲情的前提之下才能算正直。如果因为一件偷盗的事情而伤害了父子之间的天然的感情,那是得不偿失的,孔子认为这不可取。

孔子的这种价值取向看起来好像有悖常理,但是仔细思考起来确实是很深刻的。西汉时期有一个著名的故事,也可以来证明孔子这种看重亲情的观点是深刻的。

淳于缇萦

公元前167年，临淄地方有个小姑娘名叫淳于缇萦，淳于是姓，她的父亲仓公，又称太仓公，因其做过齐太仓长，管理都城仓库，所以习惯上称他为仓公。

由于求医者众多，而仓公又不能常在家中，所以，来登门看病的人常失望而归。这样时间长了，求医者开始抱怨和愤怒，就像以上所举医案，由于仓公能预知生死，有的病人就无药可医，病人就责怪仓公不肯医治，以致病人死亡了，怨气积久了，终于酿成祸害。

汉文帝十三年，一次有个大商人的妻子生病，请仓公医治。那病人吃了药，病没见好转，过了几天死了。大商人仗势向官府告了仓公一状，说他错治了病，借医欺人，轻视生命。当地的官吏因此判他"肉刑"，"肉刑"是一种很严酷的刑罚。当时的肉刑有脸上刺字，割去鼻子，砍去左足或右足等。按西汉初年的律令，凡做过官的人受肉刑必须押送到京城长安去执行，因此，仓公将被押送到长安受刑。

仓公没有儿子，只有五个女儿，临行时都去送父亲，相向而悲泣。仓公看着五个女儿，长叹道："生女不生男，遇到有急难，却没有一个有用的。"听完父亲的哀叹，几个女儿都低着头伤心得直哭。只有十五岁的最小的女儿缇萦又是悲伤又是气愤，她想："为什么女儿偏没有用呢？"于是缇萦决定随父进京，并且一路照顾父亲的生活起居。

临淄相距长安两千余里，一路上父女俩风餐露宿，尝尽人间辛酸。好不容易到了长安，仓公被押入狱中，为了营救父亲，缇萦到了长安，就托人写了一封奏章，到宫门口递给守门的人。汉文帝接到奏章，看到上书的是个小姑娘，倒很是重视。那奏章上写着："我叫缇萦，是前太仓令淳于意的小女儿，我父亲在做官的时候，齐地的人都说他是个清官，这回他犯了罪，被判处了肉刑。我不但为我的父亲难过，也为所有受肉刑的人感到伤心，一个人砍去脚就成残废了，割去了鼻子就不能再按上去了，以后就是想改过自新，也没有办法了。我情愿给官府没收为奴婢，来替父亲赎罪，好让他有个改过自新的机会。"

汉文帝看了信受到感动，他十分同情这个小姑娘，又觉得她说得有道理，就召集大臣们，对大臣说："犯了罪该受罚，这是没有话说的。可是受了罚，也该让他有机会重新做人才是。现在惩办一个犯人，在他脸上刺字或者毁坏他的肢体，这样的刑罚怎么能劝人为善呢？你们商量一个代替肉刑的办法吧！"

大臣们一商议，拟定了一个办法：把肉刑改成了打板子。原来判砍去脚的，改为打五百板子，原来判割鼻子的改为打三百板子。汉文帝就正式下令废除肉刑。

这样，缇萦的父亲就没有被肉刑了，缇萦也就救了她的父亲，她的事迹也感动了天下人，中国历史上废除肉刑有缇萦的功劳。

● 现代小启示

孔子的这种"父为子隐，子为父隐"的思想，乍一看好像有悖于社会的正义，我们仔细想一想，联系平时的一些生活情况来看，其实有很深刻的现实性和合理性在里面。

缇萦的父亲犯了罪，从别人的角度来说，受到惩罚是应该的，而从缇萦作为女儿的角度看，父亲不管是犯了罪还是没有犯罪，都是自己的父亲，这种感情是割不断的，所以要想办法来救仓公。

现在世界上的法律，大都有亲属回避制度和亲属拒绝作证制度。也就是照顾到了人们都不愿让自己的亲人受到法律制裁的这种心理，这不仅是一种心理，还是自然的人性。从孔子在两千五百年就具有的这种思想来看，我们不得不佩服孔子的伟大了。

一则以喜

孔子说："父母之年，不可不知也。一则以喜，一则以惧。"就是说，父母的年纪大了，这一点是做子女的不能不知道的。一方面是感到高兴，一方面是感到忧惧。因为父母高寿，这时要感到高兴。而又因为父母年事已高，需要照顾，身体也不像以前那样硬朗了，胃口也不像以前那样好了，所以产生了一些担心。孔子是一个孝子，这是肯定的，这句话说出了一般人的心理。

唐朝的狄仁杰是武则天时期的宰相，是杰出的政治家。他才华卓绝，智慧过人，为人们所熟知的就是他为官刚正不阿和断案如神的故事。其实狄仁杰也是一个著名的孝子，他的望云思亲的故事一直流传在民间。

● 感悟故事

狄仁杰

狄仁杰在武则天统治时期曾担任国家最高司法职务，判决积案、疑案，纠正冤案、错案、假案。他任掌管刑法的大理丞，到任一年，便处理了前任遗留下来的 17 000 多件案子，其中没有一人再上诉伸冤，其处事公正可见一斑，其效率也是十分惊人的。

狄仁杰长期在洛阳做官，居住在尚贤坊，当时他的父母还都在河阳，因为一直忙于公务，他不能回家看望父母。虽然他长期见不到父母，心里却是天天在挂念着，因为当时父母年事已高，生活起居不如从前那样的方便了。时间一久，他担心着父母的身体，对父母的思念也是与日俱增，经常流露出不能亲自侍奉双亲的悔恨。

狄仁杰在去并州赴任的路上，一行数人路过太行山，当时天气晴朗，大家兴致很高，一起登上山顶，来了一个极目远眺，好一派风景！大家只顾在欣赏周围的美景，狄仁杰则是始终不能忘怀自己在河阳的父母。他看见南方天空中有一片白云形单影只地飘动着，就触景生情，睹物思亲，对旁边人说："那片白云底下就是我父母居住的地方啊！"

大家并没有笑话他，反而是深以为然。狄仁杰呆呆地站在那里，望着那缓缓飘动的白云，心中满是对远方父母的思念，直至白云飘去，才同大家一起下山。

旁边的人都被狄仁杰的这片孝心所感动，后来把这件事跟别人说起，从此流传下了"望云思亲"的佳话。

狄仁杰不仅至孝，而且至忠。武则天在当了十几年皇帝之后，碰到了一个棘手的问题，那就是继承人的问题。按武则天的意思，她想立自己的娘家侄儿武承嗣或武三思为继承人。

武则天与狄仁杰对弈正紧张时，突然问狄仁杰："你说是立武三思为太子好呢？还是立李显为太子好呢？"狄仁杰随口答："当然是李显兄弟们了。"武则天忙问："为什么？"狄仁杰这时才从棋盘上抬起头来，慢条斯理地说："立后嗣，一是为国家有人承大统，二是为先帝宗庙有人祭祀。您想，武氏兄弟立宗庙，是祭祀他的先祖、祖父母、父母，怎能祭祀他的姑母呢？"

这些话，使武则天又沉思了半晌，看来自己是到了选择做皇后、太后还是拱手把江山让给武姓的时候了，最后，她还是下决心做个皇帝母亲，免得死后没人祭祀，成为饿鬼，在地狱中受苦。于是，她把被自己废为卢陵王已十四年没见面的儿子李显昭回京师，立为太子。

狄仁杰是我国历史上以廉洁勤政著称的清官，因而他成为武则天最器重的宰相，是推动唐朝走向繁荣的重要功臣。狄仁杰为官，如老子所言"圣人无常心，以百姓心为心"，为了拯救无辜，敢于拂逆君主之意，始终保持体恤百姓、不畏权势的本色，始终是居庙堂之上，以民为忧，后人称之为"唐室砥柱"。

孔子的话有很深的意义，其实就是包含了一种孝的精神在里面。而狄仁杰则很清楚地体现了这种孝道精神，他的这种孝心也是从心底发出来的。所以说人间重美德，百善孝为先。孝顺的人时刻把父母放在心中，最常见的事物也会引起他们对亲人的思念。古人云："忠臣必出于孝子之门"，狄仁杰可谓是最好的例证。

现在很多的年轻人在城市里工作，自己的父母却仍然留在了农村的老家生活，也很少回家看望父母。大多数的父母都是年事已高了，所以也应该是表达自己孝心的时候了。可以是打电话回家问候问候，或者是写信，或者是寄一些物品回家，或者是干脆抽空回家看望父母。

子哭之恸

在三千弟子之中，颜回是孔子最为得意的学生，在《论语》中，孔子对于颜回的赞誉最多，可以说孔子和颜回的感情是最深厚的，同时和颜回讨论学问也是最舒服的。有一次，孔子跟颜回说："要用的话就能够行于世，不用的话则可以藏起来，只有我和你有这样的水平。"把颜回的能力和孔子自己的能力放在同样的水平上，颜回也把孔子当作自己父亲那样看待。

大概是孔子想要颜回来做自己的接班人，可惜颜回去世得早，在颜回去世的时候，孔子抑制不住自己的悲伤，少有的悲恸大声哭了起来，甚至连自己都不自知。《论语》上记载说：颜渊死，子哭之恸。随从的人说："先生太悲痛了啊。"孔子说："有悲恸吗？不为这样的人悲恸而为谁悲痛呢？"

孔子乃是至性至情之人，他把自己对于颜回的感情寄托在这悲痛之中了。唐代的文学家韩愈，写了一篇感人至深的文章来怀念去世的侄子韩老成，在文中韩愈表达了自己对侄子去世的悲恸之情，这和孔子对于颜回的怀念是一样的。

● 感悟故事

韩　愈

韩愈写了一篇感人至深的文章，这就是著名的《祭十二郎文》，其中的大部分内容转为白话如下：

某年、某月、某日，叔父韩愈在听说你去世后的第七天，才得以含着哀痛向你表达诚意，并让建中在远方备办了应时的鲜美食品作为祭品，告慰你十二郎的魂灵：

唉，我幼年丧父，等到大了，不知道父亲是什么模样，只好靠哥嫂抚养。哥哥在中年时死在南方，我和你都还小，跟随嫂嫂把灵柩送回河阳安葬。随后又和你到江南谋生，孤苦伶丁，一天也没有分开过。我上面本来有三个哥哥，都不幸早死，继承先父的后代，在孙子辈里只有你，在儿子辈里只有我，子孙两代各剩一人，孤孤单单。嫂嫂曾经抚摸着你指着我说："韩氏两代，就只有你们两个了！那时你比我更小，当然记不得了。我当时虽然能够记事，但也还不能体会她话中的悲凉啊！

我十九岁时，初次来到京城，四年以后，才回去看你。又过了四年，我去河阳凭吊祖先的坟墓，碰上你护送嫂嫂的灵柩来安葬。又过了两年，我在汴州辅佐董丞相，你来看望我，只住了一年，你请求回去接妻子儿女。第二年，董丞相去世，我离开汴州，你没能来成。这一年，我在徐州任职，派去接你的人刚动身，我就被免职，你又没来成。我想，你跟我在东边的汴州、徐州，也是客居，不可能久住，从长远考虑，还不如我回到西边去，等在那里安下家再接你来。唉！谁能料到你竟突然离我而死呢！

当初，我和你都年轻，总以为虽然暂时分别，终究会长久在一起的，因此我离开你而旅居长安，以寻求微薄的俸禄。假如真的知道会这样，即使让我做高官厚禄的公卿宰相，我也不愿离开你一天而去赴任啊！

唉，你患病我不知道时间，你去世我不知道日子，活着的时候不能住在一起互相照顾，死的时候没有抚尸痛哭，入殓时没在棺前守灵，下棺入葬时又没有亲临你的墓穴。我的行为辜负了神明，才使你这么早死去，我对上不孝，对下不慈，既不能与你相互照顾着生活，又不能和你一块死去。一个在天涯，一个在地角。你活着的时候不能和我形影相依，死后魂灵也不在我的梦中显现，这都是我造成的灾难，又能抱怨谁呢？天哪，哪里有尽头啊？

从今以后，我已经没有心思奔忙在世上了！还是回到老家去置办几顷地，度过我的余年。教养我的儿子和你的儿子，希望他们成才；抚养我的女儿和你的女儿，等到她们出嫁，我的心愿如此而已。

唉！话有说完的时候，而哀痛之情却不能终止，你知道呢？还是不知道呢？悲哀啊！请享用祭品吧！

● 现代小启示

韩愈此文，千百年来不知打动了多少人。孔子为颜回而哭，韩愈为侄儿而哭，虽然时代不同，地点不同，所哭的对象也不同，而他们发自内心的真情是一样的，同样其悲恸之情足以令人深深感动。因为他们的真情流露，也同样影响了千千万万的人。

社会中有很多这样重情重义的人，正因为有了这种人，我们的社会才会变得更加可爱，更加温馨，更加具有意义。其实每一个人都会用哭来表达自己的感情，只是有一些表现得强烈，一些表现得含蓄一些。人非草木，孰能无情？若是一个人真的没有真挚感情了，那就是如同草木一样麻木不仁了，甚至是连草木都不如。因为草木对于天地四季的变迁是有感应的，何况是面对生离死别的人呢？

人未有自致者

曾子跟别人说："吾闻诸夫子'人未有自致者也，必也亲丧乎！'"曾子是一个孝子，对于孔子关于孝的思想理解得最为深刻，孔子也经常跟他谈孝道德学，所以曾子对于孔子的孝道思想也是继承得最为真切的。这句话转为白话是说："我听到老师孔子说过：'人一般是不会有充分表露自己感情的啊。如果有，那一定是在自己的父母去世的时候吧。'"

曾子转述孔子的这句话，不能不说是阐述了一个真理，人们平时的喜怒哀乐，经历过了也就过去了，在心中没有太深的印痕，但是对于亲人过世的那种悲恸是刻骨铭心的，那种潜藏在自己身上的感情在这种时候就会情不自禁地流露出来。

魏晋时期的名士，大都喜谈玄学，崇尚老庄超脱旷达自然，不守纲常，甚至讥讽名教。然而他们的这种超脱旷达，却同样在亲丧之时，表现出来的感情甚至还要超乎一般的人所表露出来的感情。正是如此，更加说明了孔子的这句话的深刻性，我们从魏晋人物的几个小例子来理解孔子的这句话。

● 感悟故事

阮籍和王戎

史书记载阮籍"容貌瑰杰，志气宏放，傲然独得，任性不羁，而喜怒不形于色。或闭户经书，累月不出。或登山临水，经日忘归。博览群籍，尤好庄老。嗜酒能啸，善弹琴，当其得意，忽忘形骸。"他做过司马氏的步兵校尉，但实际上又跟司马氏集团有相当的矛盾。乱世之中，他常以"醉酒"保身，就连司马昭想与他联姻时，他竟会大醉六十日加以拒绝。

《世说新语》记载说：阮籍在给母亲出殡时，蒸了一头小肥猪，喝了两斗酒，然后去和母亲诀别，他只说了一句："完了！"大号一声，随即口吐鲜血，昏厥过去，很久才醒来。

从这段故事中，我们可以看出阮籍他违背礼法的行为。因为按照古代的礼数，母亲过世，他是不可以喝酒吃肉的，即使如一般的人"居处不安，食旨不甘。"他却还蒸了一只小肥猪来享受，显然他是故意这么做，要表现自己的洒脱旷达，奈何压抑不住心中丧母之痛，而因此口吐鲜血。

另一位名士王戎，也是当时的"竹林七贤"之一。王戎在晋代是有名的孝子，武帝时为其母守丧，虽逾越礼制，饮酒食肉，但面容憔悴，身体虚弱，连起身都要扶拐杖。中书令裴楷往吊其母，说："若使一恸果能伤人，浚冲必不免灭性之讥。"而尚书和峤在同时遭父丧，虽然寝苦食粥，但哀毁不过礼，气色不衰。

《世说新语》上记载说："王戎、和峤同时遭遇大丧，王和二人都以孝著称，此时王戎瘦得皮包骨头，几乎支撑不住自己的身体；和峤则哀号哭泣，一切都合乎丧葬的礼仪。晋武帝司马炎对刘仲雄说："你常去看望王戎和峤了吗？我听说和峤悲伤过度，这让人很担心。"

刘仲雄回答道："和峤虽然极尽礼数，但精神元气并没有受损；王戎虽然没拘守礼法，却因为哀伤过度已经形销骨立了。所以我认为和峤是尽孝道而不毁生，王戎却是以死去尽孝道。陛下您不必去担心和峤，而应该去为王戎担心呀。"

● 现代小启示

孔子说的这个道理，无疑也是在陈述一个事实，曾子有了很深的感悟，因此把孔子的话转述出来了。魏晋时期的阮籍和王戎，都是竹林七贤之一，所谓的"越名教而任自然。"对于孔子儒家思想是有所批评的，实际上他们并不能真正的超越名教，也无法真正的从根本上去反对孔子所创立的儒家道理。

中国现代的礼仪制度虽然没有古代那么受重视了，从古代所流传下来的礼教也淡漠了，人心也似乎淡薄了，没有那么淳厚了，但这种人们对于自己的父母和亲人去世所表现出来的那种悲恸之情是一样的。我们也一样会发现，周围的人在亲丧之时的那种表现，仍然足可以让我们每一个人为之动容。

其为人也孝悌

俗话说："百善孝为先。"意思孝是一切善的基础。要看一个人品德的好坏，就可以从他是否孝悌来判断。一个人如果为人不孝顺父母，不尊敬长辈的话，这个人肯定是不善良的。其实有子也早就把这样的道理说出来了，他说："其为人也孝悌，而喜欢冒犯尊长的人，是很少的啊！不喜欢冒犯尊长的人，却喜欢作乱的人，是从来没有的。"有子的这种观点无疑是经得起历史的考验和现实的检验的。

子路是有子的同学，在孝顺父母上可以说是一个很好的范例，也是历史上著名的孝子。他非常孝顺父母，因为他有这一个品德，并且把这种思想贯穿到了自己的行为当中，甚至为自己的这种理念而献出了自己的生命，他就是在和犯上作乱的人斗争中而牺牲的。

● 感悟故事

子　路

子路非常孝敬父母，虽然从小家境贫寒，经常吃野菜，吃得很不好，但是子路觉得自己吃野菜没关系，只是怕父母营养不够而身体不好，因此很是担心。

当时家里没有米，为了让父母吃到米，他要走到很远很远的百里之外才能买到，再背着米赶回家里，煮给父母吃。百里之外是非常远的路程，需要步行，也许现在有人也可以做到一次，两次，可是一年四季经常如此，就非常不易。然而子路却没有一点厌烦，而是感到十分的快乐，他为了能让父母吃到米，不论寒风烈日，还是阴雨霜雪，都不辞辛劳地跑到百里之外买米再背回家侍奉父母。

冬天，冰天雪地，天气非常寒冷，子路顶着鹅毛大雪，踏着河面上的冰，一步一滑地往前走，脚被冻僵了，抱着米袋的双手实在冻得不行，便停下来，放在嘴边暖暖，然后继续赶路。夏天，烈日炎炎，汗流浃背，子路都不停下来歇息一会，只为了能早点回家给父母做可口的饭菜。遇到大雨时，子路就把米袋藏在自己的衣服里，宁愿淋湿自己也不让大雨淋到米袋，刮风就更不在话下。如此的艰辛，如此的持之以恒，实在是极其不容易。

后来子路的父母双双过世，他南下到了楚国，楚王聘他当官，给他很优厚的待遇，一出门就有上百辆的马车跟随，每年给的俸禄也很多。

所吃的饭菜很丰盛，几乎是每天山珍海味不断。子路这时过着的是富足的生活，但他并没有因为物质条件好，生活富足了而感到心中欢喜，反而是时常地感叹。他心中想的是父母能在世和他一起过好生活那该多好啊！可是父母已经不在了，即使他想负米百里之外来奉养双亲，以尽孝心，却是永远不可能了。

子路百里负米养亲的故事一直感动着人们，子路有这一片真诚孝心，扩展到其他的地方就是对于尊长的敬心，对于事业的忠心，从而子路也十分讲义气。

● 现代小启示

孔子的弟子有子和子路的这一种孝心是至诚至真的，是发自内心的。其实我们也具备了这样的孝心，因为我们同样有对父母的这种深厚的感情。尽孝并不是用物质来衡量的，而是要看你对父母是不是发自内心的诚敬。孝无贵贱之分，上自皇帝下至百姓，只要有孝心，在任何情形之下，不计千辛万苦，你都能曲承亲意，尽力去做到。

孝在每一个人的生活中，应该是要摆在最重要的位置。我们能孝敬父母、孝养父母的时间是一日一日地递减。如果不能及时行孝，会徒留终身的遗憾。如果没有办法把握与父母相聚的时间来孝养他们，等到你想要来报答亲恩的时候，为时已晚。但愿我们在父母健在的时候，孝养要及时，不要等到追悔莫及的时候，才思亲、痛亲之不在。

品德篇

仁爱成就我们的人生价值

仁者安仁

孔子所开创的儒家学派，其核心的思想就是"仁"，这是孔子继承了古代的文化思想，而把其中的根本精神提出来，做以概括和总结。孟子说孔子是"集大成者"，孔子说自己是"述而不作"、"信而好古"就是这个意思，所以这个"仁"是孔子从古代的文化中继承下来的。

《论语》说："仁者安仁"，意思是说有仁德的人是安于仁德的，就是能够自然而又安心地去实践这个"仁"，表现在自己的生活中，行为中，甚至是思想中。仁者的生命中始终贯彻仁爱，并且把仁作为自己做人做事的原则，因此而不会被其他不良的观念所左右和控制。所以仁者在自己仁爱的行为中完全是发自内心的，没有一点做作和虚浮，并且把仁爱作为自己价值的标准。周公就是一个仁者安仁的典范。

● 感悟故事

周　公

周公是西周初期杰出的政治家、军事家和思想家，被尊为儒学的奠基人，孔子一生最崇敬的古代圣人之一。周公做出了伟大的功业，制定了周朝的礼乐制度，孔子对周公的事业和为人十分仰慕。周公是一个仁德的典范，这不仅表现在他的功业上，也体现在他的思想上。

周武王在建立周王朝的当年，一病不起，离开人世。这时他的儿子才13岁，无能力掌管国家大事，托付给弟弟周公辅佐。周公从小受到良好的教育，精通礼法，为人忠厚，做事谨慎。他代行君王职务后，首先把自己的儿子伯禽叫来陪伴成王，这样做的目的在于，如果发现成王懒惰，或者有过，为了教育他而又不直接责备他，就把伯禽责骂一顿，以此来启迪成王。成王经常看到伯禽代他受罚，就更加谨慎从事，努力学习，也越来越尊敬周公。

在政治方面，周公又按照武王的遗愿组织了得力的中央政权，建立了乡、州行政机构，由居民自行推出德高望重、勤于办事的人担任各种职务，负责教育、诉讼等事项，并选拔了一批优秀子弟学习管理国家的知识。在社会生产上，他以极大的热情组织农民从事耕种和蚕桑，积极发展在战争中遭到破坏的农业生产和农贸市井交易。他还非常重视教育，开办了学校，教礼仪、音乐、射箭、写字、算术等课程，在乡里，还教授少女们纺织。在他摄政期间，整个社会充满了和谐、繁华的景象。

但是，周公的辛勤和忠诚并不为一些人所理解，真正怀有野心的人却在伺机而动，妄想挤掉周公，踢开成王自立天子。周公胞弟管叔、蔡叔就是其中的代表，他们竟同武庚联合东方夷族，借保护成王为名，兴兵叛乱。光明磊落的周公采取果敢的军事手段首先镇压了叛乱，接着杀了武庚和管叔，蔡叔被流放。这本是正义之举，可更引起了个别大臣的流言蜚语，使得周公站不住脚了。

周公为了避嫌，就提出离开京都去洛阳居住，并把权力全部交给成王。这时，周公才发现，成王竟对他也有猜疑，他就对成王说："我对国家从来忠心耿耿，决无二心。每当我洗一次头，总得多次停洗，把头发匆匆握在手中，去办没有完的事。我吃一顿饭，也经常把含在口里的饭吐出来，去接见来登门拜访的客人。我这样尽心接待天下的贤才是为了让他们为国出力，我这样做不就是对国家负责吗？"成王听了周公的话非常感动。

周公致政三年之后，在丰京养老，不久得了重病，死前说："我死之后一定葬在成周，示意给天要臣服于成王。"当成王接到周公去世的消息后，悲痛欲绝，特地为他举行了隆重的葬礼。死后葬于文王墓地旁，成王说："这表示我不敢以周公为臣"。同时，为纪念他的丰功伟绩，还下令在每年六月举行祭祀周公的盛大活动，并特许用祭天子的礼乐来悼念周公。

● 现代小启示

周公是古代的圣贤，孔子极其的尊崇，并且想恢复的就是周公的礼乐制度，甚至还会经常梦到周公，可以说，周公也是孔子的精神导师。周公的伟大功业为后人所敬仰，也就是在于他是一个真正有仁德的人。周公所成就的不仅是一个八百年的周朝天下，更是给中华民族留下了一笔丰富而珍贵的精神财富。周公不顾个人的利益得失，完全是在按照仁义的标准来做人做事，是一个仁者，他的行为也是仁者安仁的一个范例。

周公的一切作为的出发点，就在于他所具有的仁德。他还政于成王，是他这种仁德的体现。他制作礼乐，必然把他的这种思想注入进去了，这也就是周礼吸引人打动每个人的地方，因为有深刻的基础，这个基础就是仁。周公所要做的，所要表达的，所要欲求的，就是这个仁，所以说他是仁者安仁。

可以说，要达到周公的这种高度是很难的，我们的社会和生活中也不乏这种仁者安仁的。很多的人就是一辈子做好事，帮助别人，并且以此为乐，甚至这种人还是安于贫困的。从不求自己个人的利益，也不在乎自己的得失，这就是同样做到了仁者安仁。

可以托六尺之孤

曾子说："可以托六尺之孤，可以寄百里之命，临大节而不可夺也，君子人与？君子人也！"曾子认为，一种人可以把年幼的孤儿管理天下的重任托付给他，或者把治理国家的责任交给他，面临重大问题高尚的节操也不会改变，这种人是君子吗？这就是君子！

这种范例历史上很多，具体指哪一位历史人物我们不得而知。我们知道，伊尹和周公就是这样的君子，当然还有其他小诸侯国的人物，我们现在大概已经是不可考证了。

君子具有一种高尚的人格情操和刚健的品德，因此可以担当大任。君子会把国家、社会甚至是全人类的命运当作是自己的责任。《易经》中说："天行健，就足以自强不息。"就是儒家这种刚健精神的体现，不怕困难，不怕压力，而承担起自己的责任。

曾子说的："可以托六尺之孤。"认为君子可以把一个年幼的孤儿托付给他，意思是可以把重大的事情托付给他。曾子的身上就是体现了这种精神，儒家的这种意识一直贯穿在中国文化之中。孟子也讲："天将降大任于斯人也"也表现出敢于承担天下大任的精神品质。

● 感悟故事

诸葛亮

诸葛亮受刘备的托孤，这是个有影响的历史事件。这也正是曾子所说的这一句话"可以托六尺之孤"的一个例证，诸葛亮具有了这一种情操和品格。

刘备在东征夺回荆州的途中被打败，撤退至永安，诸葛亮大叹可惜法正逝去，否则必能阻止刘备东征之举。至223年2月，刘备病重，召诸葛亮到永安，与李严一起托付后事，章武三年四月，刘备病势加重，自知不起，遣使至成都召诸葛亮等大臣到白帝城永安宫受遗命。

诸葛亮领刘永、梁王刘理等赶到奉节，刘备已多日卧床不起，请诸葛亮坐在床沿上，抚其背说："我有幸得先生相助而成就帝业，然而我甚浅陋，未采纳丞相之言而伐吴，自取其败，悔恨莫及。我死在旦夕，不得不以大事相托。"于是将遗诏递给诸葛亮，一手掩泪一手把着诸葛亮的手说："先生的才能十倍于曹丕，一定能完成统一大业。刘禅软弱，先生以为可辅佐则辅佐，若不可辅佐，则请先生自为成都王。"

诸葛亮听罢，手脚无措，流泪跪拜在地说："臣怎敢不尽全力辅佐后主，以尽忠贞之节，死而后已呢！"叩头不止。刘备又请诸葛亮坐下，叫儿子刘永、刘理来到面前，吩咐说："我死之后，你们兄弟三人都要以对待父皇的礼仪对待丞相，不可怠慢。"并叫两个儿子同拜诸葛亮。诸葛亮诚惶诚恐，说："臣即使肝脑涂地，也难以报答陛下的知遇知恩。"

　　刘备这才心安，然而又加封尚书令李严兼任中都护，统掌内外军事，留镇永安宫，同为辅政大臣，最后对在场的文臣武将一一嘱托。

　　刘备去世以后，刘禅年幼，还没有什么治国的经验和能力，诸葛亮不管事无巨细，都要亲自去处理。于是结好东吴，平定了南越。制定法律，施行政策，训练管理军队，制造生产生活工具。科教严明，组织社会生产。赏罚必信，无恶不惩。把国家治理得井井有条，路不拾遗，社会安定和谐。诸葛亮时刻不忘国家的统一大业，六出祁山，北伐曹魏，以至于积劳成疾，病疫于五丈原。正如诸葛亮《出师表》所说的："鞠躬尽瘁，死而后已。"

● 现代小启示

　　曾子所讲的是一种君子的品格，也是一种至高的境界。诸葛亮正好做到了这一点，刘备心中也是很清楚的，否则刘备也不会托孤给诸葛亮。如果说诸葛亮没有君子的临大节而不可夺的修养，就是托孤之后也不会尽心尽力来辅助刘禅。

　　诸葛亮就是曾子说的这样的君子。他说："夫君子之行，静以修身，俭以养德。非淡泊无以明志，非宁静无以致远。"（《诫子书》）就是教导他的儿子要以君子的标准来严格要求自己。

　　虽然诸葛亮是一个政治家、军事家，足智多谋，也被后来的人说成是道家或者兵家，其实诸葛亮身上儒家的成分更多一些。从这个托孤的故事来讲，不能不说诸葛亮深受儒家的影响。像诸葛亮这样的机缘和事业，我们一般的人是达不到的，而他的这种品质值得我们每一个人来学习和效仿。在很多时候，我们面临同样的抉择，面临一些是非善恶的考验，或受人之托，在这种情况下，我们该怎样做呢？能否像诸葛亮那样保持自己的节操呢？

君子有三畏

　　孔子认为，作为一个有修养的君子，是心存敬畏的，敬畏的对象主要有三种：天命、大人和圣人之言。他说："君子有三畏，畏天命，畏大人，畏圣人之言。"从根本上来讲，人都是自然的产物，都是来源于天的，能不敬畏吗？大人则是社会中因为有德而有职位的人，也是应该敬畏的。还有圣人说的话，也是应该要敬畏的。孔子本来就有很高的智慧，在当时也得到了人们的敬佩，而他仍然很谦虚，对于天命、大人、圣人之言保持了敬畏。相反的，一些本来没有什么修养的小人则是很骄狂，肆无忌惮，不知道去敬畏天命、大人和圣人之言，结果是弄得一个不好的下场。

● 感悟故事

商纣王

商纣王天资甚高，博闻广见、思维敏捷、身材高大、膂力过人，他的智慧足以拒谏，口才足以饰非。

商纣王特别爱摆阔气，穿的衣服上缀满各种玉石和其他宝贝。他住的王宫用玉石做门，黄金做柱，还在宫苑里建造了一座十丈高的鹿台，装潢得富丽堂皇，他特别喜欢喝酒吃肉，在王宫里设了酒池肉林，尽情享受。酒池就是凿一个池子，里面灌满了酒，这个酒池很大，据说可以行船。肉林就是在酒地边上竖立许多木头桩子，木桩上面挂着烤得香喷喷的肉。纣王和奴隶主贵族们在酒池边上纵情酗酒，到肉林里一仰脖子就可以吃到肉。

纣王还特别宠爱一个名叫妲己的女人，妲己尽出些坏主意，叫纣王干下许多伤天害理的事情。例如她叫纣王制造一种叫做炮烙的刑具，用来惩治反对他们的人。炮烙是用铜铸成的空心柱子，行刑的时候，把犯人脱光衣服绑在柱子上，柱子中间烧红炭火，这样把人活活地烫死。

纣王这样荒淫残暴，他的异母哥哥微子启就对纣王说："现在我们拼命喝酒，败坏了祖先留下来的美德，喝酒使得我们的百姓大臣都做出偷窃奸邪的事情来，眼看我们殷朝就要灭亡了。"纣王不听微子启的劝告。微子启只好偷偷地离开他，到别的地方躲起来。

纣王的叔叔比干也好言劝告纣王，纣王却回答说："我听说圣人的心有七个窍，我倒要看看你的心究竟有几个窟窿！"他居然杀死比干，剖开肚子，取出心来观赏。纣王的堂兄弟箕子也劝过纣王，纣王不但不听，反而把箕子囚禁了起来。这样一来，其他的人再也不敢来规劝纣王了，他们有的借口有病，躲了起来；有的虽然天天上朝，见了纣王却一言不发；有些太师、少师一类的大官，甚至于偷偷地拿走商朝太庙里的祭器、乐器，投奔了周武王。

纣王如此残暴，老百姓更是苦透了，纣王建造鹿台，就拉老百姓去服劳役；纣王爱好喝酒，把老百姓的口粮夺了去酿酒，老百姓只有饿肚子；纣王要吃肉，就叫老百姓没日没夜地到深山密林里去猎取野兽；纣王宠爱的妲己喜欢看杀人，就随便地把老百姓拉去砍头、剁脚、剖肚子。老百姓实在忍受不下去了，就只好抱着小的，扶着老的，哀号哭泣，四处逃亡。

看到这种情况，周武王正式竖起伐纣大旗，当众誓师。他在誓言中历数殷纣王腐败荒淫、凶恶残暴的种种罪恶。誓师完毕，就挥动旗帜，驱动兵车，向商军进攻。商军纷纷反戈，殷纣王只好跑到鹿台自焚了。

周武王听说殷纣王在鹿台自焚，就带着伐纣大军冲进朝歌，朝歌的老百姓早已烧好了开水，煮好了饭，等着迎接周武王的军队。周武王一进城，老百姓齐声欢呼，感谢他从殷纣王的暴政底下解救了他们。

周武王乘车赶到焚毁的鹿台，亲自向着烧焦了的纣王尸体射了三支箭，又用剑刺了几下，最后用铜斧砍下纣王的脑袋，悬挂在旗杆上号令示众。周武王庄严地宣告伐纣战争胜利结束，商朝已经灭亡，他得到了各部落和各小国首领的拥戴，建立了周朝。

● 现代小启示

商纣王是中国历史上著名的暴君，人们都对他很痛恨。孟子甚至不承认商纣王是君主，因为他根本就没有资格来做君主。他残害人民，不祭祀祖宗，只顾自己享乐。他不畏天命，自以为能，不畏大人，杀害直言批评的人。不守祖宗法规，把道德忘得一干二净，不顾人民的死活，最终导致了亡国。假如纣王有孔子所说的这三种敬畏，周武王也不会把他赶下台了。

商纣王没有敬畏之心，所以没有忌讳，什么事情都敢做，直接导致了身败名裂。那么我们现在还有敬畏之心吗？大概也不是很多了，我们还敬畏天命吗？如果有，我们可以把孔子的天命从自然这个角度来理解。我们现在也经常讲要"敬畏自然"，这个自然也就是孔子所说的天命。

当人类肆无忌惮地污染环境，浪费资源的时候，自然肯定是要报复的。孔子在两千多年以前就有了很深刻的理解了，而在孔子看来，必须具有很高的道德修养和高深的知识才能称作大人的，大人可以帮助社会和我们，能不敬畏吗？

不管在古代还是现代，其实都需要一种敬畏之心。当然，在我们现在的社会中，像古代那种圣人的观念已经很淡薄了，我们对于记载古代圣人之言的书也不太感兴趣了，同时对于圣人的话也很难理解了。其实就是不理解的话，也要保持一颗对于圣人的敬畏之心。我们有了敬畏之心，也就不会去胡作非为了，做事情也就有了一个标准，因为这里面包含了很深刻的智慧，所以孔子的三畏仍然具有重要的现实意义。

衣敝缊袍

子路这个人很勇敢，是孔子所称赞的，同时也是孔子所担心的。因此孔子经常批评子路要小心一些，孔子也想找机会赞扬一下子路，还真的让孔子找到了子路的另一个优点，就是子路并不是很在意自己的穿着。

孔子说："衣敝缊袍，与衣狐貉者立，而不耻者，其由也与！"孔子看到子路穿着很简单粗糙的那种丝絮做的旧袍子，和穿着名贵的狐皮貂皮毛衣的人站在一起，从来不会感到羞耻，觉得子路这种品德十分的可贵。所以当着很多人的面夸奖子路，并且引用了《诗经》中的一句话"不忮不求，何用不臧"来表彰子路的这种行为。

子路看到老师在夸自己，当然是觉得又荣耀又开心，特别是老师对他说的那一句"不忮不求，何用不臧"，他就常常高声地读出来。一方面是回味老师夸奖他时的那种荣耀感，一方面也是想在同学们的面前自豪一下。孔子看到这种情况，就跟子路说："这种道，还没有达到最好的境界。"子路也就不再经常念这句诗了。而子路的这种不会因为自己的穿着赶不上别人就感到羞耻的品格确实是一般的人所不能做到的，孙中山先生也具备了这种可贵的品德。

● 感悟故事

孙中山

孙中山曾任中华民国第一任临时大总统、中国国民党总理、广州革命政府大元帅。他是中国国民党创始人，三民主义的倡导者。他虽然长期居于高位，但是他的生活十分的简朴，特别是在衣着上面，穿得很朴素，并且新创了简洁大方的中山装，传为佳话。

有一个故事，话说清末名臣张之洞在任湖广总督期间，积极推行新政，孙中山对他极为推崇。一次，孙中山出洋回国，途经武昌，于是特意到总督衙门求见。

孙中山掏出自己那张只印有姓名、籍贯的名片来，在背面写上："学者孙文求见之洞兄"字样，交门官递上去。张之洞一见好生不悦，心想一介儒生，竟然与一品大员称兄道弟，真是不知天高地厚，不仅拒而不见，还在名片背面写了几句话退回。

孙中山一看，背面写着："持三字帖，见一品官，儒生妄敢称兄弟。"孙中山明白，这是张之洞嫌他不恭在拿架子，不肯买账。血气方刚的孙中山来了个照"礼"回敬，在名片背面写上："行千里路，读万卷书，布衣亦可做王侯"，再请门官送进去。张之洞一见，大为吃惊，立即吩咐迎见孙中山，并以大礼相待。因此孙中山后来也被称作"布衣总统"，和这件事也有渊源。

辛亥革命胜利后，孙中山就任临时大总统，而生活还是像过去一样简朴。临时总统府设在前清的南京总督衙门内，中山先生住着一间不大的房间，房里有四把椅子，两个茶几，一张书桌，一张床和一把沙发。墙上挂着中国地图和世界地图，书桌上除了文具和要处理的公文以外，还摆着一些书籍。他的房屋外面是客厅，兼作饭厅。此房本来黄兴要给他调换，他却说："困难当然很多，但革命政府无须华丽宫殿，如无合适的旧房，搭设棚屋也无不可。总统不是皇帝，而是公仆！"

中山先生穿衣服也很朴素，他以前是穿西装，做临时大总统以后，他便把当时流行的学生装安上翻领，改成四个口袋的一种新式服装来穿。他就职临时大总统就是穿的这种衣服，有一回秘书问他："您哪里弄来这套衣服？"他含笑回答说："这个样式是我创造的，又大方，又好看，又便宜，以后要提倡穿这种衣服，我们中国人穿长袍马褂已不合时代了，穿西装又穿不起，穿这衣服最好。"以后大家都穿这样的衣服，"中山服"就是这样来的。

● 现代小启示

孙中山先生作为民国的总统，仍旧保持了节俭朴素的作风。他不讲究穿着，但是他具有高尚的品德，人们对于他的崇敬，不是因为他的地位，更不是因为他的穿着，而是因为他高尚的人格。孙中山先生自己创造出了中山装，对于中国的服饰文化具有深刻的影响。子路也是因为自己心中有了高尚的道德，而不在乎自己穿着是否比得上别人了。

现在物质生活相对提高了，我们也不必要一定要像孙中山先生那样的简朴，适当穿得好一些也不要紧。而关键的是我们是否具有像孙中山先生那样高尚的品德，是否具有像子路那样的修养。如果没有，就是穿得再高贵也是没有什么意义的，而且容易产生攀比的心理。

仁者必有勇

孔子曾经说子路"好勇过我。"其实是在称赞子路的同时，也表现了孔子对于自己勇敢的自信。孔子也是十分勇敢的，他的勇敢可能在强度上比不上子路，而在深度上肯定是比子路的要好。

子路的勇敢是有一些鲁莽的，也有一些过分的刚强，所以容易碰壁，也容易摧折。而孔子的勇敢则是坚韧的、中庸的。这样就会在该勇敢的时候就表现勇敢，该谨慎的时候就谨慎，能够达到一个恰到好处的位置。

更可贵的是，孔子的勇敢有一个坚实的基础，这个基础就是仁义。所以孔子在子路问君子是否把勇作为一种最好行为标准的时候，孔子告诫子路，君子要以义作为一种最高的行为准则，而不是以勇敢作为最高的行为准则。孔子又说："仁者必有勇，有勇者不必有仁。"这就把勇清晰地区别开来了，其中的参考标准就是仁。一种是有仁作为基础的勇敢，一种是没有仁作为基础的勇敢，虽然同样是勇敢，但勇的结果是完全不一样的。

孔子认为，真正具有仁德的人，是肯定具有勇的这个品德的，但是勇敢的人就不一定具有仁德。这是孔子的一个深刻的观察，也是人类社会中的一个真理。谭嗣同就是一个仁者必有勇的典型范例。

● 感悟故事

谭嗣同

1897 年夏秋间，谭嗣同写成重要著作《仁学》，他认为物质性的"以太"是世界万物存在的基础，世界万物处于不断运动变化之中，而变化的根源在于事物的"好恶攻取"、"异同生克"。他把"以太"的精神表现规定为"仁"，而"仁"的内容是"通"，"通之像为平等"，"仁——通——平等"是万物的发展法则，是不可抗拒的规律。

谭嗣同在《仁学》中说："孔子曰'仁者必有勇。'手足之捍头目，子弟之卫父兄，其事急，其情切，岂有犹豫顾虑而莫敢前者。勇不勇之辨，於其仁不仁。故曰：天地间亦仁而已矣，无勇之可言也。义之为宜，出於固然，无可言也。吾知手必不能为足之所为，足必不能为手之所为也，苟其能而无害，又莫非宜也。信之为诚，亦出於固然，无可言也。知痛痒，知捍卫，吾知其非外假也，非待设心而然也，非有欲於外之人也。礼者，即其既行之迹，从而名之。至於礼，抑末矣，其辨皆於仁不仁。故曰：天地间亦仁而已矣。"

谭嗣同参加康有为、梁启超领导的戊戌变法，和林旭、杨深秀、刘光第、杨锐、康广仁六人并称戊戌六君子。维新失败之后，他决心以死来殉变法事业，用自己的牺牲去向顽固势力做最后一次反抗。

1898 年 9 月 21 日，谭嗣同把自己的书信、文稿交给梁启超，要他东渡日本避难，并慷慨地说："不有行者，无以图将来，不有死者，无以召后起。"日本使馆曾派人与他联系，表示可以为他提供"保护"，他毅然回绝，并对来人说："各国变法无不从流血而成，今日中国未闻有因变法而流血者，此国之所以不昌也。有之，请自嗣同始。"24 日，谭嗣同在浏阳会馆被捕。

在狱中，谭嗣同意态从容，镇定自若，写下了这样一首诗："望门投止思张俭，忍死须臾待杜根。我自横刀向天笑，去留肝胆两昆仑"。同年 9 月 28 日，他与其他 5 位志士英勇就义于北京宣武门外菜市口。当他们被杀时，刑场上观看者上万人，他神色不变，临终时还大声说："有心杀贼，无力回天，死得其所，快哉快哉！"充分表现了一位爱国志士舍身报国的英雄气概。谭嗣同的英勇就义，实践了他的仁者必有勇的伟大的仁者情怀。

● 现代小启示

中国的历史上，维新志士谭嗣同是一个顶天立地的伟丈夫，他为戊戌变法慷慨赴义的壮举感召日月，正是孔子所说的"仁者必有勇"的一种体现。谭嗣同具有高尚的品德，他把这种品德落实到行动中去，他的行动中有仁作为基础，而这个基础是无比的坚实，从仁出发，就能产生一种大无畏的精神。谭嗣同的勇是大勇，就是大无畏，他具有这种品德也就是孔子说的仁，心中有了仁，他才有这种行为，才有了这种境界。

所以说孔子这句话不是空泛的道理，谭嗣同就是一个很好的证明。在我们的社会中，"勇敢"的人也有很多，比如说有些人胡作非为，敢以身试法，他们也许会为自己的这种"勇敢"而感到自豪。有人就更加"勇敢"了：在光天化日之下抢路人的包、首饰，在众目睽睽之下偷窃行人的财物，更有甚者去抢银行。这是勇敢吗？非也。这种人是没有品德的人。所以孔子说"有勇者不必有仁"就是说这种人。

杀身以成仁

在孔子看来，为了追求实现仁道，甚至不惜牺牲自己的生命。他说："志士仁人，无求生以害仁，有杀生以成仁。"作为一个志士仁人，不会因为要去保全自己的生命而去损害仁道，而是用牺牲自己的生命去成就仁道。孔子的这个标准在一般的恶人看来，是很高的，也是有些无法理解的。

而在于孔子，这样说则是十分正常，他认为实现仁道就是自己的责任，生命的最终目的也就是为了实现道。孔子也曾经说"早上来接了真正的道，就算是晚上死了也是可以满足的了！"

对于一般人来说，杀身成仁是很难做到的，而以孔子所说，杀身成仁是志士仁人，不是一般的老百姓，所以在志士仁人看来，杀身成仁不是难事，因为这是他们的价值取向和人生意义的体现。在中国的历史上，也不乏这种杀身成仁的事迹，宋朝的文天祥就是这样的一个人。

● 感悟故事

文天祥

文天祥在抵抗蒙古军的时候兵败被俘，作为南宋宰相的文天祥也成了阶下囚。文天祥被张弘范押往崖山，让他写信去招降张世杰。文天祥不肯写，说："我不能保护父母，难道还能教别人背叛父母吗？"

张弘范一再强迫文天祥写信，文天祥于是将前些日子所写的《过零丁洋》一诗抄录给张弘范，张弘范读到"人生自古谁无死，留取丹心照汗青"两句时，不禁也受到感动，由此不再强逼文天祥了。

文天祥在监狱中度过了三年，在狱中的生活很苦，可是文天祥强忍痛苦，写出了不少诗篇。《指南后录》第三卷、《正气歌》等气壮山河的不朽名作都是在狱中写出的。

元世祖至元19年3月，任命和礼霍孙为右丞相，和礼霍孙提出以儒家思想治国，颇得元世祖赞同。8月，元世祖问议事大臣："南方、北方宰相，谁是渠能？"群臣都回答："北人无如耶律楚材，南人无如文天祥。"于是元世祖下了一道命令，打算授予文天祥高官显位。

文天祥的一些降元旧友立即向文天祥通报了此事，并劝说文天祥投降，但遭到文天祥的拒绝。12月8日，元世祖召见文天祥，亲自劝降。文天祥对元世祖仍然是长揖不跪。元世祖也没有强迫他下跪，只是说："你在这里的日子久了，如能改心易虑，用效忠宋朝的忠心对朕，那朕可以在中书省给你一个位置。"文天祥回答："我是大宋的宰相，国家灭亡了，我只求速死，不当久生。"元世祖又问："那你愿意怎么样？"文天祥回答："但愿一死足矣！"元世祖很气恼，下令立即处死文天祥。

次日，文天祥被押解到柴市刑场，监斩官问："丞相还有甚什么话要说？回奏还能免死。"文天祥喝道："死就是死，还有什么可说的？"他问监斩官："哪边是南方？"有人给他指了方向，文天祥向南方跪拜说："我的事情完结了，心中无愧了！"于是引颈就刑，从容就义，年四十七岁。行刑后不久，俄有诏使止之，而文天祥已死，忽必烈惋惜说："好男子，不为我用，杀了他实在是可惜了。"

文天祥的妻子欧阳氏收尸时在他的带中发现绝笔自赞："孔曰成仁，孟曰取义，惟其义尽，所以仁至。读圣贤书，所学何事？而今而后，庶几无愧。"文天祥杀身以成仁，表现出了仁者的浩然正气。

● 现代小启示

文天祥这种精神直接来自孔子的"杀身成仁"的理念，我们从文天祥的绝笔中可以明确地知道这一点。其实孔子所说的这种精神已经深深融入我们中国人的性格当中，比如后来明朝的夏侯淳、清朝的谭嗣同和秋瑾等等，都是这种精神的体现，还有后来的为了民族的独立和富强付出了宝贵生命的英雄和烈士。

我们的现实生活中好像离孔子所说的这种高尚精神很远，衣食住行的事情好像也和这种高尚的精神没有什么关系。其实我们也经常会听到和看到一些见义勇为的事迹，很多的人为了去帮助别人，或者拯救他人于危难之中而献出了自己的生命，种种见义勇为的事情和孔子的杀身成仁性质是一样的。因为这些人也是同样成仁了，从而得到了人们的尊敬和颂扬。

乡愿，德之贼也

孔子说过："众人都喜欢的人，一定要仔细的考察。众人都讨厌的人，也是一定要仔细考察的。"也即是说，人人都喜欢的人不一定是好人，人人都不喜欢的人不一定是坏人。时好时坏，孔子是要经过自己亲自考察的，然后才得出结论。

一次子贡问孔子说："乡里的人都喜欢他，这个人怎么样？"孔子回答说："还不行啊。"子贡又问："乡里的人都讨厌他，这个人如何？"孔子回答："还不行啊，不如乡里的好人喜欢他，不好的人讨厌他。"这样的人就可以了！因为有些人会被众人所误解甚至谣言中伤，又有一些不好的人则喜欢阿谀奉承，伪装自己，让别人看起来是一个好人，其实坏透顶了！

在孔子看来，这种伪装的人对道德是一种破坏，他说"乡愿，德之贼也。"孔子把这种人称作乡愿，也就是我们所说的老好人。这种乡愿，表面上对人都很友好，不管是好人还是坏人，这种人没有是非善恶的原则，只要对自己有利就跟谁好。

这种人在乡里造成的恶劣影响就是混淆视听，模糊了道德的标准，让别人无所适从，所以孔子说这种人是盗窃道德的人，对之十分的痛恨。法国 17 世纪喜剧作家莫里哀的《伪君子》就是塑造了一个生动典型的乡愿的形象。

● 感悟故事

《伪君子》

莫里哀是法国喜剧作家、演员、戏剧活动家。1664 年，莫里哀写成杰作《伪君子》，剧中写富商奥尔贡在教堂遇到了破落贵族达尔丢夫，达尔丢夫骗得奥尔贡的信任，被奥尔贡视为"道德君子"领回家中。在奥尔贡家中，达尔丢夫依旧伪装自己，设法骗人。

有一天，达尔丢夫在做祷告时，捉住了一只跳蚤，过后竟痛不欲生地埋怨自己当时不该生气地把它捏死。就这样，他得到了奥尔贡全家人的尊重和崇拜。其实，达尔丢夫是个酒色之徒，他每天一起床就要喝四大杯葡萄酒，大鱼大肉吃个不停。他披着宗教信士的外衣混到别人家，目的在于破坏人家的家庭，霸占人家的财产，于是，达尔丢夫开始调戏奥尔贡的妻子欧米尔了。

这种丑恶行径被奥尔贡的儿子达米斯撞见并向奥尔贡做了揭发，可达尔丢夫又装出一副被诬告的委屈相，花言巧语地洗清自己，还让奥尔贡把达米斯赶出了家门，并打算把女儿嫁给他。欧米尔说服不了鬼迷心窍的丈夫，决心撕去达尔丢夫的假面具，就先让丈夫藏在桌子底下，然后派女仆叫来达尔丢夫。达尔丢夫见四下无人，又开始对欧米尔动手动脚了，欧米尔故意提到自己的丈夫，达尔丢夫却说："咱们俩说句私话，他是一个可以牵着鼻子拉来拉去的人，我已经把他收拾得见什么都信了……"奥尔贡听到这番话简直要气疯了，他从桌子底下钻出来，喝令这个披着伪装的无耻之徒立即滚蛋。可达尔丢夫却显得异常镇静，露出了凶相，他私下收买法院，以执行"契约"为名，要赶走奥尔贡。他又窃取了奥尔贡朋友存放在他家的秘密匣子，向国王控告奥尔贡是政治犯，想把他置于死地，然后永远霸占奥尔贡的所有财产。达尔丢夫万万没有料到，国王把奥尔贡无罪赦免了，却把他逮捕入狱，伪君子得到了应有的下场。莫里哀在这部剧作深刻揭露了教会的虚伪和丑恶，达尔丢夫也成为"伪君子"的代名词。其剧作在许多方面突破古典主义的陈规旧套，结构严谨，人物性格和矛盾冲突鲜明突出，语言机智生动，手法夸张滑稽，风格泼辣尖利，对世界喜剧艺术的发展有深远的影响。

● 现代小启示

孔子的智慧也表现在知人这方面。莫里哀著作中的伪君子达尔丢夫，如果放到孔子面前，那肯定是无所遁形的，他会原形毕露的。但是碰到了富商奥尔贡，就看不出来，还认为达尔丢夫是个道德君子。原因在于达尔丢夫很会伪装，在别人面前表现得很善良，其实私下里的行为十分的卑劣。这就是比孔子所说的"乡愿"还要更加可耻。"乡愿"只是没有是非标准，是一个好好先生，孔子就这样严厉地批评，对于达尔丢夫这种伪君子就更加痛恨了。我们对一个人的判断有时也经常人云亦云，听别人说这个人好，我们就喜欢他，别人说这个人坏，我们也就排斥他。这其实是不对的，这样会冤枉好人，看错了坏人，对我们自己也是十分不利的。我们可以学学孔子，对于身边的人要去考察，然后才做出判断，是好是坏要由自己亲自去做出判断和结论。

求仁而得仁

孔子在卫国的时候，卫国发生了一件大事，太子蒯聩因为得罪了卫灵公的夫人南子而逃到了晋国，不久，卫灵公去世了，就立了蒯聩的儿子辄为卫君，就是卫出公。晋国的赵简子借口要送蒯聩回卫国继承卫君之位，而侵略卫国。卫出公就派兵抵抗，不愿意蒯聩回国来抢自己的位子。在这种情况下，弟子们想看看孔子的意思，再选择是否支持卫出公。

他们派了子贡来问孔子，而子贡采取了间接的方式来问孔子，就是想从孔子对于伯夷、叔齐的态度来套孔子的意思。首先问孔子伯夷、叔齐是怎样的人，孔子很干脆地说，他们俩是古代的贤人。

子贡又问："他们有怨恨吗？"孔子回答："求仁而得仁，又何怨！"意思是伯夷、叔齐他们饿死在首阳山之下，是一种追求仁的做法，他们的目的就是为了达到仁，而结果也是完成了仁，这也就没有怨恨了。听到老师的这种说法，子贡就知道了夫子是不赞成卫出公的做法。

孔子很赞赏伯夷、叔齐的为人，他也肯定多次跟弟子们谈起伯夷、叔齐的故事。孔子曾经说："伯夷、叔齐不念旧恶，怨是用希。"是赞赏伯夷、叔齐不计较别人过去作恶的事情，所以他们心中的怨恨就很少了。这种不念旧恶的品德是很难做到的，所以孔子十分的推崇他们的这种品德。

● 感悟故事

伯夷叔齐

伯夷、叔齐，商末一个小诸侯国孤竹君的两个儿子，他们的父亲想立叔齐为君，等到父亲死后，叔齐又让位给长兄伯夷。老孤竹国君死前留下遗言，命少君叔齐继位，继承他的事业。按照当时的规矩，长子应该继位，但伯夷却说："应该尊重父亲的遗愿，国君的位置应由叔齐来坐。"于是他放弃王位，逃出孤竹国。大家又推举叔齐做国君，叔齐说："我如果当了国君，于兄弟不义，于礼制不合。"他也逃出孤竹国，和伯夷一块儿过起了流亡生活，孤竹国的人就只好立他们的另一个兄弟。

当时纣王昏暴，民不聊生，伯夷、叔齐对此十分的厌恶。在逃亡的日子里，为躲避商纣王的残暴统治，伯夷、叔齐居住在北海之滨，和东夷人一起生活。后来，他俩听说周文王在西方兴起，听说周文王是一个贤人，善养老人，于是前往周国。等伯夷、叔齐西行到周国，到达歧阳，则文王已经去世了，武王即位。

周武王率领着大军奔袭商纣王，文王的儿子武王用车载着灵牌，尊他为文王，正向东进发，讨伐纣王。看到这种情形，他俩大失所望，伯夷、叔齐拉住武王战马而劝阻说："父死不埋葬，就动起武来，这能算孝吗？以臣子身份讨伐君主，这能算仁吗？"

当时，武王和诸侯的军队士气正旺，在孟津集结后，浩浩荡荡地向前挺进，突然被他俩拦住，武王的卫兵非常气愤，要杀掉他们。这时，军师姜太公过来劝解："这是讲义气的人呀，不要杀害他们！"好说歹说地把他俩搀走了。

周武王平定殷乱以后，天下都归顺于周朝，而伯夷、叔齐以此为耻，发誓再也不吃周朝的粮食，并隐居于首阳山，采集薇蕨来充饥。

饿到快死的时候，他们作了一首诗歌，歌词说："登彼西山兮，采其薇矣。以暴易暴兮，不知其非矣。神农、虞、夏忽焉没兮，我安适归矣？于嗟徂兮，命之衰矣！"翻成白话就是："登上那西山，来采薇呀！以暴对付暴，不知这错了呀？神农虞夏的时代已经逝去了，我将往哪里去呀！吁嗟将死了啊，生命已衰残了呀！"两人就这样饿死在首阳山。

● 现代小启示

伯夷、叔齐的故事流传很广，可以说是中国历史文化中最为著名的道德案例。虽然我们觉得他们的这种行为有些迂腐，但是通过伯夷、叔齐的这个故事，能清楚地展现出一种让人感动的品德。孔子说他们求仁得仁，也正是这样，伯夷、叔齐能坚决站在仁德的立场，毫不动摇，就是付出生命的代价也无怨无悔。这是很难做到的，也正是这一点，伯夷、叔齐世世代代得到了人们的尊崇，他们的故事被传播到了周边的一些国家，如朝鲜、韩国、日本、越南，同样得到了人们的尊崇。

伯夷、叔齐用一生来实行仁，最终也成就了自己的仁。人们把他们看作是道德的榜样。我们也可以从他们身上看到一种人性的光辉，一种让人感动的品质，他们的故事也将一直流传下去。

谋道不谋食

孔子说："君子谋道不谋食。耕也，馁在其中矣。学也，禄在其中矣。"在孔子看来，人生中最重要的事情就是道的实现，所以他认为君子是谋求道而不为谋求生计的。

孔子在这里做了一个对比，说即使专门种地来谋求生活的人，也有没有饭吃的时候。而通过学习来了解道并且去践行道的人，往往能得到一份丰厚的俸禄，反而不愁没有饭吃。孔子到处奔波，目的就想要实现他所说的仁道，他也说了"要是天下在实行道的话，我孔丘就不会想要改变这种状况了！"谋道不谋食其实也是孔子自己的一个写照。

这种谋道不谋食的精神，鼓舞了无数从古至今的志士仁人，也是中国文化传统中的一个重要组成部分。而这种重道而不关注个人生活的奉献精神，其实在一个人的身上表现的最为明显，这个人就是夏朝的建立者大禹。

● 感悟故事

大 禹

四千多年前，在尧做天子的时候，天下洪水泛滥，百姓愁苦不堪。尧起用禹的父亲鲧治理洪水。鲧治水逢洪筑坝，遇水建堤，采用"堙"的办法来治水，九年而洪水没有治好，洪水仍然是天下大患。尧的助手舜行视鲧治水无功，将他诛杀在羽山。舜继帝位后，又命鲧的儿子禹继续治水。禹欣然领命，但没有贸然行事，而是首先认真总结前辈治水的教训，寻找治水失败的原因。

大禹从冀州开始，踏遍九州进行实地考察，决定采用因势疏导洪水的办法，率领伯益、后稷等一批忠实助手，跋山涉水，顶风冒雨到洪灾严重地区进行勘察，了解各地山川地貌，摸清洪水流向和走势，制定统一的治水规划，在此基础上才展开大规模的治水工作。他鉴于前辈治水无功主要是没有根据水流规律因势利导，而只采用"堕高堰库"筑堤截堵的办法，一旦洪水冲垮堤坝便前功尽弃的教训，大胆改用疏导和堰塞相结合的新办法。就是顺天地自然，高的培土，低的疏浚，成沟河，除壅塞，开山凿渠，疏通水道。历时十三年之久，终于把洪渊填平，河道疏通，使水由地中行，经湖泊河流汇入海洋，终于治伏了横行多年的洪水。传说大禹为了完成治水重任，娶妻涂山女四天便离开家，在外 13 年，没有回过一次家。大禹治水"三过家门而不入"，儿子启在家里呱呱哭泣也顾不上去安慰，这些故事已成为千古流传的佳话。由于大禹常年奔波在外，人消瘦了，皮肤晒黑了，手上长满了老茧，脚底布满了血泡，腿上的毛磨光了，两只脚得了偏枯病，走路也变成了一瘸一拐，连束发的簪子和帽子掉了也顾不上收拾，老百姓见了无不心痛流泪。今天的嵩山一带还流传着许多大禹治水的动人故事，传说，大禹治水时，要在介于太室山和少室山之间的轩辕山打出一条疏洪泄流的通道，他顾不得回家，便于妻子涂山氏约定，以击鼓为号，把饭送到山上。为了加快挖山的速度，他化为一头神力无比的大黑熊，连推带扒，很快就把山挖掉了大半。正干的起劲时，一块劈山崩裂的石头误触皮鼓，大禹的妻子听见鼓声，连忙烧火做饭。当她拖着已怀孕的笨身子送饭到山上时，东张西望不见丈夫踪影，却见一头威猛的大黑熊在跳跃奔忙，吓得扭头就跑。大禹见此情景，顾不得变回原形就冲妻子追去，妻子受到惊吓，顷刻间化作一块巨石。大禹大声呼唤着妻子和将要出生的孩子，只听一声巨响，巨石突然开裂，从中蹦出一个婴儿，这就是禹的儿子启，于是后人便称这块裂开的巨石称为"启母石"。大禹在治水的过程中，一心为公，吃苦耐劳，身先士卒，不畏艰险，有锲而不舍的精神。孔子赞美大禹说："对于大禹，我是没有一点不满意的了。他对于生活一点也不关注，但对神灵祭祀的祭品弄得很丰盛。自己穿得很差，而把祭祀用的礼服做得很华美。自己住的房子也很不好，而把自己的全部精力都用到了治理洪水的工作中去了。"

● 现代小启示

孔子的这种谋道不谋食的思想，其实就是体现了一种奉献精神，把自己有限的生命投入到无限的为人民服务当中去。大禹也是不顾自己的小家，也不顾自己生活的好坏，全心的投入到为天下人治理洪水的事业当中去，也同样是谋道不谋食的一种深刻体现。

大禹治水的故事四千多年以来一直在流传，大禹的精神千古传承，为人们所尊崇敬仰。现在全国各地的人都还在纪念大禹，大禹陵所在地绍兴每年还要祭祀大禹，极为的隆重。其实，为人民服务不是一句空洞的口号，至少在孔子和大禹这里得到了完完全全的实行，这也就是孔子所说的谋道不谋食这种精神的体现。当然，在我们中国近代、现代和现在，涌现出很多像大禹这样无私的人。大禹的这种精神几千年来感动了无数的中国人，也还将感动更多的人。